잊힌 사람들

이동과 정주 사이의 한센인

This book was supported by Konkuk University in 2024

디아스포라 휴머니티즈 총서 **012**

園生更島鹿小　　輯特眞寫

잊힌 사람들

이동과 정주 사이의 한센인

서기재 지음

앨피

차례

이동과 정주의 권리가 없는
그들 이야기

최근 몇 년간, 전 세계는 코로나19 펜데믹으로 인한 국가 간 봉쇄 과정을 거치며, 이동이 삶의 필수가 된 시기에 이동권 박탈 경험을 일반적으로 가지게 되었다. 이동권에 관한 문제는 단순히 어떤 장소에 머물거나 거주할 권리의 불평등성을 넘어 인간 삶의 정치적·윤리적 문제와 깊이 연관되어 있다.[1] 이러한 이동권 박탈은 일찍이 사회에서 가장 낮은 위치로 분류되었던 한센병 환자가 그 누구보다도 절실하게 경험한 현상이었다. 고래로부터 감염 유발자로 여겨져 격리의 대상이 되었던 한센인은, 근대사회 형성 과정에서 서양 선교사들의 포교와 사회 구제 대상으로 주목받았지만, 일제가 식민정책의 일환으로 한센사업을 시작한 이후 본격적으로 이동권 박탈의 대상이 되었다. 그 때문에 한센인은 일제강점기 피식민자이자 환자라는 이중적 차별의 대상으로서 조명되고, 일제를 규탄하는 매개로 종종 언급되었다.

한센인이 일제강점기 이중적 차별의 대상이었다는 점에는 의심할 여지가 없다. 다만, 과연 그것이 가해자 일본인과 피해자 한국인이라는 이항대립 구조로만 이해될 수 있는 문제일까? 한센병 환자들은 그저 침묵하고 당하고만 있었던 것일까? 이것이 일제강점기에만 한정된 문제였을까, 혹은 한반도 안에서만의 문제였을까? 이 같은 질문을 던지며, 국적과 시간 및 장소를 넘어 한센인의 삶을 조명해 보고자 하는 것이 이 책의 목적이다.

---

1 미미 셸러 지음, 최영석 옮김, 《모빌리티 정의》, 앨피, 2019, 36쪽.

한센인 관련 연구는 의학적 역사 연구, 사회학적 연구, 사회복지적 연구, 인권 중심적 연구로 나뉜다. 즉, 한센병에 대한 의학적 정보 전달, 그리고 질병 관리 대책에 관한 의학적 연구나 통계, 한센병 관리의 역사, 한센인의 권리 보장과 복지 환경, 한센인 삶의 궤적 및 심리적 갈등을 자전이나 문학으로 표출한 저작물 또는 구술 관련 자료 분석 등으로 이루어져 있다. 최근 의학 연구는 질병 치료에 집중한 기술적인technocratic 연구를 넘어, 의료제도와 공중위생, 사회복지 등과 관련을 맺으며 인간 삶의 역사를 다루는 인문학적 접근이 활발해졌다. 특히 인권의 시각을 가미한 병자사病者史의 관점에서 환자 집단이 놓인 사회 상태와 처우의 변천을 연구해야 할 필요성이 꾸준히 언급되고 있다. 이러한 흐름 속에서 이 책에서는 '한국 한센인의 삶'에 주목한다.

한국의 한센인 관련 연구는 일제강점기 일본이 구축한 정치·사회·교육적 장치에 대한 분석을 통해 정치권력의 억압적이고 사회통제적 측면을 규명하는 것이 주된 흐름을 형성하고 있다.[2] 한센병을 감염병이자 치료 불가능한 병으로 인식했던 일본은 한센인을 치료해야 할 대상이 아니라 관리 혹은 제거해야 할 대상으로 여겼기에, 한국 한센정책은 '위생행정'의 측면에서 식민지

---

[2] 신동원,《한국근대보건의료사》, 한울아카데미, 1997;〈세균설과 식민지 근대성 비판〉,《역사비평》58, 2002a, 341~363쪽;〈1910년대 일제의 보건의료 정책〉,《한국문화》30, 2002b, 333~370쪽; 조형근,〈식민지 체제와 의료적 규율화〉, 김진균 정근식 편저,《근대 주체와 식민지 규율 권력》문화과학사, 1997; 정준영,〈식민지의학교육과 헤게모니 경쟁〉,《사회와 역사》85, 2010, 197~237쪽;〈피의 인종주의와 식민지의학〉,《의사학》21(3), 2012, 513~550쪽.

의학Colonial Medicine³을 실현하는 도구였다. 이러한 이유로, 한센인 관련 연구는 한센병을 둘러싼 격리 문제, 수용소 건설, 수용소 내에서의 착취 등 제국주의 주체가 자행한 질병 관리의 가학성에 초점이 맞춰진 경향이 있다.

일제강점기 의료 체계 속 한국 한센인 및 관련 정책에 관하여는 정근식의 연구가 대표적이다. 그는 의료적 측면에서 서양과 일본의 헤게모니 경쟁 구도 및 식민지적 근대와 신체의 의미에 대해 고찰했다. 그리고 한센인과의 면담을 통해 일제강점기 소록도 환자들의 삶의 실체에 대해 파악했고, 소록도 내 강제노역과 이춘상 사건을 규명하는 등 거시적·미시적 관점에서 일제강점기 한센인을 둘러싼 국가·사회·개인적 문제를 면밀하게 다뤘

---

3 여기에서 식민지의학은 ① 일제가 식민지 경영을 유지하기 위해 사용한 통치 기술로서, 종주국이 식민지에서 질병에 대한 치료와 의료행정을 전개하고, 조사 연구를 실시하며, 그 정보와 지식을 본국으로 회수·집적하여 제국 확장에 환원하는 과정에서 성립된 계획적인 것(奧野克己,《帝國醫療と人類學》, 春風社, 2006, p. 26), ② 근대 식민지주의의 전개 속에서 종주국이 식민지에서 행하는 공적인 의료(見市雅俊他編,《疾病·開発·帝國醫療》, 東京大學出版會, 2001, p. 26), ③ 정상적인 교과서나 교육 내용, 근대적 시스템에 기반한 근대 의료에 반하여, 일정한 통치 공간 속에서 자리 잡은 특수한 의료(池田光穗,〈帝國醫療の予感, その修辭上の戰略〉,《九州人類學會報》 30, 九州人類學研究會, 2003, pp. 119-122)의 개념으로 사용된다. 일제강점기 식민지의학에 관해서는 최규진(〈후지타 쓰구아키라의 생애를 통해 본 식민지 조선의 의학/의료/위생〉,《의사학》 25(1), 2016, 41~76쪽), 김영수(〈식민지 조선의 방역 대책과 중국인 노동자의 관리〉,《의사학》 23(3), 2014, 401~427쪽), 신규환(〈지방병 연구와 식민 지배: 1927년 영흥 및 해남지역 에메틴 중독사건을 중심으로〉,《의사학》 18(2), 2009, 173~188쪽;〈제1·2차 만주 페스트의 유행과 일제의 방역행정(1910-1921)〉,《의사학》 21(3), 2012, 449~476쪽)의 연구에서 일제의 식민지 의료행정 양상과 관련 인물 등을 참고하였다.

다.[4] 그 외 국가인권위원회와 국립소록도병원 그리고 국사편찬위
원회에서 한센인의 다양한 삶의 역사를 파악할 수 있는 저작[5]이
간행되었고, 소록도 강제노역에 대한 조사,[6] 미디어에 드러난 한
국 대중과 한센정책의 공범적 관계성,[7] 한국 환자들의 경험을 바
탕으로 조사된 식민지 정책의 가학성[8] 등에 대한 논의도 이뤄졌
다. 또한, 다키오 에이지滝尾英二는 소록도갱생원 중심의 일제의
한센병 전략을 고찰하며, 식민지 한센정책에 관한 1차 자료를 망
라하여 일제강점기 한국 환자의 삶과 국가정책 등을 파악할 수
있는 연구의 토대를 마련했다.[9]

한편, 식민지 한센정책의 주도권을 잡고 있었던 일본의 근대
한센병 관련 연구는 가와가미 다케시川上武, 후지노 유타카藤野豊,

4   정근식,〈일제하 서구 의료 체계의 헤게모니 형성과 동서의학 논쟁〉,《사회와 역사》50, 1996,
    270~327쪽;〈식민지적 근대와 신체의 정치-일제하 나요양원을 중심으로〉,《사회와 역사》51,
    1997a 211~266쪽;〈한국에서의 근대적 나 구료의 형성〉,《보건과 사회과학》1, 1997b 1~30쪽;
    〈일제말기의 소록도갱생원과 이춘상 사건〉,《역비논단》72, 2005, 330~359쪽.

5   국가인권위원회,《한센인 인권 실태조사》, 2005년 인권상황실태조사 용역보고서, 2005; 국
    립소록도병원,《국립 소록도 100년의 기억》, 생각쉼표 휴먼컬처 아리랑, 2005; 국사편찬위
    원회, 면담·편집 정근식,《한센병 고통의 기억과 질병정책》, 국사편찬위원회, 2004; 국사편
    찬위원회,《한센병, 고통의 기억과 질병정책》, 천세 2005.

6   이병례,《소록도 한센병환자의 강제노역에 관한 조사》, 일제강점하강제동원피해진상규명
    위원회, 2006.

7   김미정,〈나환자에 대한 일반대중의 인식과 조선총독부의 나병정책: 1930~40년대 소록도
    갱생원을 중심으로〉,《지방사와 지방문화》15(1), 역사문화학회, 429~466쪽.

8   김재형,〈식민지기 한센병 환자를 둘러싼 죽음과 생존〉,《의사학》28(2), 2019, 469~508쪽.

9   滝尾英二,《朝鮮ハンセン病史―日本植民地下の小鹿島》, 未来社, 2001a;《植民地下朝鮮
    におけるハンセン病資料集成(第 1卷-8卷)》, 不二出版, 2001-2004.

야마모토 슌이치山本俊一, 이카이 다카아키猪飼隆明, 히로카와 와카廣川和花가 대표적인데,[10] 이들은 한센병요양소 입소자 증언, 환자의 강제 입소와 인권침해 문제, 국가 차원에서 본 한센정책의 문제점, 한센정책 세부에서 드러난 각 지자체의 대응과 사회적 분위기, 환자의 입장에서 본 생존의 역사 등을 논의해 왔다. 특히 후지노 유타카는 일본 국가권력이 시행한 국민 건강관리의 실체를 폭로하고 전쟁 시기 다른 식민지나 점령지의 한센인 격리와 차별 실태를 조사하여, 제국주의 정책하에서 일본 및 식민지 한센인의 삶이 어떤 형태로 말살되었는지를 자세히 다루었다.[11]

이상과 같은 다양한 연구와 자료 조사·발굴로, 한국과 일본이 펼친 한센사업의 시작점에 있는 존재들, 국가정책이라는 거대한 명령으로 이뤄진 한센정책의 실상, 피통치자 및 환자라는 이중적 억압 구도에서 벌어진 차별 등이 드러났다. 이는 한센정책의 역사, 격리정책을 바탕으로 한 환자 인권유린의 역사, 국가의 책임을 요구하는 규탄의 역사로 이어지는 괄목할 만한 성과이다. 하지만 그 연구 방향이 소록도갱생원을 중심으로 한 격리 및 착취

---

10 川上武,《現代日本病人史ー病人処遇の変遷》, 頸草書房, 1982; 藤野豊,《日本ファシズムと醫療ーハンセン病をめぐる実証的研究》, 岩波書店, 1993; 山本俊一,《日本らい史》, 東京大学出版会, 1993; 猪飼隆明,《近代日本におけるハンセン病策の成立と病者たち》, 校倉書房, 2016; 廣川和花,《近代日本のハンセン病問題と地域社会》大阪大学出版会, 2011.

11 藤野豊,《日本ファシズムと優生思想》, かもがわ出版, 1998;《強制された健康》, 吉川弘文館, 2000;《いのちの近代史》, かもがわ出版, 2001;《戦争とハンセン病》, 吉川弘文館, 2010.

의 역사, 갱생원 내 한센인 차별 문제에 집중되어 있고, 제국의 주체와 제국에 착취당했던 피식민자라는 양분된 구도 속에서 인식되는 경향이 강하여, 식민지의학 실현 과정에서 국가와 환자 사이에 있는 대중의 역할이 구체적으로 논의되지 못했다는 한계가 있다.

　김미정이 '보건의 위협자', '잠재적 범죄자'라는 한센인에 대한 대중 인식을 언급했으나,[12] 한국의 일부 신문 기사 분석에 그쳐 대중 인식과 관련한 제국 주체의 구조적·전략적 역할에 대한 고찰에 이르지 못했다. 정근식이 일제강점기에 도출된 한센병 관련 1차 자료에 대한 연구의 필요성을 언급한 것이 눈에 띄지만,[13] 여전히 전면적으로 소개되지 못했다는 한계가 있다. 또한, 일제가 주도한 한센정책의 폭력성에 주안점을 두다 보니 환자들이 어떤 모습으로 생을 지탱하기 위해 분투했는지에 대한 연구가 없고, 이러한 생존권 쟁취 투쟁을 함께한 비환자들에 대한 언급도 없다. 한센정책에서 중요한 역할을 담당한 한국과 일본 기독교인 및 단체의 역할과 환자와의 관계 형성 양상도 파악되지 못했다. 게다가 기존 연구가 한반도 내의 환자 상황과 문제에 집중되어 있어, 일제강점기 도일渡日하여 일본 한센 시설에 수용되어 근현대를 살아간 한국 환자들 문제는 다루지 못했다는 한계가 있다.

12　김미정, 〈나환자에 대한 일반대중의 인식과 조선총독부의 나병정책〉, 434~441쪽.
13　정근식, 〈동아시아 한센병사 연구를 위하여〉, 《보건과 사회과학》 12, 2002, 11쪽.

이에 이 책에서는 일곱 개의 장으로 나누어 이러한 선행 연구의 한계점들을 극복해 가고자 한다. 우선 1장에서는 근대 이전 한국에는 어떤 감염병이 있었고 한센병은 어떻게 다뤄졌는지 살펴보기 위해 일제강점기 내과의사로 수원도립의원장을 지낸 미키 사카에의 한국 의학사 연구에 주목하고, 한국의 의학 서적을 토대로 감염병의 역사적 전개와 감염병으로 인식된 한센병에 대해 살펴본다.

2장은 일제강점기 한반도에서 발행된 한센병 관련 미디어 자료를 통해, 일제가 비한센인 대중을 포섭하기 위해 취한 전략적 태도를 살펴봄으로써 식민지의학의 실체를 파악한다. 특히, 일본의 한센정책에 담긴 식민지의학의 실천 방향과 식민지 대중이 그 실천에 밀착해 가는 양상에 대해 살펴본다.

3장은 일제가 한센사업을 진행하면서 의식하고 대응했던 한국 내 서양 선교사들의 한센사업, 한국인의 감정을 다루는 기술의 습득과 한센사업에 대한 활용, 한센인 문제를 사회적 문제로 삼기 위해 대중을 동원했던 양상, 그리고 '일본 최대의 선정善政'이라고 불린 소록도의 관광지화·문화자원화 과정에 대해 탐구한다.

4장은 한국의 기독교도 한센인을 바라보는 일본인들의 시선과 기독교 중심으로 요양소를 운영했던 시기의 소록도 모습, 기독교계 한센 단체인 일본엠티엘MTL의 보고서로 드러나는 일본 기독교계 한센사업의 세부 모습에 대해 고찰한다.

5장은 일제강점기 한센인과 이들을 대표하는 비환자 한국인의 활동에 주목해 식민지의학이라는 틀 안에서 환자로서의 생존권 주장 양상을 탐구한다. 특히 당시의 '방면위원' 제도와 환자의 요구를 대변하는 비환자 대표의 활동을 살펴봄으로써 근대 한국 한센정책의 세부를 파악하고, 한센정책의 객체이면서 주체로 활동한 한국인의 모습을 고찰한다.

6장은 근대 이전부터 사회적으로 구축된 배제의 규범을 내면화한 채 생존 투쟁을 벌였던 한센인들이 일제강점기 이중적 차별의 틀 안에서 어떤 목소리를 내며 생에 대한 권리를 주장했는지를 살펴본다. 이를 위해 일제강점기 및 해방 후 한센인을 대표하여 활약한 최흥종, 유준의 한센사업과 한센인 단체의 활약을 통해 역사적으로 구축된 한국 한센인의 자기표현 모습에 대해 고찰한다.

7장은 한센인 연구의 지역과 대상을 한반도에 한정시키고 시대적으로 일제강점기만을 다룬 한계에서 벗어나, 일제강점기 일본으로 건너갔다가 발병하여 일본 한센병요양소에 수용되었던 재일조선 한센인의 삶의 궤적을 탐구한다. 특히 재일조선 한센인의 요양소 내외 환자 집단 간의 교류 및 연대, 이중적 소수자로서 생존권 획득 투쟁, 남북분단 이후 민족 간의 대립 양상을 중심으로 살펴본다.

한국 한센인 연구는 일제의 식민 통치라는 사건과 맞물려 있다는 특수성이 있다. 그렇기에 근대 한국 한센정책이 일제의 식민지의학 실현의 보조적 역할을 한 사실은 자명하다. 그러나 이 과정에서 환자들은 식민지의학에서 비켜 나간 형태로 개인의 생의 권리를 주장하기도 했고, 같은 피식민 한국 대중들에게 엄청난 차별 혹은 동정을 받았으며, 이런 다중적 차별의 족쇄로 보호받지 못한 환경에서도 환자들 곁에는 언제나 국적을 불문하고 그들을 돕는 사람들이 있었다.

이처럼 근대 한국의 모습은 의료 문제 하나만 들여다보아도 제국 건설의 사명을 수행하는 도구라는 한정된 틀로는 다 설명할 수 없을 정도로 다양한 사회와 문화, 그리고 '인간의 삶'과 직접적으로 연결되어 있다. 이 연구를 통해 일제강점기의 한센정책이 일본 대 한국, 지배 대 피지배, 악 대 선, 가해자 대 피해자라는 정형화된 이분법적 구조로는 설명하기 어려운, 양분할 수 없는 지점과 사람들이 한반도 안과 밖에서 인간적·상황적·지역적 경계를 넘나들며 주체성 주장과 회복을 위한 활동 지점을 만들어 갔다는 것을 밝히는 계기가 되었으면 한다.

이 책의 완성을 위해 애써 주신 출판사와 신인섭 소장님, 소중한 가족과 삶의 근원인 하나님께 감사를 드린다.

2025년 3월

1.

한국 근대 이전 감염병과
한센병

근대 이전 한국 문헌에는 감염병과 감염병으로 취급된 한센병이 어떻게 기록되어 있으며, 이 병에 대해 국가와 민중들의 대처는 어땠을까. 이를 살펴보기 위해 이 장에서는 미키 사카에三木榮[1]의 연구 성과에 주목한다. 미키 사카에는 규슈九州제국대학 의학부를 졸업하고 1928년 경성제국대에서 근무하기 시작해, 1935년부터 도립수원의원장을 지내다 1944년 일본으로 귀환한 인물이다. 미키는 경성제국대 부임 직후부터 당시 미개척 분야였던 한국 전통 의학에 대한 서지 조사와 관련 연구로 의사학醫史學계에서 왕성하게 활동했다. 일제강점기라는 특수 상황이 만들어 낸 그의 한국 의학사 연구는, 한국 의학 서적의 역사적 계보를 정리하고 그 가치를 조명했다는 데 의의가 있다.[2]

---

[1] 1903~1992. 의사이자 의사학자醫史學者이다. 사카이중학교 제7고등학교를 거쳐 1927년 규슈대학 의학부를 내과학 전공으로 졸업한다. 1928년 경성제국대학에 부임하여 1932년 의학박사가 되고, 1933년 동 대학 조교수가 된다. 1935년 도립수원의원장으로 전근하고, 1944년 귀환한다. 고향인 사카이堺시에 개업하여 의사로 활동하고, 한국과학사학회 감사패 상, 일본의사학회 공로상 등을 받았다.

[2] 신동원은 '한국의사학醫史學'이라는 학문 분야를 미키가 개척했고, 그의 해석이 오늘날까지도 한국의사학의 모든 영역에서 권위를 가진다는 점을 인정한다(신동원,〈미키 사카에의 한국의학사연구-성취와 문제점〉,《역사문화연구》, 2005, 75~92쪽). 그러나 미키가 동아시아 의사학의 정리 방편으로 한국의사학에 접근한 점과 한국의사학을 사대주의의 연장선상으로 이해한 점, 그리고 개항 이후 한국 의학의 발전을 일본이 가져왔다고 인식한 점을 들어 비판하기도 한다. 또한, 한국의사학 분야 권위자인 김두종의 인생 및 의학적 성취와 비교하며 그 업적의 공과에 대해서도 언급했다(신동원,〈라이벌: 김두종金斗鍾과 미키 사카에三木榮〉,《애산학보》38, 2012, 83~113쪽). 김호는 한국 의학 관련 서적을 만들게 된 미키의 개인사와 연구 논문 소개, 그리고《조선의학사 및 질병사》개관을 통해 미키 연구의 중요한 기초를 마련했다(김호,〈醫史學者 三木榮의 생애와 朝鮮醫學史及疾病史〉,《의사학》14(2), 2005, 101~122쪽). 한편, 일본에서는 시라이 준白井順이 미키의 의학 사상과 문고를 조사했다(白井順,〈三字經と醫學-三木榮遺稿(1)〉,《醫譚》89, 2009, pp. 5734-5742;

미키는《향약집성방》,《의방유취》,《동의보감》과 같은 "대의서大
醫書"가 일본에 큰 영향을 미쳤고, "일본의 의학은 조선의 의학"이
라며, "조선반도 의학을 모르고서는 섬나라 일본 및 대륙 중국 의
학을 이야기할 수 없다"는 점을 여러 차례 강조했다.[3] 그리고 본
인이 한국에서 임상의로 활동한 경험과 역사적 기록을 바탕으로
면밀하게 고찰한 '조선전염병사'를 일본에서 인정해 주지 않는다
는 점을 안타깝게 여겼다. 미키가 기술한 논문 〈조선전염병사〉는
콜레라와 마진痲疹(홍역) 등의 감염병을 한일 관계사적 측면에서
고찰한 것인데, 비단 이런 질병뿐 아니라 한국에서 발생한 감염
병의 원인 및 대처와 관련하여 한국 · 중국 · 일본 의학서를 섭렵
하여 역사적 고찰을 수행했다. 여기에 한센병도 피부질환으로 포
함하여 역사서 속의 한센병 기록과 한국인의 대처 방법 등을 자
세하게 소개했다.

　이 장에서는 일제강점기에 미키 사카에가 기록한 〈조선전염병
사朝鮮傳染病史〉, 일본 패전 후 논문으로 도출한 〈조선질병사朝鮮疾病
史〉, 그리고 후에 연구 성과를 집대성한《조선의학사 및 질병사朝
鮮醫学史及疾病史》에 수록된 〈조선질병사〉를 근거로, 근대 이전 한국
역사 및 의서에 기술된 감염병의 특징과 한센병에 대해서 살펴보
고자 한다.

　〈三木文庫調査報告〉,《杏雨》14, 2011, pp. 495-528).

3　長門谷洋治,〈三木先生をお訪ねして〉,《日本醫史學雜誌》39(2), 1993, pp. 247-248.

미키 사카에의
'조선전염병사'

미키 사카에는 〈조선전염병사〉 연구를 시작하게 된 배경에 대해 다음과 같이 언급한다.

"1935년 8월 경성제국대에서 나와 도립수원병원에 재직할 때 시간이 날 때마다 취미로 조선의사醫史 연구에 몰두했는데, 그해 가을 상사였던 경기도위생과장 아마기시天岸敏介 씨가 총독부 시정 사반세기를 경과하여 반도 학술 발흥勃興에도 불구하고 조선에 전염병사라고 이름할 만한 저술이 없어, 조선 의학상은 물론 위생행정상에도 참고할 만한 책이 없는 것이 참으로 유감이라고 하여, 필자가 이 편찬을 맡게 되었다."[4]

이 글이 실린 《중외의사신보中外醫事新報》는 일본에서 발행되던 권위 있는 의학 학술지다. 당시 미키는 한국 의학 역사 연구의 중심인물로 여겨져, 조선총독부에서 미키에게 〈조선전염병사〉 연구를 의뢰한 것으로 보인다. 여기에서 〈조선전염병사〉 연구의 공식적인 출발이 일제의 한반도 위생행정, 식민지의학의 일환이었다는 것을 알 수 있다. 그러나 한국 전통 의학에 관한 연구는 미

---

4 三木榮, 〈朝鮮傳染病史〉, 《中外醫事新報》 1275, 1940a, p. 20.

키가 식민지 정부의 행정명령을 받기 훨씬 전부터 열의를 가지고 해 오던 작업이었다. 그는 1928년 경성제국대학에 부임하면서부터 한국의학사 연구에 매진하여 다수의 논문을 발표한 상태였다.[5] 그리고 1935년경이면 〈조선의사연표朝鮮醫事年表〉가 완성된 시기로, 이미 한국 고유의 의학 역사를 섭렵하고 정리해 가는 단계였다.

미키는 의사醫事, 즉 한국 의학 관련 사항을 연표로 만들어 가다가 감염병과 관련된 내용을 발견하고, 그것을 더 세밀하게 살펴보고는 상당히 의미가 있는 내용임을 알게 되었다고 한다. 그는 일본 감염병사를 연구하기 위해서는 중국 감염병사가 명확해지지 않으면 그 기초가 약하고, 또 대륙문화 및 교통의 가교인 한반도의 감염병사를 분명히 하지 않으면 그 영향 관계를 밝혀내는 데 공백이 생겨 철저한 연구를 수행하기 어렵다고 여겼다. 그리고 당시 일본과 중국에는 이미 감염병사에 관한 연구 및 저서가 도출되어 있으나 한국에서는 찾아볼 수 없다는 점도 지적했다.[6] 따라서 동아시아 문화의 '흐름'으로 감염병의 경로를 탐구하고 한국 감염병에 대해 고찰하는 것이 기존 연구의 '공백'을 채우

---

5 Gijae SEO, 〈The History of Korea-Japan Medical Relations: Through Miki Sakae's Research and Life〉, 《KOREAN JOURNAL OF MEDICAL HISTORY》 29(3), 2020, pp. 1065-1100.

6 三木榮, 〈朝鮮傳染病史〉, 1940a, p. 20-21.

는 일임을 밝히고 있다.[7] 그렇다면 미키는 어떤 자료들을 가지고 〈조선전염병사〉에 접근했을까.

"조선인이 만든 의서(《簡易辟瘟方》,《新纂辟瘟方》,《辟疫神方》,《辟瘟新方》,《麻疹方》,《魔科會通》,《時種通編》,《牛痘新設》 등), 문집 혹은 유서類書·수록隨錄의 종류(《芝峯類說》,《星湖僿説》,《五洲衍文長箋散稿》 등) 중에는 편찬에 참고할 만한 것도 있지만, 대개 단편적 자료에 그친다. 그러나 다행스러운 것은 역사서 《삼국사기》,《삼국유사》,《고려사》 및 《고려사절요》가 있고, 또한 왕실의 편년 기록으로는 세계적으로 큰 보물인 《이조실록李朝實錄》이 있다. 특히 후자는 본사 편찬의 근간을 형성하는 중요한 자료이다."[8]

미키는 이상의 인용에서 등장하는 책들을 참고하여 〈조선전염병사〉를 기술했다고 밝힌다. 특히 조선왕조실록의 의학 관련 내용에 대한 세부 사항은, 나기라 다쓰미柳楽達見[9]의 〈이조실록의약초李朝實錄医薬鈔〉와 경성제국대 '조선문학연구실'의 장지태長之兌의

---

7   三木榮,〈朝鮮傳染病史〉, 1940a, p. 21.

8   三木榮,〈朝鮮傳染病史〉, 1940a, p. 22.

9   1889~1967 치과 의학자. 조선총독부의원朝鮮総督府醫院 의원醫員 등을 거쳐 1916년 경성의전京城醫專 교수가 된다. 이후 경성치과의전京城歯科醫專 교장 등을 맡았다. 1945년 조선치과의사회朝鮮歯科醫師会 회장을 역임하고, 일본 패전 후 도쿄 치대, 오사카 치대, 교토부府 치과 의사회 등의 명예 회원으로 활동했다.

도움을 받았다고 덧붙이고 있다.[10] 1940년 1~11월 게재한 〈조선 전염병사〉[11]의 전체적인 구성은 다음과 같다.[12]

서론
제1편 조선전염병사 연표
제2편 조선전염병사 각론
　　역疫, 장티푸스(및 그와 유사한 질병), 적리赤痢, 두창
　　附 수두, 마진, 성홍열, 디프테리아, 콜레라, 페스트, 유행성독감,
　　말라리아, 나癩, 결핵
제3편 조선방역사
　附圖 오엽五葉

이 〈조선전염병사〉 연구는, 일본 패전 후 1954년《일본의사학 잡지日本醫史學雜誌》에 〈조선질병사朝鮮疾病史〉로 다시 연재 수록된 다음, 미키가 일본에서 정리 저술한《조선의학사 및 질병사》의 〈조선질병사〉[13]로 최종 수록되었다.

미키는 질병 중에서도 감염병에 큰 관심을 보였다. 〈조선질병 사〉 서두에서, 한 나라의 운명과 개인의 생명은 감염병에 크게 좌

10　三木榮,〈朝鮮傳染病史〉, 1940a, p. 22.

11　三木榮,〈朝鮮傳染病史-朝鮮傳染病史年表(三國·新羅·高麗~日韓併合)〉(10回分),《中外醫事新報》1276-1285, 1940a-k, pp. 20-34; 76-86; 111-121; 142-151; 177-187; 225-232; 258-287; 319-327; 360-365; 397-404; 435-447.

12　三木榮,〈朝鮮傳染病史〉, 1940a, p. 20.

13　이 〈조선질병사〉는 1963년 오사카의 사카이시에서 간행된 책이다. 본서에서는 1991년 思文閣出版에서 간행된《보정 조선의학사 및 질병사補訂 朝鮮醫学史及疾病史》의 〈조선질병사〉를 인용하였다.

우되며 이에 관한 연구는 자신의 연구 중 "가장 흥미 있고 중요한 연구"라고 강조하고 있다.[14] 예를 들어, 미키는 동아시아 내 감염병 경로를 탐구하면서, 마진痲疹(홍역)이 22~23년 주기로 한국과 일본에서 동 시기에 대유행했다는 사실을 발견하고 "펄쩍 뛸 정도로 기뻤다"고 술회한다.[15] 덧붙여서 이헌길李獻吉의 독자적인 치료법을 기록한 《마진방痲疹方》은 감염병 분야에서 획기적인 서적이라며, 마진 치료는 "압도적으로 조선이 우위"에 있었다고 평한다.[16] 미키는 '일선마진사日鮮痲疹史'를 고찰하면서 다음과 같은 '역병전파통칙疫病伝播の通則'을 세웠다.

○ 병의 원인균이 일정한 곳에 서식하면서 온도 습도 계절 등에 맞추어 증식하고 적당하게 전염력을 강화하여 밖으로 드러날 호기를 얻어 전염이 시작된다. (전염의 1조건)

○ 이것이 전염을 일으키기 위해서는 이것을 받아들이는 인류가 다수 집단이어야 하고 전파에는 교통의 빈번성이 큰 역할을 하며 여기에는 직접성 근접성이 중요하다. (전염의 2조건)

○ 과거 용이하게 전염된 것도 후에 면역이 생기면 발생률이 감

14 三木榮,〈朝鮮醫學史及疾病史の刊行について〉,《朝鮮學報》10, 1956, p. 158.

15 三木榮,〈朝鮮醫學史及疾病史の刊行について〉, p. 159.

16 미키는 《마진방》은 논리가 체계적이고 정확하여 반도의 마진을 논하는 자는 모두 이 책을 따라야 할 정도로 획기적인 서적이라고 언급하며, 중국 명나라의 치료법을 참고하되 자기 경험을 토대로 만든 독자적인 서적이라고 평한다(三木榮,〈朝鮮疾病史〉,《補訂 朝鮮醫學史及疾病史》, 思文閣出版, 1991b, p. 48).

소하고 과거에 대유행을 일으켰어도 현재 그 병의 원인에 대한 치료 및 예방위생학이 발달한 곳은 유행을 막을 수 있지만 그렇지 않으면 다시 유행한다. (전염의 3조건)[17]

　미키는 한국의 감염병사를 밝히는 것은 동아시아 문화 및 사람의 이동을 파악하는 것이라고 여겼다. 1940년의 〈조선전염병사〉가 한중일 비교 연표 형식이라면, 〈조선질병사〉에서는 감염병의 종류를 구분하여 연대순으로 기술하고 이에 대한 해설을 첨가한다. 미키는 질병사를 증상별로 삼국시대 및 통일신라, 고려, 조선의 3장으로 구분하고, 자료가 풍부한 조선시대의 질병사는 17개 절로 세분하여 의학서에 기술되어 있는 질병의 분류 방식에 따라 분류하여 서술하였다. 그는 한국 고유 의서 중 대표적인 저작에 기록된 질병 분류 방식을 채용하면 각 시대의 의가医家에서 다뤄온 질병에 대한 지식을 전체적으로 파악할 수 있으며, 각 질병이 어느 대항목에 속하는지 그리고 어떻게 해석되어 왔는지도 알 수 있다고 언급한다.[18] 그리고 한국 유사 이래부터 기술 시점인 일제강점기까지의 질병사를 다루며 한국과 관련된 중국 및 일본의 질병관계도関係圖를 도출했다.

17　三木榮, 〈日鮮麻疹流行伝播史 流行周期則〉, 《朝鮮學報》 49, 1968, pp. 349-359.
18　三木榮, 《補訂 朝鮮醫學史及疾病史》, 思文閣出版, 1991b, p. 122.

한국 감염병의 역사적 흐름
: 일본과의 관계 측면에서

미키는《삼국사기三國史記》에 의거하여, 1세기부터 삼국과 통일 신라시대까지의 '역병疫病' 유행 기록에서 한국 질병사의 내용을 시작했다. 문헌상으로 확인할 수 있는 고대 한국의 역병 유행은 백제 온조왕溫祚王 4년, 이어서 신라 남해차차웅南解次次雄 19년, 신라 지마이사금祇摩尼師今 9년에 일어났음을 알 수 있다.[19] 그 후 통일신라 말기까지 작은 유행은 차치하고 당시 많은 사람의 생명을 위협한 수많은 역병의 유행이《삼국사기》에 기록되어 있다. 미키는 의학 관련 자료가 많지 않았던 이 시기 역사서에 특필된 것은 역병疫病, 즉 감염병이라고 말한다. 그는 한국 역사서에 역병에 대한 기술이 빈번한 이유에 대해, "역병은 급격하게 많은 사람을 해치고 사회에 엄청난 공포를 주었기에 나라에서 중대한 사건으로 다뤄진 것"[20]라고 설명한다. 한편, 자료가 풍부한 조선시대 질병사 기술에서 70퍼센트 이상의 지면을 할애한 것은 '유행성 전염병'이었다. 그가 정리한 한국 질병사에서 감염병과 관련된 부분을 좀 더 살펴보자.

미키는 한국 의학을 보기 위해 당시 한국과 일본에서 출판된

---

19 三木榮,〈朝鮮疾病史〉,《日本醫史學雜誌》5(1), 1954a, p. 56.

20 三木榮,〈朝鮮疾病史〉, 1954a, pp. 51-56.

역사서 및 시대상을 알 수 있는 자료들을 적극 활용했다. 그는 역병으로 불리는 유행성 감염병은 고대부터 존재했고, 중국 주周 시대에 유행했던 것을 《주례周禮》, 《여씨춘추呂氏春秋》, 《예기월령禮記月令》 등에서 확인할 수 있다고 말한다. 그에 따르면, 과거 기록에 보이는 역병은 발진티푸스, 장티푸스, 말라리아, 설사, 두창痘瘡, 마진痲疹 등 다양한 종류를 포괄한다. 그리고 6세기 중후반 일본에서 역병이 일어난 기록을 가지고, 이 역병의 유행은 백제의 불교 전래 차원에서 사람과 불상 등의 이동에서 기인했다고 설명한다.[21] 그러면서 8세기 일본에서 유행한 두창이 신라인과 물건이 일본으로 들어가면서 발생한 것이라는 내용을 일서인 《본조세기本朝世紀》(1150~1159), 《속고사담續古事談》(1219), 《개낭초蓋囊鈔》(1445) 등을 근거로 설명한다.[22] 즉, 문화와 사람의 흐름이 질병을 동반한다는 것을 한일 감염병 전달 경로를 통해 파악한 것이다.

이외에도 8세기 중반, 9세기 초 일본에서 일어났던 감염병 또한 한반도에서 건너간 것이라고 추측한다. 미키는 감염병의 일본 전래가 한반도에서 규슈 북부로 전해지거나 중국에서 직접 규슈

---

[21] 三木榮, 〈朝鮮疾病史(2)〉, 《日本醫史學雜誌》 5(2), 1954b, p. 47; 〈朝鮮疾病史〉, 《補訂朝鮮醫學史及疾病史》, 思文閣出版, 1991b, pp. 3-4.

[22] 미키는 근원지가 인도인 두창이 천평天平 7년〔735년−필자 주〕과 9년 일본에서 유행한 사실에 대해, 이는 서역 지방을 거쳐 중국의 서북 지역으로 전해진 다음, 요동반도(혹은 산동)를 거쳐 한반도로 들어오게 되고, 이것이 일본 쓰시마를 통해 일본 전역에 퍼진 것으로 분석한다(三木榮, 〈朝鮮醫學史及疾病史の刊行について〉, 《朝鮮學報》 10, 1956, pp. 158-159).

로 전해졌을 것이라는 두 가지 설을 내세우고 있다. 이 중에서도 감염병은 사람끼리 전파되기 쉽기 때문에 지역적 근접성이나 교통의 빈번성이 중요 조건이라며,[23] 대륙의 직접 전파보다는 한반도를 통한 전파에 무게를 싣는다.

이후 고려시대 의학은 신라의 지식을 계승하고 송나라 의학의 영향이 강했다고 소개한다. 미키는 문종文宗 때부터 의종毅宗 말기까지 상당히 풍부한 자료가 중국에서 한반도로 유입 사용되어 의학이 융성했던 것으로 보이지만, 실제로 한국에 남아 있는 자료는 빈약하다고 설명한다. 그는 유일한 현전 자료가 고종高宗 (1214~1259) 시기에 만들어진 《향약구급방鄕藥救急方》이고, 이를 통해 당시의 주요 병명을 알 수 있다고 언급한다. 그리고 극소수이지만 《고려사高麗史》나 그 외 문헌의 역병 유행사를 통해 고려시대의 질병사와 주변 국가의 관계를 알 수 있다고 말한다.[24]

그다음으로, 열람할 수 있는 자료가 풍부했던[25] 조선시대 감염병사는 미키의 감염병사 기술 중 상당 부분을 차지하는데, 특히 일본으로의 전파가 집중적으로 소개된다. 미키는 조선시대의 많은 의서 중에서 질병 분류를 파악하기 용이한 의서로 조선 전기

---

23 三木榮, 〈朝鮮疾病史(2)〉, 《日本醫史學雜誌》 5(2), pp. 48-49.

24 三木榮, 〈朝鮮疾病史(3)〉, 《日本醫史學雜誌》 5(3), 1955, pp. 26, 32.

25 임진년(1592년—필자 주) 이전의 조선 의서가 많이 일본에 소장되어 있었다. 그 외에 아시카가문고足利文庫, 가나자와문고金沢文庫에도 조선시대의 책이 많았는데, 특히 양안원養安院에는 조선의 의서가 많았다고 한다.

를 대표하는《향약집성방鄕藥集成方》과 조선 후기를 대표하는《동의보감東醫寶鑑》을 든다. 특히《동의보감》에 대하여는, 조선 후기 대부분의 의사가 참고했던 점을 언급하며, 저자 허준은 도교를 신봉하여 질병 치료의 중심을 정精 · 기氣 · 신神에 두었기에 당시 일반적인 중국 및 조선 의서와 달리 특수한 편찬 형식을 취하고 있다는 점도 덧붙인다. 중국과 다른 방식이라 함은, 질병 분류를 신체 부위 분류 방식 및 증세 분류 방식과 아울러 원인별 분류도 가미하였다는 것이다. 따라서《동의보감》은 매우 실질적이며 이색적이지만 잘 통일되고 진보한 내용이라고 소개한다. 그리하여《동의보감》의 질병 분류와 질병관은 조선 중기 이후 의학계에서 두루 행해지고, 의학이론과 의학 서적들이 모두 이를 따름으로써 한국 의학이 특징지어졌다고 했다.[26] 이와 같은 조선시대의 특징적인 의서 및 당시 간행된 한국과 일본의 의서를 참고로 미키가 조사한 조선시대 유행성 감염병 설명에서 두드러지는 것은, 두창의 근원지를 설명하고 이 근원지에서 한반도를 거쳐 일본으로 전파된 사항 및 마진의 한일 관계사, 그리고 일본에서 유행한 콜레라 유입의 역사 기술 오류에 대한 지적이다.

---

26 미키는《동의보감》이 질병 전체를 內景篇 · 外形篇 · 雜病篇의 세 가지로 크게 나누고, 內景篇에서는 신체 내부에 있는 精 · 氣 · 神 · 血 · 言語 · 蟲 · 大便 · 小便 같은 무형유형의 질병을, 外形篇에서는 신체 표면의 각 부위의 질병을, 雜病篇에서는 내 · 외 두 편에 속하지 않는 각종 질병과 이것에 더하여 부인 · 소아의 질병을 총괄하였다는 점에 주목했다(三木榮,《補訂 朝鮮醫學史及疾病史》, 1991b, p. 123).

"조선전염병사에 대해 명확히 밝힘으로써 동아시아 전염병 유행의 양상이 백일하에 드러난다. 예를 들어, 일본 분세이文政 5년[1822년-필자 주] 콜레라의 제1차 대유행은《이조실록》을 보면 의심할 여지 없이 조선반도에서 쓰시마를 거쳐 시모노세키로 전염되어 전국으로 퍼진 것을 알 수 있다. 반도의 콜레라 유행사가 완전히 불명했기에 일부 학자들이 나가사키長崎 침입설을 주장하는 오류를 범했다. 또한, 반도에서 유행한 마진은 일본에서의 마진 유행과 그 연도가 완전히 일치하여 조선의 유행사에 큰 흥미를 느끼게 되었다. 에도 시기의 마진 유행은 대부분 반도에서 들어온 것이다. 유행성 감기感冒, 두창痘瘡, 우역牛疫 등에서도 이와 같은 관련성이 인정된다."[27]

일본 의사학계에는 콜레라가 서양 문화의 전달 통로였던 나가사키長崎를 통해 일본 전체로 유행했다고 알려져 있는데, 미키는 이 질병이 뱅갈 지방(1817)→버마·타이 말라카반도(1819)→자바섬 등의 남양제도, 중국의 광동 지역·영파·절강(1820)→중국 북경 및 중국 전체에 퍼져 압록강을 건너 한반도 평양·경성·경상도(1821)→겨울을 지나 다시 경성을 중심으로 한국 전체에 대유행한 후 일본의 쓰시마對馬·시모노세키下関로 이어진 유행 양상을 밝혀냈다.[28] 이외에도 흥미로운 자료들이라며 한국에서 유행했던

---

27 이는 1948년 3월, 미키에 작성한《조선의학사 및 질병사》〈종서綜序〉의 기록이다(三木榮, 〈朝鮮醫學史〉,《補訂 朝鮮醫學史及疾病史》, 思文閣出版, 1991a, p. 3).

28 三木榮,〈朝鮮疾病史〉,《補訂 朝鮮醫學史及疾病史》, p. 13.

유행성 독감, 성홍열, 유행성 외척수막염, 매독, 임질, 한센병 관련 기록을 소개한다.[29] 여기서 미키가 중심적으로 취급했던 감염병 중 한센병에 대한 역사적 기록과 관리 및 처치 등을 살펴보자.

한센병에 대한
역사적 기록

미키가 〈조선질병사〉의 피부병 분야에서 가장 첫 번째로 언급한 질병이 한센병이다. 미키는 한센병의 근원은 서남계西南系이겠지만 고대부터 세계 각국에 두루 존재하였고 가장 기피되었던 질환으로, 한국에서는 남쪽 지방에 널리 만연해 있다고 소개한다.

미키는 《조선의학사 및 질병사》의 〈조선의학사〉 부분에서 한센병을 개괄적으로 소개한다. 한국에서는 한센병을 '문둥병門同病·門童病'이라고 불렸는데, 이는 이 병을 가족 집단 내에서 발생하는 유전병으로 인식하여 붙인 병명이었다. 고대 한국인은 감염병에 의한 사망을 악마의 재앙으로 여기고, 이를 피하는 것이 일가의 생존을 지킨다는 신념 아래 원시적 경험 처방에 의지했다. 예를 들어, 3세기 《삼국지三國志》 〈위지동인전魏志東夷傳〉에는 이 질병에 걸려 사람이 죽으면 집을 태우고 새롭게 짓는다는 내용 등이

---

29   三木榮, 〈朝鮮醫學史及疾病史の刊行について〉, p. 160.

실려 있다. 미키는《일본서기日本書紀》24권(642)에 백제 대사 교기翹岐가 자식이 감염병으로 죽자 아이 근처에도 가지 않고 장례도 다른 사람에게 맡기고 가족들과 일본을 떠나 버렸다는 내용이 있다며, 질병 감염을 극도로 두려워한 모습이 잔인하기까지 하다고 기록되어 있다고 설명한다.[30] 또한,《고려도경高麗圖經》(1123)에 실린 "질병에 걸려 아이가 죽으면 부모라도 돌아보지 말고 그 관도 만지지 마라"[31] 등의 내용으로 보아 고대 한국 사회에서 감염에 대한 두려움이 매우 컸음을 알 수 있다고 전한다. 그러면서 미키는〈조선질병사〉에서 한국 한센병에 대한 역사적 고찰을 명칭, 증상, 원인, 전파 양상, 치료 및 예방법의 다섯 가지 측면에서 자세하게 설명하고 있다.

우선 명칭의 유래에 대하여 미키는《삼국유사三國遺事》(1300) 권 3의 아도기라阿道基羅 조조條를 인용하여 여질癘疾, 악질惡病이라고 불렀던 병을 '나병Lepra'이라고 추측하며, 나병은 고대로부터 존재했고 고대인들은 이 나병이 감염된다고 여겼던 것에 주목한다. 그리고 악질惡疾에 대해 설명하며, 명종明宗 때 한 아들이 아버지의 악질을 치료하고자 자신의 허벅지 살을 잘라 아버지에게 먹였다는 예를 들어, 악질이 단지 악성의 질환이라는 의미로 기록되기도 했지만 고대부터 주로 한센병을 가리켰고, 고려시대에도 한

---

30 三木栄,〈朝鮮醫學史〉, p. 28.

31 三木栄,〈朝鮮醫學史〉, p. 28.

센병으로 여겨지는 악질이 상당히 광범위하게 존재했다고 언급한다.[32] 《향약구급방》의 악창惡瘡의 부분에도 '다년악창多年惡瘡'이라는 기록이 있는데, 이것이 모두 한센병을 가리키는 것은 아니지만 이 가운데 한센병도 포함되었을 것으로 보고 있다. 아울러 중국의 《병원후론病源候論》이라던가 《성혜방聖惠方》 등에 한센병 증상을 상세하게 논하고 있으므로 이들 의서의 영향권 아래에 있었던 고려에서도 한센병에 대해 상당한 지식을 가지고 있었을 것으로 추측한다. 허벅지 살 등의 인체를 훼손하여 부모에게 몰래 먹이고 난치병을 고쳐 표창받은 사례들은 중국에서 전해진 풍습으로, 《삼국사기》에도 있고(열전 제8 向德·聖覺), 《고려사高麗史》에서도 종종 보인다는 점을 지적했다.[33]

조선시대는 《세종실록世宗實錄》(1450년 이후)을 통해 한센병이 나병癩病, 나질癩疾 등으로 기록된 것을 알 수 있다.[34] 그리고 《향약집성방》(1419~1450) 권3에 대풍라大風癩, 조라鳥癩·백라白癩 등의 표기가 있는데, 이는 확실하게 한센병을 가리키는 것으로 여긴다. 《동의보감》(1607)에는 '대풍창大風瘡'이라는 용어가 보이는데, 이는 한

---

32 《고려사》에서 보이는 질병 중 악질에 대해서는, 명종 15년 을사(1185) 12월에 부친 위영성尉永成이 악병에 걸렸는데 위초尉貂가 서슴지 않고 넓적다리 살을 베어 만두 속에 넣어 먹이니 병이 나았다. 임금이 이를 듣고 조서를 내려 정문旌門(표창하기 위해 그 집이나 마을 앞에 세우던 붉은 문)을 내려 표창하였다는 내용이 있다(《고려사》 121권 열전34 〈위초〉조).

33 김호, 〈2003년도 동서양 학술명저 번역지원 결과보고서, 朝鮮醫學史及疾病史〉, 701쪽; 三木榮, 〈朝鮮疾病史〉, 《補訂 朝鮮醫學史及疾病史》, p. 10.

34 조선왕조실록에 보이는 악질은 말 그대로 치유할 수 없는 악성질환의 총칭으로, 주로 한센병을 가리킨다. 조선시대에 한센병은 확실하게 구분되는 특수 질환의 하나로 파악되었으

센병이 확실하다고 주장한다. 《광해군일기光海君日記》, 《광제비급廣濟秘笈》, 《제중신편濟衆新編》, 《의종손익醫宗損益》에도 대풍창이라는 명칭이 보이는 것으로 보아, 조선의 중기와 후기에 이 명칭이 보편적으로 사용되었던 것을 확인하고 있다.[35]

다음으로 증상에 대하여 미키는 《향약집성방》을 인용하는데, 이 책이 중국의 《태평성혜방太平聖惠方》(이 책은 《病源候論》을 인용한 것이다)을 인용하고 있다고 지적하며, 피부감각의 마비, 검붉은 반점이 생김, 가려움 등을 수반하고 병이 오래 지속되면 피부와 힘줄 뼈가 손상된다는 증상을 소개한다.[36] 그리고 《동의보감》에서 보이는 한센병 증상은 중국의 《내경內經》을 인용하고 있다고 밝히며, 《소연자嘯然子》(북송北宋 말기의 도사道士로 알려진 인물의 기록)도 인용하면서, "몸이 문드러지고 썩어 나가며 감각이 마비되

므로 악질이라고 기재한 경우도 있지만 나병癩病(나질癩疾·대풍라大風癩)이라고 지칭하였다. 《세종실록世宗實錄》에도 세종 10년 戊申(1424) 8월, 세종 27년 乙丑 10월, 문종文宗 원년元年 辛未(1451) 4월조 등에 나병에 관한 매우 명료한 기술이 있어 당시 사람들이 상당히 정확한 지식을 가지고 있었음이 확실하다. 그리고 중종中宗 27년 악질 치료를 위해 살아 있는 사람의 쓸개·손가락을 먹는다는 식의 내용이 조선왕조실록의 기록으로는 최초로 보인다. 이전에는 쓸개를 잘라 먹는다는 기사는 없어 보이고, 대체로 중종 후반부터 악질을 치료하려고 이처럼 미신적인 방법이 동원된 것으로 보인다(김호, 〈2003년도 동서양 학술명저 번역지원 결과보고서, 朝鮮醫學史及疾病史〉, 775~776쪽; 三木榮, 〈朝鮮疾病史〉, 《補訂 朝鮮醫學史及疾病史》, p. 80).

35 三木榮, 〈朝鮮疾病史〉, 《補訂 朝鮮醫學史及疾病史》, p. 111.

36 《향약집성방》에서 소개하는 한센병의 증상은 다음과 같다. 처음 병이 생길 때에는 피부의 감각이 마비되고 마치 벌레가 기어가는 것처럼 스멀스멀하면서 가려우며 혹 검붉은 은진癮疹이 돋기도 하는데 이것은 모두 대풍라가 처음 생길 때에 나타나는 증상이다. 이때 빨리 치료하여야 하며 날알과 독이 있는 물고기들은 먹지 말아야 하며 참깨와 송엽, 창출 같은 것들을 먹는 것이 좋다. 대풍라는 흔히 바람에 의해 생기는데 처음에는 아무렇

고 코가 주저앉으며 얼굴색이 자줏빛으로 변하고 입술이 비뚤어지며 눈썹이 빠지고 눈이 보이지 않게 된다"고 기술되어 있다고 전한다. 또한, 《제중신편》, 《의종손익》에도 한센병 증상이 《동의보감》과 비슷한 내용으로 설명되어 있다고 언급한다.

미키는 한국인들이 한센병 발병 원인에 대해 어떻게 인식하고 있었는지 네 가지로 나누어서 설명한다. 우선 ① 한센병은 바람에 의해 일어난다는 악풍惡風설을 소개한다. 즉, 나쁜 바람이 몸에

지 않으며 풍독이 피부에 들어가도 아무런 감각을 느끼지 못한다. 그러나 팔다리나 오장에 들어가면 모공과 주리가 막혀서 통하지 못하고 기혈이 서로 헛갈려서 피부의 감각이 전혀 없어지게 된다. 처음에는 동전만 하거나 손바닥만 하다가 점차 퍼지면서 썩은 나무처럼 되는데 침을 놓아도 아픈 줄을 모른다. 이런 것이 혹 머리나 얼굴에 나타나고 또 가슴과 목에도 나타나는데 서물서물하거나 저릿저릿하며 벌레가 기어가는 것과 같이 이리저리 왔다 갔다 한다. 또 몸이 아프고 가려워서 긁으면 헌데가 생긴다. 이것이 오래되면 피부와 힘줄, 뼈마디가 상해서 어긋나게 되므로 나병이라고 했다. 이 병은 증상이 변화되기 때문에 이름도 여러 가지다. 그 몇 가지를 들어 보면 다음과 같다. 목라자木癩者는 처음에 눈썹은 빠지지 않으나 얼굴과 눈이 허는 것처럼 가렵다. 화라자火癩者는 몸이 불에 덴 것처럼 헐거나 팔다리와 뼈마디가 어긋나기도 하며 오랫동안 지나면 눈썹이 빠진다. 금창자金瘡者는 처음부터 눈썹이 빠지고 오래되면 벌레가 폐를 파먹으므로 콧마루가 물러앉는다. 토라자土癩者 몸에 울퉁불퉁한 혹 같은 것이 생기는데 달걀만 하기도 하고 탄알만하기도 하다가 점점 뭉크러져 고름이 나오게 된다. 수라자水癩者는 먼저 부종병을 앓을때 독이 빠지지 않고 속에 남아 있다가 풍사를 받으면 발동되어서 눈썹이 빠지게 된다. 또 귀뚜라미라자蟋蟀癩者라는 것이 있는데, 이것은 귀뚜라미 같은 벌레가 몸에 있어서 모든 관절에서 피가 나온다. 면라자麴癩者는 밀가루와 같은 벌레가 있어 온몸이 쑥과 같이 흰빛이 돌고 치료하기가 어려운 부위는 약을 태워 연기를 쏘이는 방법으로 치료할 수 있다. 우라자雨癩者는 피부에 희거나 붉은 얼룩얼룩한 무늬가 생기고 눈썹과 살적이 빠진다. 마라자痳癩者는 모양이 버짐 같으면서 온몸이 미칠 듯이 가렵다. 굴라자虯癩者는 몸이 물에 잠겨 있는 것처럼 무겁고 증상이 풍라風癩와 같다. 주라자酒癩者는 술을 마시고 기장 짚 위에 누워 자면서 땀을 흘려서 몸이 허해진 데다 바람이 밖으로부터 들어와서 생긴 것인데 눈썹과 살적이 빠진다. 모든 나병은 다 빨리 치료하여야 한다. 만일 오래 끌면 치료하기 힘들다(김호, 〈2003년도 동서양 학술명저 번역지원 결과보고서, 朝鮮醫學史及疾病史〉, 876쪽; 三木榮, 〈朝鮮疾病史〉, 《補訂 朝鮮醫學史及疾病史》, p. 111 참고).

들어가 질병을 일으킨다는 인식이다.《향약집성방》은《병원후론》을 근거로 발병 원인을 설명하는데, 한센병이 생기는 원인은 대부분 악풍에 의해 일어나고, 또 꺼림칙하고 해로운 것에 잘못 접촉하여 생긴다고 기술했다.《동의보감》에서는 맥풍脈風이 한센병을 생기게 한다고 주장하는데, 이것은 후세까지 널리 받아들여져《제중신편》이나《의종손익》등에서도 그대로 채용되었다. 이러한 이유로 한센병을 대풍라大風癩, 대풍창大風瘡이라고 불렀던 것이다. 조선 후기에는 '나癩'라는 명칭보다 '대풍창'이 통칭으로 사용되었다. 이 바람이 신체에 들어가 폐에 닿으면 눈썹이 빠지고, 간에 닿으면 얼굴에 보라색 물집이 생기고, 신장에 닿으면 다리 밑이 파이고, 비장에 닿으면 온몸에 옴과 같은 것이 생기고, 심장에 닿으면 눈이 상한다고 여겨졌던 것이다.

다음으로 ② 감염설이다. 일반적으로는 악풍으로 생긴다고 보았으나 사람들은 인체 간의 감염도 의식하고 있었다.《향약집성방》에는 감염에 대한 이야기가 없으나, 조선왕조실록의 세종 27년 을축乙丑 11월 조에 제주에 나질이 유행하여 사람들이 그 감염을 두려워하여 환자를 사람이 없는 해변에 방치했다는 기술이 있는 것으로 보아, 당시 사람들도 이 병의 감염성을 인식하고 있었던 것으로 보인다.《동의보감》에서도 부모, 부부, 집안사람들 상호 간의 감염에 대해 언급하고 있다.《광해군일기》4년 임자壬子 4월 조에도 대풍창에 걸린 사람은 물에 들어가 상처를 씻거나 집에서도 간지러워 몸을 긁기 때문에, 개울의 물고기 혹은 집에서 기르는 닭이 그 부스럼을 먹고 사람이 그 물고기나 닭을 먹으면 감염된다는 등의 내용이 있다. ③ 천형설도 있다.《광제비급》은 이 병이 태어나기 전에 쌓은 업보로 받는 하늘의 심판, 즉 '천형 天刑'이라고 언급한다. 마지막으로 ④ 귀신설이 있다. 불치의 한센병은 다른 악성 감염병과 마찬가지로 귀신이 일으킨다고 생각했고, 이는 민간신앙에서 자연스럽게 받아들여졌다. 미키는 근대에 들어서까지도 민간에서는 한센병 발생의 원인을 귀신이 대대로 집안에 머물러서 자손들에게 재앙을 가져다주는 것으로 여겼다고 설명한다.[37]

다음으로 한센병의 전파를 두려워한 한국인들의 모습과 나라의 대처에 대해서 살펴보자. 미키는 한센병은《향약구급방》,《세종실록》에 보이는 대풍라 소개에서 확실하게 알 수 있다며,《세종실록》의 한센병 환자 기사를 세세하게 기술했다. 그중에서 세종 10년(1428) 나라에서 한센병 환자를 바닷가로 옮기게 한다는 소식을 들은 마을 사람이 한센병에 걸린 14세 소녀를 물에 빠트려 죽게 한 내용을 소개한다. 세종 27년(1445)에도 제주에서 한센병에 걸린 사람들을 바닷가에 버려 둠으로 환자들이 괴로워 벼랑에서 자살한다는 내용을 전하고 있다. 관청에서는 이들을 불쌍히 여겨 병자를 모아 의복과 식량과 약물을 주어 목욕할 수 있게 하고, 치료 장소를 설치하여 의생과 승려들에게 치료하게 했다는

---

37   三木榮,〈朝鮮疾病史〉,《補訂 朝鮮醫學史及疾病史》, p. 112.

내용도 소개한다. 1451년에는 제주에 한센병이 많았는데, 그 가족들이 감염될 것을 두려워하여 환자들을 바닷가에 격리해 놓고 죽기를 기다리기도 했지만, 관청에서 여기에 모인 백여 명의 환자들에게 약을 먹이고 목욕을 시켰다는 내용도 확인할 수 있다. 주로 제주에 관한 내용이지만, 당시 환자의 가족이나 이웃들이 환자를 인간이 살기 어려운 곳으로 밀어내고 죽음에 이르게 했다는 사실을 알 수 있으며, 이러한 상황에서 관이 나서서 치료소를 설치하고 승려나 의생들을 동원하여 이들을 구료했다는 것도 알 수 있다.

조선 중기에도 한센병이 만연했는데, 미키는 조선왕조실록 광해군 4년(1612)에 일어난 일을 예로 들어 설명하고 있다. 그 내용을 보면, 한센병에 걸린 환자의 몸에서 나온 부스럼을 먹은 물고기나 닭을 사람이 먹어 같은 병을 앓게 되어 충청이나 강원에까지 병이 널리 퍼진 상황이 나라에 보고되었다. 이에 나라에서는 이 지역에 약물을 보내 치료하게 하고 지방 관리로 하여금 환자의 상황을 살피게 했다. 미키는 조선 후기에도 한센병이 한국 사회 각 지역, 특히 남부지방에 침투하여 감염을 일으켰을 것이라고 설명한다. 이와 더불어 미키는 일제강점기 상황도 덧붙이는데, 한국의 경상남북도와 전라남도에 환자가 특히 많고, 현재는 총독부의 방알防遏(예방) 정책과 기독교 선교단의 구료救療(가난한 병자를 구원함)사업이 점차 성과를 보여 환자가 감소하고 있다고

설명한다.[38]

한센병의 치료 및 예방법에 대하여, 미키는 《향약집성방》의 기록에 근거해 한센병 치료에 광범위하게 사용된 약물은 고삼苦蔘이었다고 보고한다. 그리고 《동의보감》, 《제중신편》, 《의종손익》에 화사주花蛇酒(산무애뱀 술)가 치료약으로 사용된 기록이 있으며, 《동의보감》에서 대풍자유大風子油(대풍자나무 열매 기름)가 사용된 기록도 소개한다. 그러면서 환자들이 인육이나 장기臟器를 복용한 풍습을 설명한다. 인육을 먹는 것은 중국에 있었던 풍습으로, 한반도에서도 신라시대부터 행해졌다. 고래로부터 한국에서는 사람들이 혐오하는 악성질환이나 불치병에 걸리면 환자들의 절박함과 맞물려 장기, 특히 간이나 담, 고환까지 먹어 치료하려는 미신 치료가 행해졌다. 한센병도 사람들이 혐오하는 병으로, 통상적인 약재를 복용해도 치료가 어려운 까닭에 사람의 살이나 내장, 고환과 같은 귀신도 싫어하는 부정한 것, 귀신을 쫓는 힘을 가진다고 여겨진 것을 찾게 되었다.[39] 조선시대까지는 환자를 적극적으로 격리하지 않았지만, 제주도의 해안가 격리처럼 환자를

---

[38] 三木榮, 〈朝鮮疾病史〉, 《補訂 朝鮮醫學史及疾病史》, p. 113.

[39] 기근이 들면 인육을 먹는 풍속의 오래된 예는 삼국시대부터 보이며, 또 할고행효割股行孝, 즉 부모의 난치병을 고치려 효자가 자신의 넓적다리 살을 베어 먹인다는 이야기는 이미 통일신라 시기 사서史書에서 보인다(三國史記 景德王 14년, 755). 이와 유사한 단지효양斷指孝養(제 손가락을 잘라 그 피를 먹게 하는 봉양)의 실례도 많다. 간과 쓸개는 악성질병, 즉 나병·폐결핵·간질 및 매독 등의 치료에 사용되었다(三木榮, 〈朝鮮疾病史〉, 《補訂 朝鮮醫學史及疾病史》, p. 80).

방치하거나 특정 치료소에 보내어 승려나 의생들이 돌볼 수 있게 했다. 사람들이 혐오했던 이 질병의 증상이 발현되면, 환자는 살던 마을을 떠나 작은 집단을 형성하고 목숨을 연명하며 고뇌 속에서 일생을 마쳤다.[40]

이와 같이 근대 이전 명확한 치료법이 없는 상태에서 한센병은 엽기적인 치료법을 상상하게 하는 질병으로 인식되어, 한센인은 고립되고 애통하게 살아갈 수밖에 없는 존재로 고착되었다.

◆ ◆ ◆

한국의 감염병에 대한 역사적 고찰 초기 단계에는 미키 사카에라는 재조在朝 일본인이 존재하고 있다. 미키는 한국에 건너온 후 한국의학사 관련 자료를 한국뿐만 아니라 일본 및 중국을 방문하여 섭렵하고, 이를 통해 한국의학사의 위치와 역할에 대해서 집중적으로 탐구했다. 근대 이전의 한센병 자료도 이 과정에서 확인한 결과물이다.

미키가 동아시아의 질병 문제를 단순히 각 국가의 독립적인 질병 문제가 아니라 국가 간 '문화'의 흐름으로 인식했다는 점이 그의 연구가 갖는 가장 괄목할 만한 성과이다. 특히 감염병의 전파 양상에 주목한 그의 연구는 동아시아 내에서 사람의 흐름, 문화

---

40   三木榮,〈朝鮮疾病史〉,《補訂 朝鮮醫學史及疾病史》, p. 114.

의 흐름을 파악할 수 있는 근거가 되었다. 또한, 그가 주목했던 감염병 중 피부병 분야에서 한국과 일본의 역사서와 의학서를 근거로 밀도 있게 조사한 한센병과 관련한 국가, 환자 그리고 환자를 둘러싼 당시 사람들의 모습은 근대 이전부터 한국인이 한센병을 취급한 방식과 환자들이 감당해야 했던 삶의 실상을 적나라하게 드러낸다. 이러한 한국의 전통적인 한센병 인식을 바탕으로, 이어지는 장에서는 새로운 역사적 국면, 즉 식민 통치기 의학의 근대적 전환 상황에서 한센병이 어떻게 다뤄졌는지 살펴본다.

한센병을 둘러싼 식민지의학의
대중관리 전략

식민지의학의 토대는 일부 정치가와 의료 관계자의 활동으로 구축되었지만, 그 완성은 이에 동조하고 가담한 '다수의 사람'에 의한 것이었다. 마찬가지로 한센병을 둘러싼 식민지의학의 실현에도 대중의 참여는 필수 요소였다. 대중은 한센정책을 적극 추진할 수 있도록 연대해 가는 운동성運動性을 일으킨 존재였다. 즉, 그들은 대중매체의 영향을 받아 담론을 형성하고 주변 사람들에게 영향을 끼칠 수 있는 '수많은 무명의 존재'였던 것이다. 그리고 그들의 다수성多數性은 당시 국가 예산만으로 해결할 수 없었던 한센인 격리 공간 구축의 자금원이 되었다.

이 장에서는 일제강점기 한국과 일본에서 발행된 한센병 관련 미디어 자료를 통해, 당시 일제의 대중 포섭 전략과 식민지의학의 세부를 파악한다. 특히 한센병 관련 미디어[1] 및 소록도 방문 기록물, 그리고 당시 한국에서 간행된 문화·대중잡지를 통해 일본의 한센병사史 속에서 식민지의학의 실천 방향을 확인하고, '구라의 아버지救癩の父'로 불리던 미쓰다 겐스케光田健輔가 펼친 한센 사업의 특성과 식민지의학 실천에서 통치 정부가 '국민'이라고 칭한 사람들(당시 자신을 '일본 신민'이라고 여긴 국적 불문 대중)이 이 사업과 밀착해 가는 양상에 대해 살펴본다.

---

1 본서의 미디어 자료는 다키오 에이지滝尾英二의 《식민지하 조선의 한센병 자료집성植民地下朝鮮におけるハンセン病資料集成》(전8권)을 참고하였다. 이 자료는 후지출판不二出版에서 2001년에 1~3권, 2002년에 4~6권, 2003년에 7권, 2004년에 8권이 출간되었다.

일본의 한센병 인식과
정책

　근대 한국의 한센정책을 주도했던 일본은 한센병을 어떻게 취급했을까. 근대 시기로 막 접어들어서는 콜레라 등의 '급성감염증'이 정책의 중심에 있어서 한센병은 적극적 관리 대상이 아니었다. 그러다가 1899년 막부 시기 시행되던 '거류지제도居留地制度'가 폐지되고 '내지잡거內地雜居'[2]가 실현되어 서양인이 일본 내에서 자유롭게 거주·이동할 수 있게 되면서 상황이 달라졌다. 이 시기 일본을 방문한 서양 선교사들은 일본에 한센인이 많은 것에 놀라 1880~90년대에 한센병원 등을 세웠다.[3] 이에 따라 일본 정부도 '일본에 의한 한센정책' 마련을 시급한 과제로 삼았다. 한센정책의 출발은, 당시 제정된 「북해도구토인보호법北海道舊土人保護法」(1899), 「정신병자감호법精神病者監護法」(1900), 「창기단속규칙娼妓取締規則」(1900)과 같이 서양인에게 보이고 싶지 않은 '문명국'의 수치를 가리는 방편으로 마련되었다.[4]

　1899년 제13회 제국의회帝國議會에서 네모토 쇼根本正 등 3인의 의원이 〈나환자 및 거지 단속에 관한 질문〉을 제출했다. 여기에

2　'내지해방內地開放'이라고도 부른다. 외국인에 대한 거주·여행·외출의 제한을 폐지하고 일본 국내에서 자유롭게 여행·거주·영업하는 것을 허가하는 제도이다.

3　藤野豊,《ハンセン病と戦後民主主義》, 岩波書店, 2006, p. 2.

4　藤野豊,《反省なき國家》, かもがわ出版, 2008, p. 155.

서 한센인은 '일본제국의 위광威光을 훼손하는 중대한 문제'로 제기되었다.[5] 1902년 16회 제국의회에서 사이토 히사오斎藤壽雄는 〈나환자 단속에 관한 건의안〉에서 외국인이 일본에 와서 가장 두려워하는 것이 거리의 한센인이라고 보고했다. 그리고 1906년 22회 제국의회에서 야마네 마사쓰구山根正次는 의회 입법안으로 「나예방법」을 제출하고, 1907년 23회 제국의회에서 「나癩예방에 관한 건」이 성립되었다.[6]

일본의 한센사업은 피차별부락被差別部落 조사에서 출발한다.[7] 1912년 9월부터 젠쇼병원全生病院에서 한센인에게 종교적 교리를 전하던 혼다 에코本多慧孝라는 승려가 1913년 3~5월 병원장과 함께 전국 한센병요양소와 한센인 다발 지역을 시찰하고 그중 피차별부락이 한센병 발생의 근원지라고 지적했기 때문이다. 그리고 우생사상에 근거한 '민족 정화'라는 국가적 목표하에 〈근본적 나예방요항要項〉(1920)이 발표되면서 기존의 방랑하던 한센인 격리에서 모든 환자를 격리하는 정책으로 전환되었다. 1930년 12월에는 일본 내무성 위생국에서 《나병근절책癩の根絶策》을 발간하는데, 이후 이에 근거하여 일본과 식민지의 한센정책이 시행된다. 1931

5 藤野豊,《戰爭とハンセン病》, 吉川弘文館, 2010, p. 9.

6 이 법률에 근거하여 일본에서는 5개의 구역(東京府, 靑森県, 大阪府, 香川県, 熊本県)으로 나누어 각각 한센인 격리수용소가 설치되었고, 1909년부터 격리가 개시되었다(藤野豊, 《戰爭とハンセン病》, pp. 10-12).

7 藤野豊,《反省なき國家》, かもがわ出版, p. 160.

년 일본에서 '나예방협회'가 설립된 데에 이어, 1932년 12월에는 이마이다 기요노리今井田淸德, 이케다 기요시池田淸, 니시키 산케이西龜三圭, 나가바야시 시게키長林茂樹가 설립위원 대표로서 재단법인 설립 허가를 총독부에 출원하여 조선나예방협회朝鮮癩予防協會가 설립되었다.

일본의 한센 정책은 '문명국가 건설'의 과잉으로 드러난다. 일본은 1897년 1회 '국제나회의國際癩會議(베를린)' 참가 이후[8] 국제적 지위 확보를 위한 문명국으로서의 위상 수립이라는 취지를 내세워 한센인 단속과 격리의 제도화를 추진했다. 베르겐 2회 회의에서 '환자의 승낙에 의한 격리'가 제기되었고, 1923년 3회 스트라스부르 회의에서는 '집 근처에서 인도적으로 격리', 카이로에서 열린 4회 회의 때에는 '합리적 퇴소의 보증' 논의가 있었다.[9] 그럼에도 불구하고 일본에서는 이 부분이 무시되고 절대 격리가 실시되었다. 일본이 국제적 조류에서 일탈하여 절대 격리를 고수했던 이유는, 1923년 3회 '국제나회의'에서 일본(식민지 포함)의 한센인이 10만 명이 넘는다고 보고되었기 때문이다. 이 보고에서는 지나支那(중국)(1백만 명), 일본(10만 2,586명), 인도(10만 2,513명), 브라질(1만 5천 명), 인도지나(1만 5천 명), 프랑스령 기니아(8,687명),

---

8 베를린에서 열린 한센병에 관한 제1회 국제회의(1897)에서 이 병이 감염증이라고 보고되어, 환자 격리가 예방에 유효하다는 내용이 이후 한센인 관련 법률에 크게 영향을 끼쳤다(藤野豊,《ハンセン病と戰後民主主義》, p. 2).

9 柳橋演男·鶴崎澄則,《國際らい會議錄》, 長壽會, 1957, pp. 79, 193.

이집트(6,513명), 콜롬비아(6,568명), 마다가스카르(6,372명)의 한센인 통계가 언급되었다.[10] 이 회의에 참가했던 미쓰다 겐스케는 '야만적이고 미개한 원주민에게 만연한 나병'이 '순결한 혈통인 일본인'에게 많다고 보고된 사실은 다른 서양 국가에 비해 '굴욕적 사실'이라고 개탄하며 한센인 절대 격리를 주장했다.[11]

　미쓰다라는 인물은 일본에서 '구라의 아버지'로 칭송된 일본 한센정책의 핵심적 존재이다. '구라救癩'는 한센병 환자를 구원한다는 뜻이다. 미쓰다는 군의가 되고 싶었으나 시력 문제로 병리학자의 길을 지망하게 되었다. 그와 한센병과의 인연은 동경대학 의학부에 기부되는 한센인 시신 해부에 적극적으로 참가하면서 시작되었다.[12] 1915년 젠쇼병원 원장으로 취임한 미쓰다는 일본의 피차별부락 소재지를 파악하고 철저한 조사를 실시한다. 그리고 같은 해, 한센인 단종斷種수술(유전성 환자의 생식 기능을 없애는 수술)을 처음으로 실시한다. 단종수술을 일본에서는 와제쿠토미ワゼクトミ・Vasektomie 혹은 우생수술이라고 명명했다.[13] 1924년 일본 피부과학회에서 발표한 〈간단한 유정관절제술單なる輸精管切除術〉(《皮膚科及泌尿器科雜誌》 25권 6호)이라는 보고에서, 미쓰다는 이 수술을 "유정관 하부 절제, 즉 국소마취 후 음낭 후면 피부

10　西川義方,《朝鮮小鹿島更生園を通して観たる朝鮮救癩事業》, 個人出版, 1940, p. 1.

11　光田健輔,〈癩豫防撲滅の話〉,《社會事業》10(4), 1926, pp. 41-42.

12　武田徹,《《隔離》という病い》, 講談社, 1997, p. 33.

13　滝尾英二,《朝鮮ハンセン病史―日本植民地下の小鹿島》, 未来社, 2001a, p. 176.

2장　한센병을 둘러싼 식민지의학의 대중관리 전략　51

〈그림 1〉 미쓰다 겐스케(1956)

를 겨우 1센티 정도 열어 유정
관을 노출시켜 그 일부를 절
제하는 … 나癩 근절의 백미白
眉"[14]로 표현했다. 그러면서 한
센인은 같은 병에 걸린 아이를
낳을 가능성이 크다는 점, 한
센병 환자 모체가 임신·분만
을 하면 한센병에 대한 저항력
을 잃게 된다는 점, 남자아이
의 고환은 한센병 병균이 번식
하기 쉬운 온상이라는 점을 주
장하며 한센병 근절을 강조했다. 미쓰다는 한센인 징계권에 대한
필요성도 주장했는데, 그의 의견에 따라 「나癩예방에 관한 건」 개
정안에 수용소장의 「징계검속권懲戒檢束權」(1916)이 명기되었다.

미쓰다는 1930년 오카야마岡山현에 처음으로 개설된 국립격리
시설 나가시마애생원長島愛生園의 초대 원장이 되었다. 한센병 관
리의 '국가대표'가 된 그는 '국가의 체면'을 지키기 위해 온갖 노
력을 기울였다. 국민들 스스로 한센병에 대처해 가기를 바란 그
는, 이를 위해 식민지를 포함한 전 국민 동원을 모색했다. 그가
주력을 기울였던 것은, 일반 대중의 공간에서 환자를 퇴출하고

---

14   光田健輔,《癩に関する論文 第三輯》, 長壽會, 1950, p. 12.

환자들만의 공간을 구성하여 한센사업이 환자와 비환자 모두를 위한 '공공의 선善'이라고 전시display하는 것이었다. 이를 위해 미쓰다는 두 가지 활동을 벌였는데, 하나는 한센병을 '감염병'으로 대중에게 각인시키는 언론 활동, 즉 '공포恐怖 선전'[15]이었고, 다른 하나는 갱생원에 견학자를 적극적으로 초청하는 것이었다.[16] 이에 따라 환자를 격리할 수용소 구축을 위해 강연회를 개최하거나 팸플릿을 발행하고, 격리를 절대화하는 여론을 형성하여 민간의 기부를 유도했다.[17] 여론 형성은 테이메이 황후貞明皇后(1884~1951)를 중심으로 한 황실의 기부를 언급하는 것에서 출발하였다. 이는 톱-다운 식으로 전개되어, 궁내청宮內廳으로부터 잡지사, 신문사, 지방자치단체의 활동으로 이어지고, 기독교 단체, 부인단체, 여학교, 청년단, 지방 유력자 등이 여기에 가담하여 거대한 운동을 형성해 갔다.[18]

미쓰다를 주축으로 한 한센병 사업의 결과, 1933년부터 일본 황태후 생일인 6월 25일이 '나예방데이'로 정해졌다. 그리고 '국민 계몽'이라는 명목으로 각지에서 강연회나 영화 상영 등의 행사

---

15 武田徹,《〈隔離〉という病い》, p. 34.

16 우치다内田는, "미쓰다는 손님을 유치하는 데 열심이었고, 그 덕에 직원들은 매주 일요일에도 출근해야만 했다"며 미쓰다의 계속된 일반인의 갱생원 초대에 직원들이 힘들어했던 일화를 소개한다(内田守,《光田健輔》, 吉川弘文館, 1971, p. 110).

17 木村巧,《病の言語表象》, 和泉書院, 2016, p. 69.

18 藤野豊編,《編集復刻版 現代日本ハンセン病問題資料集成(戦前編)》3巻, 不二出版, 2002, pp. 115-116.

가 늘어났다.[19] 또한 '무나현운동無癩県運動'을 실시하여, 일본 전역에서 경쟁적으로 자택에서 요양하는 환자를 찾아내어 격리시설로 보냈다.[20] 그래서 1940년에는 당초 목표였던 1만 명 격리가 달성되었고, 1941년에는 일본의 공립 격리시설이 모두 국립으로 이관되어 국민을 동원하는 형태로 한센인 관리 정책이 시행되었다. 미쓰다는 1941년 나가시마애생원 잡지 《애생愛生》에서 "천황의 명령을 받들어 생명을 바치는 군인과 같은 마음으로 후방의 국민도 자신들의 공간에서 나환자를 퇴출"[21]해야 한다며, 한센인 관련 질병 정책이 황국신민의 자부심을 가지고 목숨을 걸 정도로 중요하다는 것을 강조한다. 이러한 취지는 동 시기 식민지에서도 동일하게 적용되었고, 제국주의를 지탱하는 버팀목 역할을 담당했다.

패전 후인 1949년 3월 6일, 미쓰다는 나가시마애생원에서 열린 〈나병관리강습회〉 보고[22]에서 과거 일제강점기의 한센병 격리수용소 운영[23]에 대한 의견을 제출한다. 여기에서 그는 당시 소록도갱생원 사업을 '조선 통치의 본질을 표상하는 선정善政', '조선 통

---

19 武田徹, 《〈隔離〉という病い》, p. 42.

20 藤野豊, 《ハンセン病と戦後民主主義》, pp. 8-9.

21 光田健輔, 「新體制下に於ける無癩県運動」, 《愛生》, 長島愛生園, 1942, pp. 1-2.

22 光田健輔, 《癩に関する論文 第三輯》, p. 102.

23 일본이 식민지에 세운 요양소는 소록도자혜의원小鹿島慈恵醫院(1934년부터 소록도갱생원), 1930년 타이완의 낙생원楽生院이 있다. 위탁통치령이었던 남양군도南洋群島에도 1926년 사이판섬, 1927년 얄토의 에리섬, 1931년 파라오의 고롤섬, 1932년 얍의 피겔섬에 각각 소규모의 한센병요양소를 개설했으며, 1939년 괴뢰국가 '만주국'에도 동강원同康院을 개설했다(藤野豊, 《ハンセン病と戦後民主主義》, p. 10).

치에서 자랑할 만한 업적'으로 소개한다. 미쓰다는 패전 후 한센인을 매개로 일본 국민의 한국에 대한 민족 차별 감정을 선동하기도 했다. 그는 한국전쟁으로 인해 일본이 완벽하게 만들어 놓은 소록도갱생원에 혼란이 일어났고, 그 결과 한국 한센인이 일본으로 밀입국한다고 주장했다.[24] 이와 같은 소록도갱생원을 매개로 한 식민지 통치 합리화는 1967년 편찬된 하기와라 히코조 萩原彦三의《조선구라사업과 소록도갱생원朝鮮の救癩事業と小鹿島更生園》[25] 등 다양한 자료에서 드러난다.

미디어가 발신한 '공포 선전'과 '행복한 이상향'

미쓰다가 주창한 제국 의학 실현 방법, 즉 단종과 절대 격리, 이를 위한 '언론 활동'과 '견학자 초청'과 같은 대중 포섭은 식민지 의학을 담당했던 인물들에 의해 한국에서도 비슷한 형태로 드러났다. 한국에서 한센병 대책에 관여한 초기 인물은 야마네 마사

---

24 藤野豊,《反省なき國家》, p. 165.

25 이 책은 일제강점기 소록도갱생원의 설비 및 운영에 직접 관여했던 3인이 집필한 내용이 수록되어 있다. 이들은 당시 전라남도 위생과장이었던 요시오카 테이조吉岡貞蔵와 전라남도 재무부장이었던 사이토 이와조齋藤嚴蔵, 그리고 갱생원 서무과장이었던 요시자키 다쓰미吉崎達美이다(萩原彦三,《朝鮮の救癩事業と小鹿島更生園》, 財團法人友邦協會, 1967, pp. 1-50).

쓰구였다. 야마네는 조선총독부 위탁으로 1916년까지 한국 위생 행정에 관여하여, 한국 한센인 격리를 목적으로 하는 시책과 시설을 추진했다.[26] 그리하여 1916년 2월 24일 소록도자혜의원(후에 소록도갱생원)이 창설되고, 초대 원장으로 아리카와 도오루蟻川享가 임명된 후 한국 각 도의 한센인 수용이 시작되었다. 하가 에이지로芳賀栄次郎(1864~1953)는 1935년의 〈조선시책 25주년 감회〉에서 갱생원 설립 초기를 회상하며, "원래 조선에서 나환자 수용시설은 서양인의 손에 의해 두세 곳 설치되어 있었는데 … 매우 유감스러운 점이 많아서 총독부에서는 소규모라도 완전한 요양소를 설치하고 싶었다"[27]고 언급한다.

이러한 의식하에 소록도갱생원은 서양이 세운 갱생원보다 일본의 식민지의학이 더 우수하다고 자랑하는 도구로 마련되었다. 당시 일본은 청일전쟁과 러일전쟁의 승리 후 타이완, 사할린 남부, 조선, 만주를 그 세력권에 편입시켜 아시아 유일의 '제국'의 길을 걷고 있었다. 그런데 세계열강의 일각을 차지해 가던 상황에서, 근대 의학 분야에서 일본이 상당히 뒤처진다는 의식이 있었다. 그래서 한센정책에서도 쉽게 도달하기 어려운 의학적 성과보다 한센인 관리 시스템과 대중의 호응에 기대어 결과물을 만들어 내려고 했다. 이를 위해 미디어는 중요한 역할을 담당했다. 근

26 光田健輔, 〈殿山 山根正次先生を追う〉, 《光田健輔と日本らい予防事業》, 藤楓協會, 1958, p. 436.

27 滝尾英二, 《朝鮮ハンセン病史—日本植民地下の小鹿島》, 2001a, p. 48.

대 이전부터 존재하던 한센인에 대한 대중의 막연한 두려움은 언론 기사를 통해 가시화되고 구체화되어 갔다. 한센인은 '불온'한 존재로, '부랑'하며, '민중의 곤란'[28]을 유발하므로 정부 당국의 조처가 필요한 대상으로 소개되었다. 다음은 당시 신문에 게재된 식민지 조선의 한센인 관련 기사의 제목들이다.

일본어 신문

〈나병에 걸린 자기 아이에게 인육이 약이라고 듣고 – 거지 소년을 죽인 엄마 마침내 사형〉(《朝鮮朝日》 1925. 10. 22.), 〈어린아이를 죽여 생간을 꺼낸 나환자〉(《朝鮮通信》 1927. 3. 18.), 〈살아 있는 사람에게 떨어지는 피를 빨아먹는 흉폭 무자비한 살인귀〉(《朝鮮朝日》 1928. 3. 30.), 〈생간을 빼내는 나환자 일당〉(《京城日報》 1928. 6. 10.), 〈소녀 살인사건의 유력한 용의자 – 레프라lepra〔나병〕 환자 2명을 각지에 지명수배 조사 중〉(《朝鮮朝日》 1932. 5. 11.), 〈지극히 괴기한 나환자의 범행 – 소녀 살인사건〉(《朝鮮朝日》 1932. 5. 15.)

한국어 신문

《동아일보》 〈癩病者의 橫行 어린 아이를 잡고 무슨 욕을 보여〉 (1920. 8. 6.), 〈迷信은 亡國의 禍源: 문둥이는 음경을 먹어도 결

---

28 〈나환자가 물품을 강요 – 부민이 곤란해하다〉《朝鮮朝日》 1928. 6. 12.), 〈행려行旅 병사자의 증가〉《朝鮮通信》 1928. 8. 28.), 〈방치된 나환자가 불온의 형세〉《朝鮮朝日》 1928. 10. 18.).

단코 병은 낫지 않는다 타파하라 속히 미신을!〉(1920. 8. 13.),
〈十二歲小兒를 割腹後摘肝〉(1927. 3. 15.), 〈靑春少婦食人鬼 七
歲女兒를 壓殺烹食 惡鬼도戰慄할 迷信慘劇〉(1928. 5. 15), 〈癩
病患者가 殺兒未遂 병 고친다는 미신을 믿고〉(1929. 5. 27.)

《조선일보》〈무덤을 파헤치고 어린애 송장을 먹어〉(1930. 9. 7.), 〈문
둥병자가 五歲兒를 죽여 경주에서 일어난 대소동 可驚할 迷
信의弊害〉(1931. 9. 1.)[29]

    이러한 기사는 한센인의 미신적 광기를 비난하며 이 광기가 결
국 범죄를 낳는다는 내용으로 이어진다. 한센인이 미신적 치료법
을 맹신한 범죄뿐 아니라 생계형 범죄나 성범죄도 저지른다는 기
사도 확인할 수 있다.[30] 당시 언론들은 이처럼 한센인이 비환자인
대중 공간에 존재함으로써 일어나는 폐해에 대해 알리며, 그렇기
때문에 격리가 필수적이라는 분위기를 이끌어 낸다. 관련 신문
기사 중 가장 많은 부분을 차지하는 한센인의 미신적 행동[31]은 비
환자가 상상하기 어려울 정도로 엽기적이라는 내용이 강조되어

---

29 이 책에서는 한국어 신문 및 잡지명은 한글로, 일본어 잡지 및 신문명은 한자로 표기한다.

30 〈나환자가 늘어나서 부녀자를 희롱한다-감염병 환자 단속만으로는 철저하지 못함〉《朝鮮
朝日》1927. 10. 11.), 〈감자 도둑으로 천형병자 소란〉《京城日報》1928. 4. 18.), 〈나환자 30
명이 범선을 덮침-감자를 뺏으려고 승선원과 격투를 벌이다〉《朝鮮朝日》1928. 4. 18.).

31 〈미신으로 생간을 꺼내다-위험을 무릅쓴 조선 소녀〉《朝鮮朝日》1924. 10. 9.), 〈생간을
얻기 위해 소녀 유괴-나병을 치료한다는 미신에서〉《朝鮮朝日》1925. 8. 9.), 〈시신을 발
굴하여 인육으로 술을 담그다-천형병자의 미신〉《京城日報》1928. 4. 17.), 〈레프라 환자
죽은 사람의 고기를 먹는 미신〉《京城日報》1935. 3. 5.).

있다. 잡지 《조선朝鮮》에서는 각 관내에서 행해지는 한센인의 풍습과 미신 요법에 대해 다음과 같이 소개한다.[32]

〈표 1〉 위생에 관한 풍습 및 미신 요법(조사: 도경찰부위생과道警察府衛生課)

전라남도	· 맑은 물을 산신에게 바치고 기도를 드린 후 병자에게 마시게 하면 완치된다.
	· 누에의 요충을 술에 넣어 복용하면 효과가 있다.
	· 인육을 먹으면 낫는다.
	· 매미의 번데기가 서식하는 집 부근의 흙을 파서 이것을 물에 끓여 먹으면 완치된다.
	· 많은 사람이 음료수로 마시는 물에 몰래 목욕하면 완치된다.
경상남도	· 인육을 먹으면 완치된다.
	· 아이의 간을 먹으면 완치된다.
	· 우역牛疫으로 죽은 소의 고기와 간을 먹으면 완치된다.
	· '今朝登山 淫東海 有一王 三頭六尾 九目九首 朝食惡鬼三千 暮食惡鬼三萬 其食尚不足故今餐沙速去千里'라고 적힌 부적을 환자 방 문기둥에 붙인다.
	· 복숭아나무 가지로 때리면 완치된다.
	· 고양이 내장을 먹으면 완치된다.
	· 오동나무의 새순을 먹으면 완치된다.
	· 유아의 음경을 먹으면 완치된다.
	· 썩은 뱀을 먹으면 완치된다.
	· 뱀을 설탕에 재워 그 즙을 마시면 완치된다.
	· 나환자의 시체를 화장하여 그 뼈 분말을 뭉쳐 구슬 형태로 만들어 새나 짐승에게 먹이면 자손에게 유전되지 않는다.
강원도	· 고양이의 태반 혹은 남자의 음경을 먹으면 완치된다.
	· 뱀이 개구리를 먹으려고 할 때 이 두 동물을 잡아 술을 담아 마시면 완치된다.
	· 아이의 생간을 먹으면 완치된다.
	· 인육을 먹으면 완치된다.

---

32 이 표는 《朝鮮》의 1929년 7월(p. 114), 8월(p. 119-120), 9월(p. 121)을 참고하여 필자가 작성함.

결국 이런 행동을 할 수밖에 없을 정도로 치료가 어렵다는 것을 강조하고 감염의 위험성이 높다는 분위기를 조장한 것이다. 이와 같은 미디어를 통한 한센인 혐오 담론의 유포는 비환자인 대중이 자신들의 생활권에서 한센인을 추방해 주기를 바라고, 이들의 격리를 적극적으로 총독부에 요청하는 분위기[33]를 형성했다.

"근래 남조선 일대를 중심으로 나병 환자가 횡행하는 날이 많아지고, 지방 주민의 위생상 경제상의 위협이 적지 않다. … 과반수의 부산부의 상인 측 대표가 상업회의소를 방문하여 그 정리 정책의 수립을 요구하고, 나아가 그 문제를 부산만 단독으로 해결하려고 해서는 철저하게 정리할 수 없으니, 경남, 경북, 전라 3도가 연합회의를 하지 않으면 안된다는 것을 당국에 요청했다고 한다."(《나

환자 정리의 필요〉,《朝鮮通信》1930. 7. 30.)

이처럼 한센인 격리에 대한 절실한 요구와 그에 대한 정부의 대책 마련이 시급하다는 기사가 한국 대중 사회에서 지속적으로 보도되었다. 이는 당시 우생학에 대한 긍정적 분위기, 즉 '열등한 인간 소탕'에 민간 대중의 참여가 절실함을 호소하는 기사들과도

---

33 〈나병환자의 단속 진정〉《朝鮮朝日》1927. 8. 31.), 〈환자 일소一掃를 지사에게 진정〉《朝鮮朝日》1927. 8. 31.), 〈천형병의 전멸을 꾀하라〉《朝鮮通信》1929. 6. 29.)에서 보이는 '단속' '일소' '전멸'이라는 단어는 한센인의 존재 자체가 해로운 곤충과 같이 여겨졌다는 것을 시사한다.

맞닿아 있었다.[34] 1932년 12월 10일자《경성일보京城日報》의 〈인구 문제와 우생학〉은 인구의 질적인 문제를 강조하며 "적극적 방침을 세워 이 중요한 현안을 만족스럽게 해결하기 위해 관官과 민民할 것 없이 노력을 기울여야 한다"《京城日報》1932. 12. 10.)고 언급한다.

이처럼 한센인들은 일본어와 한국어 신문 등을 통해 다양한 측면에서 열등한 존재로 고착되어 갔다. 이때 한국어와 일본어 신문 기사가 약간 다른 분위기를 보이는데, 한국어 신문 기사의 요점은 〈표 2〉와 같이 한센인에 대한 '조사'와 '색출(문제 제기를 통한)', '격리'였다.

일본어 신문에도 한센인에 대한 조사·색출·격리 기사가 있지만, 한국어 신문에 비해 식민지의학의 위엄(진보하는 의료시설, 갱생원의 체계적인 시스템, 황국신민으로서의 행복감, 나예방협회의 활동

〈표 2〉 한국어 신문의 한센인 기사

조사	《동아일보》 〈不遇의 癩病患者 全南에 三千五百餘 도위생과에서 조사한 결과 昨年보다 五百名激增〉(1923. 2. 18.), 〈救濟策이 全然없는 二萬餘名의 癩病患者〉(1927. 6. 25.), 〈不遇의癩病患者 全南에 三千五百餘 도 위생과에서 조사한 결과〉(1933. 2. 18.) 《조선일보》 〈全朝鮮의 모이는 患者二萬 점점 증가하는 중이다 全南黃海가 首位〉(1930. 2. 18.), 〈버림을 받은 朝鮮의 癩病患者 모던 京城에도〉(1931. 10. 26.) 《중앙일보》 〈鹹南의 癩病患者 今年들어서 急增〉(1931. 8. 2.)

34 당시 한국에서는 1933년 '조선우생협회'가 결성되고, 잡지《우생》이 발행되고, 우생 사상이 대중에 확산하는 분위기였다. 잡지《우생》에 관하여는, 신영전의 〈《우생優生》에 나타난 1930년대 우리나라 우생운동의 특징〉,《의사학》15(2), 2006, 133~155쪽)에 자세하다.

색출 (문제 제기를 통한)	《동아일보》〈大田에 癩病者 민간의 대소동〉(1922. 8. 10.), 〈癩病者와 모혀 中毒者에 對하야 無誠意한 當局의 態度〉(1923. 7. 26.), 〈문둥이 五百名이 촌락을 습격하려다가 경찰과 충돌하여 소동 住民의 病者忌避가 原因〉(1923. 6. 11.), 〈癩病患者跋扈로 馬山府民의 恐慌〉(1927. 6. 14.), 〈癩病者橫行으로 麗水市民不安〉(1931. 4. 21.), 〈馬山府內에 癩病患者急增 시민 보건상 중대 문제〉(1931. 5. 14.), 〈癩病患者가 作隊해 求乞, 민심은 극도로 불안중〉(1933. 3. 31.), 〈統營各地에 癩病者橫行 주민 보건상 중대 문제 當局의 處斷을 懇望〉(1933. 9. 8.), 〈一時根絶의 癩患者 又復大邱로集中 부민의 생활에 막대한 위협〉(1936. 6. 13.), 〈衛生朝鮮의 大癌腫 肺結核, 癩病의威脅〉(1937. 9. 8.), 〈麗水에도 문둥이! 떼를 지어서 시내 횡행〉(1937. 10. 27.), 〈府民保健의 癌腫인 癩病院移轉要望〉(1939. 3. 24.), 〈百餘名癩病者 順天市街에橫行! 一般住民은 恐怖中〉(1938. 5. 2.), 〈馬山에 癩病者橫行 民衆保健에 赤信號〉(1938. 5. 28.), 〈癩病患者出沒 떼를 지어 다니며 구걸을 한다 槊樹住民은 恐怖中〉(1938. 8. 11.), 〈癩病患者가 橫行 關係當局에 根本退治策要望 市民保健에 一大威脅〉(1939. 3. 31.), 〈문둥이 너무 많아 慶州市民極度로 不安〉(1939. 6. 16.) 《조선일보》〈今年에는 解決해야 될 우리 地方重大懸案 癩病者의 메카 大邱의 苦憫〉(1933. 1. 5.), 〈癩患者의 威脅〉(1934. 9. 2.)
격리	《동아일보》〈나병자 있던 巢窟을 燒却, 60명을 소록도로 보내고〉(1933. 10. 6.), 〈街上彷徨의 癩患者 千六百名 又 收容, 今年十月에 또 새로 실어가 新天地의 小鹿島로〉(1934. 10. 6.), 〈小鹿島의 別天地로 千餘癩患者輪送〉(1934. 8. 18.), 〈小鹿島更生園擴張 街頭癩患者一掃〉(1935. 2. 26.), 〈市民은 安心하라 市中橫行의 癩病者 不日小鹿島로 輪送〉(1936. 6. 13.) 《조선일보》〈금후의 소록도는 나병환자의 낙원〉(1933. 9. 1.), 〈慶南癩患者의 第二次輪送〉(1934. 9. 6.)

과 성과)에 대한 기사를 더 많이 실었음을 알 수 있다. 그 내용을 살펴보면, 소록도갱생원의 설립 이후 환자의 증가 양상과 그에 따른 긍정적인 효과에 대한 언급이 많다.

〈나병 요양소의 확장과 증설〉(《朝鮮朝日》 1925. 4. 24.), 〈소록도 의원 병사 증축〉(《朝鮮朝日》 1927. 6. 4.), 〈천형병원을 확장하여 500명 더 수용〉(《京城日報》 1928. 5. 13.), 〈나환자 수집(狩集) 소록도에 보내다〉(《朝鮮朝

日》 1928. 6. 3.), 〈소록도의 나병원 수용력이 증가하여 4개 도의 환자를 이동〉《朝鮮朝日》 1928. 9. 3.), 〈중증 나환자 요양소에 보내다〉《朝鮮朝日》 1929. 10. 25.), 〈나환자 수용소 확장〉《朝鮮朝日》 1930. 6. 20.), 〈넓어져 가는 소록도갱생원 대 번창〉《京城日報》 1935. 4. 10.)

'확장' '증설' '증가' '대 번창' 등의 표제어가 기사의 특징을 말해 준다. 신문 기사는 소록도갱생원이 얼마나 많은 사람을 수용하는지, 수용해 가고 있는지, 앞으로도 수용할 수 있는지 꾸준히 보도했다. 그리고 이 확장이 단순한 시설 확장에서 그치는 것이 아니라, 연구를 위해 한센인 시신을 대학에 기증하기도 하고, 새로운 치료법의 발견을 선전하는 등 의학적인 진보가 병행되고 있다는 점도 소개한다.[35]

여기에서 주목할 것은 갱생원 안과 밖의 환자에 대한 기술 내용이 다르다는 점이다. 갱생원에서 생활하는 한센인에 대한 기사는 그들의 '감정'을 다룬다는 특징이 있다. 앞서 다양한 기사에서도 확인했듯이, 한반도 내를 떠돌아다니는 한센인은 비인간적 존재로 취급되었다. 이들을 색출하여 비환자 거주지에서 몰아내는

---

[35] 〈나병환자의 연구재료로 시신을 제공〉《朝鮮朝日》 1926. 10. 14.), 〈시가성대총장 레프라 근절 계획〉《朝鮮朝日》 1931. 3. 19.), 〈신물질의 발견 레프라는 고쳐진다〉《京城日報》 1933. 7. 20.), 〈레프라를 근본적으로 연구하다-경성 의전이 각 부문으로 나뉘어 각계 획기적인 시도〉《京城日報》 1935. 3. 15.).

과정에서 사용되는 '수집狩集' '수립狩立',[36] 즉 '사냥하여 모은다(혹은 내쫓는다)'는 비인격적 표현은 한센인에 대한 태도를 단적으로 드러낸다. 그러나 갱생원 내 한센인에 대한 표현은 사뭇 다르다. 비환자와 비슷한 인격적 존재, 감정을 표현하는 주체로 소개된다. 예를 들어 1938년 9월 15일자 《경성일보》의 〈감격하는 환자, 미나미 총독 소록도를 시찰〉이라는 기사를 보자.

"총독은 원장의 안내로 5,000명의 환자를 수용하는 동양 제일의 나 수양소와 형무소 시설을 자세하게 시찰하셨다. 특히 중앙운동장에 모여 있던 남녀 3,770명의 환자를 향해, 총독은 자애로운 아버지와 같은 모습으로 훈화를 들려주셨다. 일동은 훈화를 들으며 일본 국민으로서의 영광에 감격의 눈물을 흘리고, 진심에서 우러나오는 황국신민서사를 제창했다."《京城日報》 1938. 9. 15.

한센인의 눈물, 진심 등을 언급한다. 그리고 소록도갱생원에는 오락기관, 악단, 극장 등의 문화공간이 설치되어 있어 환자가 '유희적 감정'을 드러낼 수 있다는 것을 알리기도 한다.[37] 이러한 삶

---

36 〈나환자 수집狩集 소록도에 보내다〉《朝鮮朝日》 1928. 6. 3.), 〈대구 나환자 일제 수립狩立〉《朝鮮朝日》 1928. 6. 19.).

37 〈전남 소록도 나요양소에 오락기관 설치〉《朝鮮朝日》 1927. 8. 27.), 〈나요양소 연극장 보조 신청〉《朝鮮朝日》 1930. 5. 29.), 〈소록도 소식: 환자는 음악을 좋아해, 활기차게 갱생에 노력하다〉《京城日報》 1934. 12. 4.), 〈소록도는 이상원理想園 모두 자급자족, 음악대도 생겼어요〉《京城日報》 1935. 3. 3.).

의 보장으로, 환자들이 "감사하는 마음으로 매우 명랑하게 갱생 생활을 영위해 가고 있는 현재 상황"[38]이라는 한센인의 심정을 전한다. 그리고,

"새로운 환자를 환영하는 한편 그들은 천형병天刑病을 극복하고자 노력하고 있고, 건강한 사람은 전답에서 혹은 토목건축을 도우며 얼마 안 되지만 임금 받는 것을 좋아하여 열심히 일을 하고, 2,000명 대가족이 어떤 불만도 표하지 않으며 낙원 실현에 힘쓰고 아무런 사고도 없이 지내고 있다."

이 내용처럼 환자에 대해 '노력' '좋아함' '불만 없음' 등 감정을 가진 인간으로 취급한 표현을 확인할 수 있다. 환자들이 생산 활동을 통해 자기 삶의 터전을 가꾸며 만족하며 지낸다는 등의 기사는 갱생원 내 한센인이 평범한 비환자들의 삶과 다를 바 없다는 식이다. 이처럼 갱생원 안과 밖의 환자에 대한 대비되는 기술을 통해 갱생원 내의 환자는 인간다운 삶을 살고 있는 것처럼 묘사하여, 한때 자기 가족 혹은 이웃이었던 환자들을 비인간 취급하여 자신들의 공간에서 무자비하게 몰아낸 대중에게 윤리적 합리화와 안도감을 제공하고, 식민지의학 실현이 궁극적으로 '천황

---

38 그들은 소록도를 자신들을 위해서 전부 개방해 준 것에 감사하여 매우 명랑한 기분으로 갱생 생활을 영위하고 있고, 현재 당국에서는 여러 가지 위안 방면으로 계획도 세우고 있다(〈천형자에게 천혜의 소록도, 당국에 감사하여 명랑하게 빛의 길로〉, 《京城日報》 1933. 10. 8.).

의 자애'를 통해 이루어진다는 논리를 정당화한다.

이렇듯 일제시대 한센인의 이미지를 형성한 대중전략에 미디어가 담당한 역할은 적지 않다. 미디어는 갱생원 밖 한센인들에게 미개, 잔인, 위협, 각종 범죄, 부랑 등의 극단적인 수식어를 붙여 비인간적 존재로 취급했다. 이러한 기사는 대중들에게서 한센인을 자신들의 공간에서 추방해 달라는 요청을 자발적으로 끌어냈다. 비환자들의 안전, 위생, 우월한 종족 보존, 범죄 예방 등 이상적인 사회 실현을 위해서라는 당당한 이유가 제시된다. 그리고 '천황의 은혜'를 입은 한센인은 격리 공간에서 '인간다운 존재'로 다시 태어나는 형태로 재포장되었다. 실제로 소록도갱생원을 소개하는 신문 기사 제목에는 '별천지' '천국' '낙원' '천혜'라는 단어가 종종 보인다.[39] 사람의 감성을 자극하여 결과적으로 '천황의 은혜'를 끌어내는 기술은 당시 일본의 대중 미디어에서 종종 확인할 수 있다.[40] 근대 일본의 대중 미디어는 황국신민으로서의 자

---

[39] 〈천형자에게는 천혜의 소록도〉(《京城日報》1933. 10. 8.), 〈김과 벽돌을 소록도에서 생산-4천여 명 대세대의 낙원에 경제탄력을 가져오다〉《朝鮮朝日》1935. 2. 26.), 〈소록도 낙원에서 옷감도 짠다〉《朝鮮朝日》1935. 3. 6.), 〈소록도는 낙원 환자의 천국〉《朝鮮每日》1940. 4. 13.) 등의 기사가 보이는데, 이는 한국 내 기독교(서양의 상징으로서) 관련 갱생원을 의식한 단어라고도 볼 수 있다. 기독교의 이상향으로서 '천국'의 이미지를 소록도갱생원이라는 공간에 투사하여 그 성격을 표현하고자 했던 것으로 보인다.

[40] 일본 대중 미디어와 독자 형성에 관해서는 나가미네 시게토시永嶺重敏의 《잡지와 독자의 근대雜誌と讀者の近代》에 자세하다. 메이지 시기 미디어 독자의 대부분은 중산층이었으나, 다이쇼기(1912~), 쇼와기(1926~)에 접어들면서 노동자, 농민, 여성 등 독자층의 외연이 확대되어 광범위한 대중 독자가 형성되어 갔다(永嶺重敏,《雜誌と讀者の近代》, 日本エディタースクール出版部, 1997, p. 21).

부와 천황에 대한 감사, 궁극적으로는 국가에 이로운 방향으로 자신을 희생하는 존재가 '진정한 일본인'이라는 대중 공감public sympathy을 형성하는 매개였다.

식민의학의 꽃,
소록도갱생원으로의 초대

일제가 주도하여 만든 소록갱생원은 한센인에게 새로운 인간 적 삶을 보장하는 이상적인 공간이자 식민지 통치의 성공 사례로 미디어에 종종 보도되었다. 당시 중일전쟁이 장기화되며 일본 병 사의 건강을 위해 의료사업이 더욱더 강화되어,[41] 결핵과 같은 질 병 치료는 중요시된 반면에 불치의 병에 대해서는 경시되는 경향 이 있었지만,[42] 한반도 한센인의 격리수용은 식민지 사회통제 체 제 구축의 성공 사례로 주목되었다. 특히 1932년 조선나예방협회 설립을 전후로 나협회와 설립위원을 소개하고, 기부를 요청하는 신문 기사 내용이 압도적으로 많아진다. 그리고 일본 각계 인사 들의 소록도갱생원 방문이 늘어났다. 다음 〈표 3〉은 일본의 정치, 종교, 의료계 인사들과 기자들의 소록도갱생원 방문기다.

---

[41] 藤野豊,《戦争とハンセン病》, pp. 120-122.

[42] 莇昭三,《戦争と醫療—醫師たちの十五年戦争》, かもがわ出版, 2000, pp. 101-102.

〈표 3〉 잡지 및 개인 기록물을 통해 본 일본인의 소록도 방문기

게재 일시	제목	게재지	저자
1933. 5	소록도에서	《日本MTL》	MY生
1933. 7	미쓰다 원장 조선 여행 일정	사적 기록물	宮川量
1933. 7	조선의 나견문기	사적 기록물	宮川量
1934. 8	소록도의 확장	《日本MTL》	斎藤安雄
1934. 10	조선 소록도자혜의원	《日本MTL》	三井輝一
1934. 11	소록도갱생원 소식	《日本MTL》	저자 표기 없음
1935. 7	완성되어 가는 소록도갱생원을 보다	《日本MTL》	저자 표기 없음
1935. 9	소록도갱생원 현황	사적 기록물	三井輝一(談) 宮川量(記錄)
1935. 10	내선신흥 제2국립 요양소의 개원을 축하하다	《愛生》	光田健輔
1935. 11	조선 소록도갱생원 낙성	《日本MTL》	今井田清徳
1935. 11	조선 소록도갱생원 낙성식을 참관한 기록	《愛生》	田尻敢
1935. 12	조선 소록도갱생원 낙성식	《警察彙報》	저자 표기 없음
1935. 12	조선 나요양소 인상	《日本MTL》	田尻敢
1936.1	소록도 견문기	《愛生》	高野六郎
1936. 3	나요양소 현황과 확장	《日本MTL》	霜崎清
1936. 7	소록도갱생원 방문 기록	사적 기록물	宮川量
1936. 10	조선 나요양소 소록도갱생원 방문 기록	《日本MTL》	川染義信
1937. 10・11	조선의 나를 통해 일본을 돌아보다-소록도 이야기(1)(2)	《日本MTL》	下村海南
1938. 3	감격적인 등대 건설	《日本MTL》	저자 표기 없음
1939. 8	소록도갱생원을 방문하다	《日本MTL》	白戸八郎
1940. 5・6	나요양소 소록도(1)(2)	《文獻報國》	フッパ (山本春喜 번역)
1940. 8	소록도갱생원장 스오원장의 동상이 서다!	《日本MTL》	저자 표기 없음
1940. 9	조선 소록도갱생원을 통해 본 조선의 구라사업	사적 기록물	西川義方

1940. 10	견디기 어려운 통한사痛恨史	《愛生》	光田健輔
1940. 10	소록도갱생원 참관	《愛生》	光田健輔
1940. 12	조선을 여행하고	《日本MTL》	遊佐敏彦
1942. 1	후생성厚生省의 탄생을 계기로	《朝鮮》	石田千太郎
1942. 1	내지에 나절대 격리의 모범을 보여야	《愛生》	光田健輔
1942. 5	특집 소록도갱생원(서문)	《文化朝鮮》	저자 표기 없음
1942. 5	스오 마사스에 원장에 대해 이야기하다	《文化朝鮮》	梶一
1942. 5	갱생원 진료기	《文化朝鮮》	小鹿島更生園
1942. 5	갱생원의 생태	《文化朝鮮》	中川浩三
1942. 5	소록도갱생원 방문기	《文化朝鮮》	相馬美知
1942. 5	갱생원 현지 좌담회-갱생원 클럽에 대하여	《文化朝鮮》	横川基 외 6인
1943. 4	소록도갱생원 근황	《愛生》	西亀三圭

이 소록도 방문기들은 일본의 한국 한센병 정책 현황과 한센인 수용 추이, 소록도 시설 시찰 감상으로 이루어져 있다. 그리고 여행기인 만큼 소록도까지 가는 경로가 자세하게 기술되어 있다. 예를 들어, 다지리 오사무田尻敢는 한국에서와 같은 관민 협력에 의한 한센정책의 성공이 일본에도 적용되기를 바라는 마음을 다음과 같이 표현했다.

"전라남도 벌교역에서 남쪽으로 10리 정도 떨어진 지역에 녹동이라는 어촌이 있다. 여기에서 발동기선으로 10분 정도 가면 소록도에 도착한다. … 수년 전 조선의 나癩는 외국인 선교사에 의해 관리되었고 정부가 운영하는 소록도요양소는 거의 유명무실 그

자체였지만, 조선 관민官民의 나에 대한 이해를 통해 조선나예방협
회가 창립되었다. 동시에 120만 엔의 헌금이 생겼고, 이 금액의 대
부분을 소록도갱생원의 설비를 갖추는 데에 사용하여, 크리온섬[43]
에 이은 세계 두 번째 수용력을 지닌 4천 명 환자 수용계획을 세우
고 … 이처럼 조선의 계획에 자극을 받아 일본이 나병으로부터 하
루빨리 구원받기를 바라는 마음이 강하게 들었다."[44]

시라토 하치로白戶八郎는 이전부터 소문으로만 듣던 갱생원을
꼭 방문해 보고 싶었다는 감상을 전하며, 소록도로 가는 경로도
자세히 소개한다.

"갱생원은 조선총독부 직할의 요양소이다. 이 시설은 조선에서
뿐 아니라 세계에서도 보기 드문 대규모 시설이어서 언젠가는 꼭
방문해 보고 싶다고 생각하고 있었다. … 부산에서 경성으로 가는
기차를 타고, 삼랑진三浪津이라는 곳에서 갈아타 경상남도 진주라
는 곳까지 갔다. 거기에서 버스를 타고 조선의 산간을 돌아 순천에
이르는데, 여기에는 4시간 정도 소요된다. 순천에서 다시 기차를
타고 벌교역에 내려서 자동차로 한 시간 정도 더 가면 반도의 남
단 녹동이라는 마을에 이른다. 거기에서 병원의 작은 증기선을 타

---

43 Culion, 마닐라 남서쪽 팔라완주 북부에 위치한 섬으로, 1906년 미국 통치하에 한센병 환
    자 격리 요양을 목적으로 한 시설이 설치되었다.

44 田尻敢,〈朝鮮癩療養所の印象〉,《日本MTL》58, 1935, pp. 2-3.

면 소록도에 도착한다. … 이 섬은 이상적인 건강지健康地로, 땅이
비옥하고 해산물이 풍부하여 부식물의 자급이 가능하다는 것은
실로 이 섬이 가진 큰 특권이라고 할 수 있다."[45]

가와조메 요시노부川染義信의 방문기에서는, 소록도를 일본인에
게 친숙한 곳으로 소개하기 위해 "최승희가 태어난 곳이자 손 선
수를 낳은 고향으로 친숙한 조선!!"[46]이라고 글머리에서 소개하
며 세계적 명성을 떨친 인물들이 태어난 고장으로 '조선'을 환기
시킨다. 실제 최승희와 손기정은 소록도와 전혀 관련이 없음에도
불구하고, '조선'을 하나의 덩어리처럼 취급하고, 일본인들의 관
심을 소록도에 모으기 위해 조선의 유명인을 언급한 것이다. 또
한, 조선나예방협회 설립 직후부터 소록도를 방문했던 미쓰다 겐
스케도(〈표 2〉의 〈미쓰다원장 조선여행일정〉 1933. 7. 참고) 1940년 소록도
갱생원 시찰 후 다음과 같은 감상을 전한다.

"풍년춤豊年踊 대열이 뿌우 뿌우 하는 소리를 내고, 북을 두드리
며 200명 정도 입장했다. 빨강·초록·노란색 천조각으로 장식한
의상을 입고 깃털로 만든 모자를 쓴 머리를 빙글빙글 돌리면서 손
을 흔들고, 발로는 춤을 추며 흥겨운 몸짓으로 대열을 만들면서 돈

45　白戸八郎, 〈小鹿島更生園を訪ふ〉, 《日本MTL》 101, 1939, p. 7.

46　川染義信, 〈朝鮮癩療養所 小鹿島更生園を訪ふ記〉, 《日本MTL》 68, 1936, p. 3.

다. 일본의 본오도리와 비슷하다. … 그러는 중 세찬 비가 내리기 시작했다. 대열은 아랑곳하지 않고 춤을 췄다. 내가 감동했던 것은 운동장 트랙에 백의를 입고 무릎을 꿇고 앉아 있던 수천 명 군집의 모습이었다. 춤이 끝날 때까지 하얀 벽처럼 트랙에 조용히 앉은 채 아무도 일어서려고 하지 않는다. 그들은 숨을 죽이고 관람하고 있었다. 비는 점점 더 세차게 내렸다. 행사 중지 명령이 내려졌다. 군집은 그제야 가지고 있던 우산을 꺼내어 쓰고 각 부락으로 흩어졌다. 일본에서는 볼 수 없는 광경이었다."[47]

한국인들의 규율 잡힌 순종적 태도에 미쓰다는 '일본에서는 볼 수 없는 광경'이라고 감탄한다. 이와 같이 일본인 방문자들은 환자들의 협력적 태도에 상당히 주목했음을 알 수 있다. 특히 소록도 방문기에서 강조되는 것은, 한국 한센정책이 '관과 민이 협력'하고 있다는 점이었다. 이들의 글에서 '관민일체官民一體'라는 단어를 빈번하게 확인할 수 있다. 국가의 한센정책에 대한 한국인의 적극적 '참여'에 초점을 두어, 아직 참여하지 않은 한국 대중을 고무시키고, 이를 모델로 삼아 일본 대중의 참여를 기대했던 것이다. 당시 일본 '나예방협회'는 자금 출원 문제를 가장 고심하고 있었는데, 그 자금을 민간에서 충당하고자 하는 계획이 있었다. 일본 기독 한센단체 '일본 엠티엘'이 발간한 《일본엠티엘日本MTL》에

---

47   光田健輔,〈小鹿島更生園參觀〉,《愛生》, 長島愛生園, 1940, pp. 5-6.

는, 한센병 근절을 추진하기 위해서는 "자금이 가장 문제인데, 관민이 서로 협력하고 나예방협회가 전국적인 조직을 정비하여 열심을 내면 어려울 것도 없다"[48]는 내용이 실렸다. 즉, 민간 협조의 자금조달로 이상적인 한센정책을 실현할 수 있다는 것이다.

실제로 당시 신문과 잡지를 보면 기부금에 대한 '미담美談'[49] 기사가 상당히 많은 부분을 차지한다. 우선 황실이 모범을 보이고 있다는 점을 알리기 위해 〈우량사회단체에 천황 하사금〉이라는 제목의 기사는 꾸준히 게재된다.[50] 그리고 민간의 기부를 적극적으로 선전했다.[51] 기부에 관한 기사는, '○○엔 돌파!'처럼 목표치를 정해 놓고 얼마까지 모금되었다는 식의 경쟁적인 글들이 소개되거나,[52] 기부한 사람의 따뜻한 마음씨를 강조한 글[53] 등이 대부분이다. 이미 국가를 비롯한 많은 사람이 모범을 보이고 있으니

48　日本MTL, 〈提唱されたる一万人案〉, 《日本MTL》 60, p. 1.

49　이 '미담'이라는 단어는 기부와 관련하여 종종 등장한다. 일제는 청일전쟁과 러일전쟁을 거치면서 전쟁에서 자신을 희생하여 일본 천황의 덕을 드러낸 이야기를 '○○미담'이라는 제목으로 다양한 미디어에 노출했다. 미담의 주인공은 '국가를 위해 헌신하는 일본인'이라는 이미지를 표상했다.

50　〈사회사업장려 천황 하사금 전달〉이라는 제목으로 잡지 《朝鮮》의 1929. 11, 1934. 2, 1935. 3, 11, 1936. 3, 1938. 3, 11월에 연재되고 있음을 알 수 있다.

51　〈나병원 확장, 뜻을 모은 기부로〉《朝鮮朝日》 1926. 12. 2.), 〈소록도에 쏟아지는 同情〉 《京城日報》 1927.1 2. 16.), 〈사회사업에 거금 기부, 조선을 떠나는 후쿠이 씨〉《朝鮮朝日》 1934. 9. 19.).

52　〈나예방협회의 기부 10만 돌파〉《京城日報》 1933. 3. 3.), 〈경남의협회 기부 24만 엔 돌파〉 《朝鮮朝日》 1933. 3. 3.).

53　〈불쌍한 나구제에 소녀가 정의 결정 3,200매의 걸레 값 기부-부산 고녀교의 훌륭한 행동〉《京城日報》 1933. 3. 17.).

일반 대중도 기부를 통해 주변에 한센인 부랑자가 생기지 않도록 하라고 독려했던 것이다. 즉, 수용시설이 부족하면 결국 피해를 보는 것은 '일반인=국민(식민지 조선과 일본의 비한센인)' 자신이라는 것을 인식하게 하여 스스로 참여하게 했다. 〈표 4〉의 〈나예방협회 기부금 신청 및 수납 상황표〉를 보면 당시 민간 기부 금액을 알 수 있다.[54]

이 표를 보면 한국에서 기부 신청과 수납이 원활하게 이루어졌다는 사실을 알 수 있다. 《朝鮮》의 〈나예방 하사금과 기부상황〉에서는 "나 예방에 대한 조선 전체 관민의 관심은 매우 높다. 당

〈표 4〉나예방협회 기부금 신청 및 수납 상황표(조선나예방협회 설립 이후부터 1933년 3월 31일까지)

	경기도	충청북도	충청남도	전라북도	전라남도	경상북도	경상남도
도비 보조액	12,000	4,000	8,000	10,000	31,000	44,000	37,000
기부 신청액	167,712	7,501	21,109	150,061	220,257	98,355	248,415
기수납액	107,537	5,560	21,109	83,526	81,178	98,355	117,880
	황해도	평안남도	평안북도	강원도	함경남도	함경북도	계
도비 보조액	6,000	4,000	4,000	4,000	4,000	2,000	170,000
기부 신청액	10,829	12,976	26,860	15,052	42,241	9,304	1,117,779
기수납액	10,829	12,439	14,266	7,000	37,417	8,483	691,149

※ 단위: 圓(엔), 기부 신청액(本府直接扱 5,827+官公吏 81,274)과 기수납액(本府直接扱 4,287+官公吏 81,274)의 총계에는 나예방협회 직접 기부와 관공사(官公吏) 기부가 포함되어 있다.

---

54 〈표 4〉는 財團法人朝鮮癩豫防協會, 《朝鮮癩豫防協會要覽》, 朝鮮癩豫防協會, 1933. 4. p. 59-60을 참고하여 필자가 작성.

초 27만 엔(관사 제외)의 기부를 예상했으나 이미 81만 엔을 돌파하여 3배에 달하는 성황을 이루어 일본에서도 경이로운 눈으로 바라보고 있다"[55]며, 다수의 한국인 참여가 놀랍다는 듯이 소개한다. 이러한 성과 이후로도 각계의 일본인들은 관민일체의 이상적인 사례를 제공한 소록도갱생원에 주목했다. 다카노 로쿠로高野六郎는 갱생원 건립에 모아진 기부금에 감탄했다.

"현재 조선 소록도의 시설은 일본의 나가시마長島보다 몇 배는 더 낫다. … 조선나예방협회가 조직되어 관민이 협력하여 약 150만 엔의 자금을 모아 소록도 전부를 매수하여 환자 4천 명 수용계획을 수립했다. … 기부금이 예상 외로 많이 모여서, 당초 계획이 확대되어 올가을에 이미 4천 명 수용의 나도癩島가 완성되고, 11월 21일에 낙성식을 거행하게 되었다. … 소록도 부근의 부락을 대상으로 학교나 병원을 제공하기도 하는데, 이것도 일본에서는 볼 수 없는 현상으로 역시 감탄을 자아낸다."[56]

소록도갱생원이 '관민일체'로 자금조달 문제를 극복해 갈 뿐만 아니라, 주변 마을과 병원 및 학교시설을 공유할 정도로 영향력을 확대해 가고 있다는 점에서 일본의 귀감이 된다는 것이다. 시

---

55 朝鮮總督府, 〈癩豫防下賜金と寄附狀況〉, 《朝鮮》, 朝鮮總督府, 1933, p. 156.

56 高野六郎, 〈小鹿島見聞記〉, 《愛生》, 長島愛生園, 1936, p. 16.

모무라 가이난下村海南도 한센인 정책에 대한 한국 대중의 높은 참여율을 칭찬하며, 이에 반해 일본 대중의 한센인에 대한 관심은 매우 부족하다고 지적했다.

"일본과 조선의 나병에 관한 큰 차이점을 들자면 나에 대한 관심 부분이다. … 일본의 나예방협회는 200만 엔을 모으려 했으나 절반도 모이지 못했다. 이에 반해 조선에서는 50만 엔 정도 모으려고 했는데 210여 만 엔이 모였다. … 기부금을 내는 사람은 조선인이 더 많다. 더구나 조선의 인구는 일본의 삼 분의 일 수준이고 부유함의 정도도 일본보다 한참 낮다. 이 정도로 일본에서는 나 문제가 너무 간과되고 있다."[57]

갱생원을 방문한 이들은 식민지의학의 성과를 자랑하며 이것이 일본열도의 한센정책에도 반영되어야 한다는 의지를 보였다. 전시 상황이 전개되면서 자금난에 허덕이는 사회 분위기 속에서 민간의 기부는 한센정책을 추진할 중요한 자금원이었다. 그래서 당시 소록도갱생원 확장의 주요 자금원이 된 기부를 강조하지 않을 수 없었던 것이다.

이와 같이 '관민일체'로 이룩한 소록도갱생원은 정치계나 의료계 관련자뿐만 아니라 일반인의 방문을 촉진하는 문화자원으로

57　下村海南, 〈朝鮮の癩から內地へを─小鹿島物語〉(完), 《日本MTL》 80, 1937b, p. 2.

도 활용되었다. 〈그림 2〉에서 보이는 《문화조선文化朝鮮》[58]은 당시 한국에서 발행된 관광잡지다. 이 잡지는 발간 취지에서 '조선이 가진 잠재력을 개발'하려면 '일반 국민이 조선을 아는 것'이 중요하다고 밝힌다.[59] 이런 이유에서 이 잡지는 일본 대중의 흥미를 자극하는 한국의 문화를 소개하고, 일본에서 방문하는 기자들

〈그림 2〉 《문화조선》 4-3 표지

과 각계 인사들의 한국 여행기를 실어 실시간으로 한국의 상황을 전달했다. 《문화조선》 4권 3호는 〈소록도 특집〉으로 구성되었다. 〈소록도 특집〉에는 소록도에 대한 다양한 소개(〈그림 3〉)와 소록도 지도 및 교통편 정보가 담겼다.

---

58 《문화조선》은 원래 동아여행사 조선지부(전신은 일본여행협회 조선지부, 경성)가 1939년 6월 발간한 한국 최초의 관광잡지 《관광조선觀光朝鮮》이 1941년 1월 이름을 바꾼 것이다. 당시 조선의 관광과 관련한 다양한 내용(여행지 안내, 교통편, 수필, 소설, 기생, 만화, 영화, 가요 등)을 수록했다. 각 호마다 〈경성 특집〉, 〈평양 특집〉, 〈제주도 특집〉, 〈낙랑 특집〉 등 특집을 실었는데, 《문화조선》 4권 3호(1942. 5)는 〈소록도 특집〉으로(그림 2, 3), 표지에 소록도의 간호사 사진을 게재했다. 이 특집에는 소록도 기사 외에 국영 광주버스와 송광사, 여행 상담, 경성 주변 낚시터, 조지아백화점 안내소 방문기, 소설, 수필, 기행문, 색깔이 있는 페이지 등이 실렸다.

59 日本旅行協會朝鮮支部, 《觀光朝鮮》 1(1), 朝鮮總督府鐵道局, 1939, p. 2.

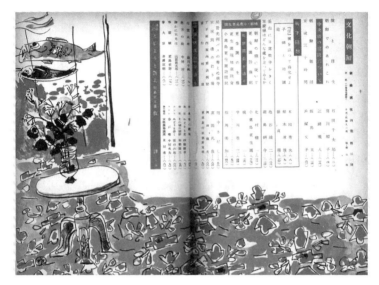

〈그림 3〉《문화조선》 4-3〈소록도 특집〉목차

〈그림 4〉 소록도갱생원 조감도(1940, 〈소록도갱생원 연보〉)

소록도 방문에 필요한 구체적 정보는 이미 1930년대 초반부터 제공되기 시작했다. 〈그림 4〉의 소록도갱생원 조감도 오른편에 있는 두 개의 표는 소록도 방문자를 위한 경로 안내와 시간표이다. 그 내용을 보면, 녹동鹿洞과 소록도를 잇는 왕복 배편은 9월부터 3월 사이에는 하루에 6편, 4~6월에는 하루 8편, 여름철인 7~8월에는 하루 10편이 배정되어 있다. 소록도로 가는 구체적인 교통편(〈표 5〉)도 소개하는데, 일본에서 직접 방문하는 경로와 경성을 거쳐서 방문하는 경로로 나뉘어 있다. 그리고 출발지에 따라 이용할 수 있는 교통편과 경유지 등을 자세하게 기술했다. 소록

〈표 5〉 일본, 부산, 경성에서 소록도로 가는 경로(1940)

방면	노별 (路別)	출발지	선명	경유지	도착지	소요시간	비고
일본 방면 에서	해로	시모노세키 (下関)	관부연락선 (關釜連絡船)	·	부산	약 7시간 30분	부산에서 조선기선으로 갈아탐
	해로	부산	조선기선 (朝鮮汽船)	통영 여수	소록도	약 16시간	여수에서 경전서부선 및 자동차 육로도 있음
	해로	시모노세키	관려연락선 (關麗連絡船)	·	여수	약 17시간	시모노세키-여수 간 직행
	육로	여수	경전서부선 (慶全西部線)	벌교 고흥	소록도	·	여수에서 벌교까지 기차, 벌교에서 자동차
경성 방면 에서	육로	경성	경부선, 호남선 및 경전서부선	대전 송정리 벌교	소록도	약 18시간	경성-대전 간 경부선, 대전-송정리 간 호남선, 송정리-벌교 간 경전서 부선, 벌교에서 자동차
	육해로	경성	경부선, 호남선 및 조선기선	대전 송정리 목포	소록도	약 28시간	목포까지 기차, 목포에서 기선(목포에서 약 7시간)

도갱생원을 한국의 주요한 관광지로 자리매김하려는 노력으로 보인다. 그러나 〈소록도 특집〉이 발간된 1940년 전후는 일본이 전시체제에 집중한 상황이라 대중의 관광은 그리 간단한 문제가 아니었다.[60] 1939년 7월부터 '자동차용 가솔린 배급제화' '배급량 30퍼센트 축소' 계획이 발표되고, 1940년대 이후 전쟁 상황이 확대되면서 여행 금지 조치가 실시된 것이다. 즉,《문화조선》잡지가 일본(및 한국) 대중이 손쉽게 접할 수 있는 곳에 비치되어[61] 갱생원을 선전하기는 했지만, 실제로 관광객 방문을 기대하기보다는 미디어를 통해 식민지 의료의 전시장으로 소록도를 대중에게 소개하고 유포하는 데에 중점을 두었다는 것이다. 그 때문에 갱생원의 모습은 더 미화될 수 있었다.

1940년 제14회 '나학회 총회'가 소록도갱생원에서 열렸고, 이는 식민지의학의 위대한 결실로 여겨졌다. 제3회 '국제나회의'에서 '문명국'으로서 수치심을 느꼈던 니시카와 요시카타西川義方는 17년이 지난 후 '나학회 총회'가 소록도갱생원에서 열리는 것에 대한 감격을 이야기하며 일본제국의 발전상을 언급한다.

---

60 1937년 중일전쟁 이후 원래대로라면 1940년 제12회 동경올림픽과 더불어 초대 진무천황 즉위 2,600년을 맞이하여 국가적 세계대회 개최를 계획하고 있었으나 무산되었다. (공익재단법인 일본 올림픽 조사위원회 공식 웹페이지 http://www.joc.or.jp/〈올림픽 역사〉 부분 참고. 조사일 2017. 11. 20.)

61 이 잡지는 한국의 각 지역 백화점(미나카이三中井, 미쓰코시三越, 와신和信, 조지야丁子屋) 내부에 설치된 일본여행협회 조선지부에 비치되었다. 일본에서는 백화점뿐 아니라 더 많은 대중이 접할 수 있는 역사나 서점, 사람의 왕래가 많은 거리 등에 설치된 안내소에 비치되었다(서기재, 〈식민지 문화 전시의 장으로서《관광조선》〉, 《일본어문학》 62, 2013, 415쪽).

"소록도갱생원을 통한 조선의 구라사업이 관민일체 하에 힘을 합하여 아름다운 성과를 내고 있다는 점에 경의를 표한다."[62]

소록도 한센인의 생활이 능률적·경제적·이상적이라며 이를 달성한 민간의 협조를 극찬한다. 그러나 이렇게 관민일체의 성과로 선전했던 갱생원 내에서는, 기존 연구 성과나 패전 후 수용자의 증언[63]을 통해 알 수 있듯이, 배고픔과 혹독한 처벌, 강제노역, 단종斷種, 생체실험 등 극단적 차별이 자행되고 있었다.

사실상 일제에 의한 격리정책은 한센병과 함께 환자 박멸을 시도한 것이었기에,[64] 환자의 인권은 관심 밖이었다. 그러나 당시 소록도갱생원은 폐쇄된 공간이자 미디어를 통해 미화된 공간이었다. 따라서 조선총독부가 소록도 내에서 자행한 폭력적 행위는 공공연하게 드러나지 않았다. 소록도를 방문한 대다수 일본인들이 묘사한 한국 환자들의 모습은, 황국신민서사를 거침없이 외우

---

62 西川義方,《朝鮮小鹿島更生園を通して觀たる朝鮮救癩事業》, p. 26.

63 "단종은 여러 가지 이유로 당했어. 부부가 동거하는 경우 남자는 수술. 그리고 나쁜 짓을 한 범죄자는 수술. 형무소에서 나와 여기에 입원한 사람은 무조건 모두 수술. 연료를 귀중히 생각하던 때여서 제멋대로 나뭇가지나 잎을 모아서 태운 사람도 단종. 배급된 장작이 부족했지. … 오사카에서 의사라는 사람이 왔어. 일본의 군인 그 있잖아 군대에서 의사하는 사람. 그래 군의. 그 군의가 단종수술도 했고, 의학 연구를 다양하게 하고 있어서. 2시간 안에 몸이 굳어 버리는 주사. 모두 '히키쓰루 주사'라고 불렸지. 얼굴이 이렇게 굳어져 버리는 거야. 주사를 맞으면 2시간 안에 죽어. (중략) 이 의사의 손에 죽은 사람의 수도 엄청나"(익명, 취재 당시 79세, 소록도, 1997년 12월 9일 오전 10:50-11:08)(滝尾英二,《朝鮮ハンセン病史―日本植民地下の小鹿島》, 未来社, 2001a, pp. 298-300).

64 荒井裕樹,《隔離の文学》, 書肆アルス, 2011, p. 23.

고, 일본인들이 방문할 때마다 사물놀이와 같은 환영 공연을 하며, 비가 내리는데도 아랑곳하지 않고 강연을 경청하며 기쁨과 감사의 눈물을 흘리는 모습이었다. 일제강점기 피지배 대상으로조차 여겨지지 않았던 환자들은 미디어 앞에서 스스로를 철저하게 신민臣民의 모습으로 가장假裝했던 것이다. 해방 후 환자들의 증언과 다양한 연구를 통해 강제노동과 심각한 인권침해 문제가 드러나기 전까지 소록도는 '낙원'으로 포장되었다.

◆ ◆ ◆

청일전쟁과 러일전쟁의 전승국으로 세계열강 대열에 참여했다는 일본의 과잉된 자부심은 서양과 비슷한 수준의 의학적 성과를 내야 한다는 초조함을 낳았다. 그래서 미개국에 만연하다고 여겨졌던 일본(및 식민지)의 한센병 취급과 처리 과정에서 과학적인 성과의 적용보다는 대중의 공통감각에 관심을 기울였다. 일본 구라 사업의 핵심적인 인물인 미쓰다 겐스케는 한센병을 대중에게 알리기 위해 언론 활동과 갱생원 초청을 부단히 시도했다. 이러한 방식은 식민지 조선에서도 비슷한 형태로 적용되었다.

식민지의학 담당 주체는 미디어를 통해 한센인이 '병원균을 가지고 있다는 차이' 때문에 '공감할 수 없는 비인간적 존재'라는 이미지를 근대적·과학적·위생적·객관적이라는 수식어로 포장하여 유포했다. 따라서 이러한 사회 공해적 존재는 '폭력'(물리적 폭력뿐 아니라 혐오 담론 유포, 범죄자 취급, 비자발적인 격리)을 사용해서라도 격리할 수밖에 없다는 분위기로 이끌었다. 더 나아가, '폭력'이라는 비윤리적 태도의 '꺼림칙함'을 떨쳐 버릴 수 있도록 갱생원 내 한센인들의 인간다운 삶을 강조했다.

　아름답게 포장된 소록도갱생원은 대중에게 한국의 관광 명소로 소개되었다. 전시체제로 돌입하여 더 깊은 충성이 일본열도나 한반도의 대중에게 요구되었기에, 비인간으로 여겨지던 존재들이 '천황의 은혜'를 입어 인간답게 살아가는 전시장으로서 소록도갱생원의 이미지 관리는 중요한 것이었다. 그리고 이러한 이미지 유포는 소록도갱생원이 제국 일본의 위력을 세계(서양)에 자랑하기에 적합한 장소라는 일본인의 대중 공감을 형성하는 데에 기여했다. 패전 후, 식민지 조선의 구라사업이 '선정善政'이었다는 미쓰다의 주장은 이 지점과 맞물려 있다. 소록도갱생원이 다른 나라에 비해 훌륭한 시스템을 갖추고 있어서 한센인에게 인간다움을 회복시킨 감사와 행복의 장이었을 것이라고 '여기는' 다수의 공통감각이, 패전했음에도 불구하고 여전히 존재할 것이라는 인식이 전제된 발언이었던 것이다.

3.

감정통치 기반의 문화자원으로서
한센사업

일본에 의한 한센사업은 질병에 대한 치료와 개호介護가 아닌 한센인 격리와 노동력 착취를 위한 것이었다. 즉, 한센사업을 '질병(치료)' 문제가 아니라 격리수용을 통한 사회통제 체제의 모델로서 '정치(치안)' 문제로 다루었고, 이는 소록도 관광지화로 대중을 섭렵하는 '문화' 문제로 재포장되었다. 이러한 사업 전개 과정에서 중요하게 다뤄진 것이 한국인의 '감정'이었다. 일제는 일본과는 다른 한국인 특유의 타인에 대한 동정同情, 인정人情에 주목했고, 이를 한센 격리시설 마련 기부 실적에서 한국에 훨씬 뒤져 있던 일본 대중을 독려하는 화살로 사용하기도 했다.

이 장에서는 일제가 서양 선교사의 의료사업을 비판하기도 하고 적절히 이용하기도 하며 한국인의 감정을 어떻게 바라보고 있는지 살펴본다. 그리고 당시 발행된 신문을 통해 한국 사회 내에서 한센인에 대한 비환자 한국인들의 동정/불안이라는 감정이 어떤 형태로 드러나는지 파악한다. 나아가 일제가 소록도를 '황후의 인자' '일본 최대의 선정'이라는 문화적 장치로 포장해 가는 한센정책의 세부를 살펴본다.

식민지의학과
한국인의 '감정' 발견

일본이 근대국가로 돌입하는 과정에서 중요시했던 것 중 하나는 일본인을 '문명 일본인'으로서 재정의하는 것이었다. 따라서 피식민자였던 한국인도 이와 같은 일본인상에 부합하도록 만들어 가야 했다. 특히 근대 서양의학에 기반한 '우월한 인종'으로서 일본인의 재탄생은 서양과의 대결 구도를 형성하는 데에 매우 중요했다. 조선총독부 법무국 다케우치 하지메竹内一는 "우리 야마토 민족이 개인 및 사회, 국가적으로 더 위대한 비약을 하기 위해서는 우선적으로 우리의 혈액이 순결하지 않으면 안 된다"[1]며 혈액이 순결하지 못한 것에서 한센병이 비롯된다고 주장한다. 제국 건설을 위해 '국민' 건강은 필수 사항이었고, 한센병은 순결한 혈통을 만드는 데에 저해되는 가장 저급한 질병으로 여겨졌다.

'국제나회의'와 같은 곳에서 보고되는 식민지를 포함한 일본의 한센인 수는 우월한 인종 양성에 최대 오점이었다. 따라서 우생학적 민족위생 관점에서 건강한 국민과 국가, 사회를 창출한다는 명목으로 한센인들을 사회로부터 배제하는 것을 매우 중요한 과제로 인식했다.[2] 일본열도에서는 1900년 12월 경찰을 동원하여 전국적으로 한센인 조사를 실시했고,[3] 1907년 「나癩예방에 관한 건」이 시행되어 일본의 '국책'으로서 한센병 대책이 개시되었다. 일본 정부는 식민지 한국에서도 위생 사상의 결핍을 문제 삼

---

1 竹内一,《朝鮮社会事業》, 朝鮮社会事業研究会, 1932, p. 3.

2 木村巧,《病の言語表象》, p. 68.

3 藤野豊編著,《歴史のなかの〈癩者〉》, ゆみる出版, 1996, p. 157.

아 한국 위생 사무를 경찰업무(경무총감부)에 전속 담당하게 했는데, 여기에 한센사업도 포함되었다.[4]

조선총독부 학무국장 세키야 데이사부로閼屋貞三郞는 영국, 독일, 프랑스, 미국 등의 한센인 수와 일본을 비교한 후 일본은 야만국에 가깝다며 다음과 같이 안타까움을 토로한다.

"문화가 뒤처진 남미나 아프리카 혹은 유감스럽게도 동양의 여러 나라 인도지나 일본 등에도 있고, 필리핀 또는 남양 방면에도 나환자가 매우 많다. … 일본은 야만국에 가까운 상태에 있다고 할 수 있다. 이런 점에서 인도주의적인 측면에서나 국가의 체면으로 보나 나예방사업에 대해서는 적극적으로 힘을 모아야 할 필요가 있다고 본다."[5]

그리고 경성이나 인천에 한센인이 돌아다니는 것에 대해,

"국제도시인 경성, 인천과 같은 도시는 한센병 환자 수용에 어려움이 매우 많다. 특히 경성부와 같이 조선의 정치, 경제, 문화의 중심지로 일본이나 해외에서 왕래가 빈번한 도시는 조선의 다른 도시와 달리, 경성부 내에 있는 나환자의 배회가 단순히 건강상의 문

---

4   김두종, 《한국의학사(전)》, 탐구당, 1966, 540쪽.
5   滝尾英二, 《植民地下朝鮮におけるハンセン病資料集成(第3卷)》, 2001c, p. 219.

제뿐만 아니라 조선 통치의 체면과도 관계되는 것이므로 앞으로 이러한 특수 사정을 고려하여 총독부에서 해마다 4, 50명 정도 할당 수용을 할 수 있도록 조치한다."[6]

마치 한센병 환자의 존재가 '제국의 체면'을 손상시키는 중요한 문제인 것처럼 말하고 있다. 이처럼 근대 의학에서 서양에 뒤져 있다는 수치심은 기존에 미국과 유럽 선교사들이 설립한 한국의 기독교 한센병 요양원을 견제하고, 한반도 내 한센정책의 주도권을 확보하는 식으로 발현되었다. 일본은 한국 정부의 신뢰를 바탕으로 의료사업을 전국에 전파한 서양인의 의료활동 방식에 주목했는데, 예를 들어 잡지 《조선朝鮮》에는 의학박사 에비슨O. R. Avison의 글을 일본어로 번역 소개했다. 이 기사를 보면, 서양 선교사들은 기독교 전도사업의 중요한 방법으로 교육과 의술을 이용한 전도로 한국 궁정의 신임을 얻었고, 이를 바탕으로 상류사회를 자극했다. 한국 궁정은 선교사들에게 경성 방역운동의 전권을 위임하고 병원을 개설하게 하여 감염병 유행을 막게 했고, 이들의 활동이 점차 지방으로 퍼졌다는 것을 알 수 있다.[7] 의사이자 한센병 연구자였던 무라타 마사타카村田政太는 1개월이 넘는 기간 동안 한국을 시찰한 후, 《일본 및 일본인日本及日本人》에 다음과 같

---

6   滝尾英二, 《植民地下朝鮮におけるハンセン病資料集成(第5巻)》, 不二出版, 2002b, p. 307.
7   オー·アル·エヴィソン, 〈朝鮮に於ける傳導開始以来の基督教の影響〉, 《朝鮮》, 1921(6), pp. 29-30.

은 글을 게재한다.

"지금까지 일본의 위정자가 종교, 교육, 위생이라는 식민지 정책에서 가장 필요한 부분을 거의 돌보지 않았던 것을 알게 되었고, 또 이렇게 중요한 문제의 거의 대부분이 서양 선교사들에게 맡겨졌다는 사실을 알게 되었다. … 조선 내 철저한 구라사업의 실시는 중요한 문제이다. 나병이 다른 질병보다 훨씬 더 동정을 필요로 한다는 것은 말할 필요도 없으려니와 정치적 측면에서 대외 선교사 정책에서도 상당히 중대하다."[8]

그러면서, 무라타는 "서양 선교사들이 이렇게 활동할 수 있도록 여지를 준 것은 누구의 잘못인가. 누구 때문인가!"라고 탄식하며, 의학 분야에서 서양 종교가들의 주도권 선점을 식민지 통치의 심각한 저해沮害 요소로 보았다. 무라타는, "조선인의 심리도 모르면서 코앞의 이익만을 좇아 조선인들을 통치하려는 것은 처음부터 잘못된 일"[9]이라며 한국인의 '심리 파악'에 주목한다.

한국 궁정의 신뢰가 선교사들에게 한국 내 의료 활동에 막대한 권력을 부여하고, 서양 선교사들에 대한 한국 대중의 감동이 한센정책의 실천을 유발한다고 판단했던 것이다. 당시 발행된 신문

---

8 村田正太, 〈朝鮮における救癩問題〉, 《日本及日本人》 822, 政教社, 1921, pp. 33-34.

9 村田正太, 〈朝鮮における救癩問題〉, p. 33.

을 보면, 서양 선교사의 활동에 한국 대중이 감동하는 모습을 전하는 기사를 종종 확인할 수 있다.

> "나는 엉거J. K. Unger 씨의 숭고한 정신과 박애적 사업에 감격하지 아니할 수 없으며 칭송하지 아니할 수 없다. … 먼 곳에서 온 외국인의 헌신적인 노력을 볼 때에 조선 민족으로서 어찌 감격스럽지 않을 것인가. 엉거 씨의 훌륭한 정신에 대하여 감사를 표하며 그의 건강을 축복하는 동시에 우리 민중의 적극적인 협조를 구하노라." 《동아일보》 1922. 4. 26.

이 엉거 목사에 대해, "수만 리 먼 곳에 와서 이와 같이 조선 사람의 악질을 위하여 평생을 바치겠다고 하는"《동아일보》 1922. 4. 24.） 부분을 칭찬하며 그를 위해 후원하자는 내용도 실려 있다. 그 외에 윌슨R. M. Wilson 의료 선교사의 활동에 감화를 받아 추앙한다는 기사들도 확인할 수 있다《朝鮮朝日》 1933. 2. 9.). 서양 선교사들의 헌신은 그 활동에 감동받은 사람들이 실천할 수 있는 동기를 부여했고, 이는 자연스럽게 기부금 독려로 이어졌다. 이와 같은 한국의 분위기를 파악한 무라타는 한국 구라救癩사업에서 대중의 심리를 움직이는 것이 중요하다고 여겼다.

> "자선사업인 구라사업은 원래 누가 해야 되는 것인가? 원래대로라면 우리나라의 종교가들이 솔선해야 하는 것이 아닌가. 그럼에

도 불구하고 일본의 예수교도나 불교도도 이 숭고한 사업에는 손을 대려 하지 않는다. 박애를 표방하는 적십자도 애국부인회도 이런 화려하지 않은 일은 안 하려고 한다."[10]

무라타는 일본 종교계를 지탄하고, 서양 선교사가 자선사업으로 한국인의 감성을 자극하여 민심을 얻는 것이 일본의 한국인 동화정책에 얼마나 악영향을 끼치는지를 깨달아야 한다며, "나환자 구제 의료사업을 외국 선교사에게 위임하는 것은 국가 체면 문제를 떠나서 조선 통치 정책에서 가장 치졸한 행동"[11]이라고 단언하며 총독부의 적극적인 개입을 주장했다.

한국 한센정책의 주도권을 쥐기 위해서는 '조선인의 감정을 다루는 것'이 핵심이라고 여긴 것이다. 여기서 주의할 점은, 한국 대중의 '감정'이 서양 선교사나 한센병원 등 질병을 다루는 주체들에 대해서는 감동하고 신뢰하지만, 질병을 가진 환자에 대하여는 완전히 다른 방향으로 드러난다는 점이다. 근대 신문이나 잡지는 이러한 한센인에 대한 대중의 이미지를 생산하고 대중의 반응을 살피며 확대 재생산해 갔다. 당시 한센인에 대한 한국인들의 감정의 실상은 어떤 것이었는지 다음 절에서 살펴본다.

---

10 村田正太, 〈朝鮮における救癩問題〉, p. 34.

11 村田正太, 〈朝鮮における救癩問題〉, p. 35.

사회적 낙인과
대중의 움직임

앞서 무라타가 지적했던 것처럼, 식민 통치에는 단순히 권력을 이용한 강압적 형태만으로는 한계가 있었다. 1919년의 3·1운동은 강압 통치의 역효과였다. 한센정책에서도 자발적으로 참여하는 다수를 만들어 가기 위해서는 개인의 마음이 움직여야 했다. 우선 한센인에 대한 대중적 이미지 형성을 꾀한 것은 조선총독부였다. 조선총독부는 각 도의 경찰부 위생과를 통해 한센인 수를 파악하고, 각 도별로 한센인의 '위생에 관한 풍습 및 미신 요법'을 제출하게 했다. 그리고 조사와 단속에 머무르지 않고 이를 일본 및 한국의 잡지에 소개했다. 앞 장에서 살펴봤듯이, 한국 신문에도 한센인의 '인육이나 사람의 간 섭취 치료법' 같은 미신적 맹신이 자주 보도되었다. 단순한 호기심의 대상이었지 한센인에 대한 구체적인 정보가 없던 대중에게 자극적인 내용을 조사 보도함으로써 사회적 낙인을 공유해 갔다(〈표 1〉 참조).

이 신문 내용을 볼 때 당시 언론의 한센인 기술 방식은 ① 그 수가 많고 정확하게 파악되지 않는다는 점, ② 한센인들은 생존 혹은 치료를 위해 어디론가 '이동'하는 존재라는 점, ③ 갑자기 나타나 구걸하거나 잔인한 범죄까지 저지른다는 점이 부각된다. 따라서 주변에서 한센인이 언제든지 불쑥 나타날 수 있다는 불안감이 증폭된다. 이러한 불안감의 자극은 "공포의 표적이 되는

신문명	게재 일자	기사 내용 (모두 한글로 기록됨)
		민간인에 대한 위협으로서의 한센인과 이들의 격리에 관한 문제
동아일보	1927. 10. 31.	광주병원 여수로 이전 완료
	1928. 4. 21.	부민을 위협하는 부산 나병환자 여러 가지 문제가 많던 중에 전남 지방으로 이송 결정
	1931. 10. 21.	도처에 병균을 전파하는 나병환자가 만팔천 명 인류 사회에서 안정이 구축되어: 친척도 가정도 국가도 없는 인생 민족 보건상의 최대 문제
	1931. 10. 26.	버림받은 조선의 나환자 모던 경성에도: 놀라운 문둥이 부락
	1932. 10. 21.	경성 부근의 나환자 전부 여수로 이송 비용 천 원을 기부로 받들터: 근절연구회 사업
	1933. 2. 18.	불우의 나병환자 전남에 삼천오백만 명: 도위생과에서 조사한 결과 작년보다 500명 격증
	1933. 3. 11.	나환자가 작대해 구걸: 민심은 극도로 불안 중, 남해 당국의 처치 기대
	1933. 3. 14.	나환자요양소 소록도로 설치 결정 토지매수 병사건축 착수 약 삼천 명 수용예정
	1933. 3. 17.	나환자 등의 행상: 부민보건상의 위협 경찰 당국의 엄중 규제
	1933. 3. 18.	소록도 토지 매수 백만 원 기금으로 나병 수용소—주민의 안부를 염려
	1933. 4. 9.	인습적 폐해 일소: 전조선나단체연합회 조직, 민중보건운동에 공헌
	1933. 5. 17.	나병환자가 결속: 대구 시민과 난투극—곤봉을 들고 함부로 날뛰어
	1933. 6. 3.	영암 나병환자 덕진에 집중
	1933. 6. 16.	민족 보건상 가장 위협적인 2천여 명의 나환자 유랑: 2천 600여 명을 수용했으나 전조선 통계만 이천
	1933. 10. 17.	백여 명의 나환자 횡행으로 군산 부민 대 위협: 맹랑한 풍설을 듣고 모여든 무리 민중 위생상 큰 문제
	1935. 5. 15.	공중목욕탕과 음식점에 나환자 태연하게 출입: 마산에 전율할 그들의 행동 부민 위생상 중대 문제
	1935. 9. 12.	문둥병 = 레프라 한번 전염되면 고질! 조선의 환자 일만삼천
	1936. 6. 11.	소록도행을 거절당하고 고흥에 부유하는 나환자 무리
	1936. 6. 15.	시가지에 나환자 무리 횡행: 도처에 문둥이 소동! 가정마다 불안 공포
	1936 .6. 18.	도시에서 쫓겨난 나환자 촌락 중심으로 집중: 인가에 다니면서 갖은 행패 울산경찰서 처리에 골머리

	1937. 9. 8.	위생 조선의 큰 암덩어리: 폐결핵, 나병의 위협
	1938. 12. 12.	구례지방에 나환자 횡행: 주민들은 극도로 불안
	1939. 5. 31.	전라북도 오수獒樹 지방에 나병환자 횡행: 주민, 당국의 선처 요망
	1939. 6. 16.	문둥이 너무 많아: 경주시민 극도로 불안
조선일보	1931. 9. 3.	전남 보성에 나병환자 출현: 무리를 지어 작당하여 다니며 위협 당국에서는 수수방관만 해: 목욕과 개천의 물고기 주의
	1933. 5. 1.	금년에는 해결해야 될 우리 지방 중대 현안나 병자의 메카 대구의 고뇌
	1936. 6. 23. -25.	인류의 행복을 뺏는 나병이라는 병(3회에 걸쳐 연재)
		나환자에 대한 유언비어나 조처, 시민 자치 모임
동아일보	1936.6.16	(사설) 문둥병자와 유언비어: 부민의 자중을 바람
	1937.10.21	나환자의 아이를 갑자기 퇴학 처분: 이유는 아동위생 강화책이라고 칠원(漆原) 공립보통학교
	1934.4.1	나환자 처치를 읍 회의에서 절규: 예산 늘여서 실시하라고 여수 읍민에 중대 문제
	1932.1.22	나환자 근절운동의 봉화: 나환자근절연구회의 첫 활동

병"《동아일보》 1937. 9. 8.)으로, 미디어와 대중이 결합하기 쉬운 지점을 만들어 갔다.

"전남 보성 시민들은 불안에 떨고 있으며 전남 3개소에 국가 병원이 있으나 수수방관만 하고있는 당국을 비난함과 동시에 적당한 처치가 있기를 갈망한다."《조선일보》 1931. 9. 3.

"문둥병자 수십 명이 동리東里 독진교 주변 시장을 점거하고 이곳저곳 노숙하고 있는바 … 그 동네 인민들이 불쾌하여 어쩔 줄을 몰랐다 한다."《동아일보》 1933. 6. 3.

"고흥 시민에게는 일대 위협이요, 큰 불행이다. 대중 보건 측면에서나 자녀 교육에도 막대한 영향을 미치므로 고흥군민은 다 같이 불안에 사로잡혀 있어 해결책을 강구하고 있다." 《동아일보》 1936. 6. 11.

이상과 같은 인용 외에도 구체적인 지역과 그곳 한센인의 위협에 대한 내용은 대구, 서울, 울산, 수원, 밀양, 여수, 칠원, 광주, 고흥, 남원, 당진, 진주, 경남 산청군 신등면 등 다양한 지역에서 나온 기사에서 확인할 수 있다.

한센인에 대한 불안감은 점차 증폭되어 한센인을 '위협적인 존재'라고 느끼게 되고, 그에 대한 유언비어까지 만들어 내며, 심지어 '범죄자 취급'을 하는 데까지 이어진다.[12] 주변에서 잔인한 사건이 일어날 때마다 한센인은 범인으로 지목되었다. 1933년 5월 18일부터 6월 9일까지 《조선조일朝鮮朝日》에 연재된 〈잘린 머리의 몸은 어디에〉 기사는 이른바 '잘린 머리生首事件' 사건으로 불리며 세간의 이목을 집중시켰다《朝鮮朝日》 1933. 5. 18.). 이 사건은 실제로는 뇌전증에 걸린 아들의 병을 낫게 하려던 아버지의 범죄였는데, 범인을 추측하는 과정에서 사건의 잔인성을 부각시키며 한센인의 소행으로 추정하고 한센인 집단을 마을에서 내쫓았다. 이는 한센인에 대한 낙인, 즉 '공동체 질서를 위협하고 파괴하는 존재'

---

12 〈소녀 강간 납치 나병환자 무리 체포〉(《조선일보》, 1933. 9. 15.), 〈소녀 살해하여 먹은 나병환자 무리 4명 체포〉(《조선일보》, 1933. 9. 24.), 〈나환자 폭동 일으킨 후 잠입하여 부민을 위협〉(《동아일보》, 1933. 9. 27.) 등의 기사를 보면 알 수 있다.

라는 인식의 결과였다.

이 같은 사회적 낙인은 한센인을 생활고에 시달리게 했고, 마침내 스스로 갱생원 입소를 희망하게 만들었다.[13] 한센인이 수용소로 들어갈 때 지녀야 하는 서류로 '민적 등본'과 '환자에 관한 조서'가 있었는데, 여기에는 범죄자와 마찬가지로 개인의 모든 정보가 공개되어야 했고,[14] 이송될 때에는 본인 식기 지참, 숙소 이불 소독 등 건강한 사람들과의 철저 분리가 명령되었다. 이러한 분위기는 한국 각 지역의 유력자들이 자신들의 사회적 입지를 확고히 하는 발판으로 이용되기도 했다.

"광주병원에서 600여 명의 환자를 수용하고 있었는데 … 지방 인사들의 맹렬한 운동으로 인하야 여수군에 병원을 신축하고 … 광주 시가에서는 사람의 감정을 나쁘게 하여 주던 나환자들이 보

---

13 《동아일보》에는 〈문둥이 작당하여 종로경찰서에 출두하여 진정: 주민의 학대로 굶어죽겠소〉(1936. 6. 15.), 〈백여 명의 나환자 도청 문 앞에 쇄도 소록도에 수용해달라고 요구 전남도청 한때 소란〉(1933. 10. 1.), 〈이십여 명의 나환자 전남도청에 쇄도: 속히 소록도에 보내 달라고 탄원〉(1934. 5. 28.)이라는 기사가 게재되었고, 《조선일보》에도 〈부랑 나환자의 무리가 계속 전남으로 몰려온다: 소록도 낙원에 들어가기를 희망하여〉(1933. 12. 10.) 등 이런 기사가 신문에 여러 차례 게재되었다.

14 이 조서에는 본적, 현주소, 직업, 이름, 생년월일 외 한센병 종류 및 병증의 정도, 한센병 이외의 질병이 있을 경우 그 병명, 진단한 의사 이름, 과거 진료를 받은 이력과 치료를 받은 이력, 배우자의 유무, 전과 유무와 그 죄명, 휴대용품(소지금이 있으면 그 금액) 등을 기재하여 모든 신상이 공개되도록 하였고, 이동에 드는 여비도 각자가 지불했다. 이와 같은 환자의 송치 비용은 환자 부담, 환자 구호에 필요한 비용은 피구호자의 부담으로 하고, 피구호자가 변상할 능력이 없으면 그 부양의무자가 부담한다는 조항이 있다(小串政治, 〈癩患者收容に関する件〉, 《朝鮮衛生行政法要覽》, 咸鏡南道, 1921, pp. 250-253).

여지지 않게 되리라더라." 《동아일보》 1927. 1. 31.

이러한 지역사회의 활동은 '문명 조선 건설'이라는 명목하에 진행되었다.[15] 한센인 개인의 잘못이나 실수는 한센인 집단을 대표하는 성향으로 바뀌었고, 집단적 공포는 집단이 나서서 해결해야 한다는 식으로 번졌다. 조선나예방협회 설립 이후로 더 조직적으로 지방 유력 인사와 단체를 섭렵하여 전 국민을 이 시스템 안으로 끌어들이려는 적극적 노력이 펼쳐졌다. 당시 조선나예방협회가 가장 주력했던 바는 다음 인용문을 통해 확인할 수 있다.

"나예방 및 구료와 같은 사회적 대사업은 전 국민의 이해를 근저로 하여 민간에 유력한 단체의 담당자를 원조하거나 혹은 정보의 시설을 보조하여 관민일치官民一致 협력해야 하지만 그 목적을 달성하기 어려운 것이 세계 각지의 실정이다. 이 때문에 유력한 단체를 조직하여 국민에게 동정을 호소하고 널리 재원을 모아 국고 및 도비道費를 마련하여 수용기관의 확장을 꾀하고 구라 예방 시설의 현실을 촉진하고 이 병의 근절을 꾀하는 것이 가장 시급하다."[16]

---

15 "다른 문명국에서는 이미 이러한 자에 대한 구제책이 법률로 제정되어 퇴치에 노력한 결과 거의 근절된 상태이나 우리 조선에서는 이러한 국가적 시설이 없으므로 날이 갈수록 환자들이 증가할 뿐이라 한다"《동아일보》 1931. 1. 21.).

16 朝鮮総督府,《施政 二十五年史》, 朝鮮総督府 1935, p. 931.

1932년 조선나예방협회 발족 이후 한국의 신문에서도 조선 지방자치단체의 활동과 한센인 부랑의 심각성에 대한 보도는 늘어난다. 한센인 퇴치를 위한 분위기는 커져 갔고, '민중보건운동에 공헌'이라는 선전 문구를 통해 각 지방이 연합하여 정보를 공유했다(《동아일보》 1933. 4. 9.). 이러한 한센인 격리수용을 위한 한국 각지의 정치인과 지방 유력 인사의 활약은 대중의 적극적 기부라는 결과로 이어졌다. 신문에서는 한국인들의 이러한 적극적 참여에 주목하여 다음과 같은 기사를 지속적으로 게재한다.

《조선일보》 〈전북 나병지부 기부금, 팔만구천여 엔〉(1933. 1. 7.), 〈경기도 관내 나예방 기부금 누계 오만육천여 엔〉(1933. 1. 13.)

《동아일보》 〈소록도 토지매수 백만원 기부-주민의 건강을 염려하여〉(1933. 3. 18.)

《朝鮮朝日》 〈나예방협회의 기부금 양호〉(1933. 1. 10.), 〈더 증가하여 1만 엔을 목표: 평양에서는 매우 좋은 성적인 나예방협회 기부금〉(1933. 1. 11.), 〈구정에 일을 하여 나협회에 기금기부: 경남의 노동자들이 앞다투어〉(1933. 1. 28.), 〈경남 나기금 마침내 육만 엔에 이르다〉(1933. 1. 31.), 〈기부금은 세 배, 의외의 좋은 성적〉(1933. 1. 31.)

《京城日報》 〈나환자의 구세주 조선나예방협회에 사회의 원조를 바란다〉(1932. 1. 23.), 〈불쌍한 나의 구제에: 소녀들의 인정의 결정, 3200장의 걸레 대금을 기부 부산고녀교의 아름다운 행동〉(1933. 3. 17.)

이러한 기사는 한국뿐 아니라 열도의 일본인에게 한국 소식을 알리는 통로가 되었다. 한국의 이야기는 일본의 식민지라는 특수한 장소, 그리고 일본인들보다 더 적극적으로 국가적 사업에 참가하는 한국인의 행동이라는 화제성이 있었다. 이런 분위기를 타고 구마모토 출신의 일본인 2명은 충남 조치원 식산은행에 방문하여 구마모토에 한센병원 짓는다고 기부금을 받아 내는 사기 행각을 벌이기까지 했다(《京城日報》 1938. 6. 2.). 일본에서 보기 어려운 한국인의 집단적인 참여는 정치적·사회적 측면에서 두각을 나타냈고, 일제는 이를 다시 한 번 '포장'하려 한다.

한국인의 참여에 대한
일제의 포장

식민지 조선에서 펼쳐진 한센정책은, 총독부의 주도하에 지방 유력 인사의 정치적 활동과 여기에 가담하는 한국 대중의 참여라는 연결 고리로 이어져 있었다. 특히 대중의 참여에는 다양한 '감정'이 복합되어 있었다. 예를 들어 환자와 공종할 수 없다는 혐오감도 있거니와 환자에 대한 동정의 마음도 존재했다. 그 결과 비환자 대중뿐만 아니라 한센인 본인들조차도 비환자가 거주하는 공간에는 한센인들이 살 수 없다는 인식을 낳았고, 이러한 다수의 생각과 감정들이 모여 결국 총독부에서 목표한 금액을 훨씬 뛰어넘는 한국인의 자발적인 기부금이라는 성과로 이어졌다.

일제는 이러한 예상 외의 성과에 대해, "민간에서 미증유의 동정未曾有の同情", "일반 민간에서도 자발적으로 기부를 신청하는 사람이 속출", "친척이나 지인들에게 기부를 권유", "종교 단체는 다수의 신자에게 권유", "모두가 경쟁하듯 기부에 참가"한다며 감탄한다.[17] 그리고 이러한 한국 대중의 적극적 참여를 천황가의 한센사업이 가져온 결과인 양 포장하였다. 황후 사다코節子를 전면에 내세운 한국 한센정책에는 '은사구라恩賜救癩'라는 용어가 종종 사용되었다.

사다코는 식민지뿐만 아니라 일본 한센사업 전반에 관여한 일본 황실의 인물이다.[18] 한센사업에 참여하는 그녀에 대해 민중을 감싸고 보호하는 이미지로 포장하기 위해 '황태후의 자비'라는 문구로 시작되는 기사가 수도 없이 많다.

> "전하께서 특별히 생각하시어 거액의 사회사업장려금을 하사하셨다. 이 깊은 자비로운 마음에 감격스러움을 표현할 길이 없다." 《朝鮮》 1929(11): 148
>
> "황태후 폐하는 평상시에 물자를 절약하시어서 나환자를 위해 자비를 베풀어 주시기에 그저 감격의 눈물로 목이 멥니다. 과거 1,200년 전의 쇼무聖武 천황의 부인이신 고묘光明 황후의 존귀

---

17 이 내용은 《施政二十五年史》(朝鮮總督府 1935, pp. 932-933)와 《朝鮮癩豫防協會事業槪要》(西龜三圭編, 朝鮮癩豫防協會, 1935, p. 6)에서 인용하였다.

18 瀧尾英二, 《植民地下朝鮮におけるハンセン病資料集成(第3卷)》, 不二出版, 2001c, p. 1.

한 업적을 받드신 것에서 더욱더 감격스러움을 느낍니다."《朝鮮》 1931(3): 2

"황태후 폐하는 평상시에 황송하옵게도 불행한 나환자에 대하여 깊은 동정심을 가지고 계셔서 … 5년 동안 계속 하사금을 내리셔서 원조하고 계신데 …."《朝鮮》1935(12): 126

일본의 주도로 설립된 소록도갱생원도 천황가의 '은혜慈惠'가 부여된 장소로, 성모마리아와 같이 신성한 존재로 추앙받는 사다코의 '한센병 예방' 활동과 기부 행위는 한센 시설을 구축하고 운영할 자금을 모으는 광고로 빈번하게 노출(한국과 일본의 양측 공략)되었다. 사회사업 잡지《동포애同胞愛》에는 황실의 자비에 대해 다음과 같이 전한다.

"일한병합 후 조선의 사회사업은 이상과 같이 황실의 하사금으로 처음 기초가 다져졌다. 지금까지 거의 한두 개의 자선박애 단체가 맡아 오던 조선의 사회사업은 황실에 의해 비로소 사회연대의 정신에 기초를 둔 체제를 구축할 수 있었다. 이는 모두 황실이 한량없는 은혜를 내리신 것 때문이라고 생각한다."[19]

서양 선교사들이 몸담은 몇몇 단체가 주도한 한국 한센사업이 지

---

19 日野春吉,《同胞愛》, 朝鮮社会事業研究会, 1936, p. 21.

방의 소도시까지 자발적인 사회연대를 이루고 견고한 체제를 구축하게 된 것이 모두 황실의 자비에서 비롯된 하사금 덕분이라는 것이다. 여기에 더하여, 일본 황실은 한국 내 한센정책의 주도권을 쥐고 서양의 의료기관에 은혜를 베푸는 주체로 묘사되기도 한다.

"나 구제사업에서 우선 우리 황실의 깊으신 뜻을 전하지 않으면 안 된다. 대구, 부산, 광주 세 개의 병원은 모두 외국 단체의 원조 하에 자선적 경영이 이루어지고 있었는데, 황송하게도 황실에서 사회사업 장려의 깊으신 뜻을 가지고 1925년 이후 세 병원에 대하여 하사금을 내리셨다. 그 은혜에 모두 감격하여 이 뜻을 황송하게 받들어 충성을 다할 것을 맹세했다."[20]

한국에서 실제로 기부 활동이 활발해지기 시작한 것은 조선나예방협회의 활동기인 1930년대 초중반인데,[21] 그전부터 일본 황실의 은혜로 한센정책이 구축되었다고 주장하고 있다. 그 덕분에 한국 한센사업이 서양 선교사가 지은 병원을 후원할 정도로 안정

---

20 朝鮮総督府,《施政 二十五年史》, p. 512.

21 실제로 1932년 조선나예방협회 설립 후 식민지의학은 크게 변모한다.《조선나예방협회사업개요朝鮮療豫防協會事業概要》를 보면, '조선나예방협회'는 "나 예방 및 구제에 관한 시설을 만들어 그 근절을 꾀하는 것을 목적으로 한다"(西龜三圭編,《朝鮮療豫防協會事業槪要》, p. 3)는 취지하에, 한센병 예방 및 구제의료에 관한 제반 사업의 후원 및 연락, 관련 시설, 조사연구 및 선정, 한센인 위안에 관한 시설, 그 외 예방과 치료에 필요하다고 여겨지는 것들에 관한 사업을 실시하고자 했다. 그러나 실제로 조선나예방협회 설립의 근저에 있는 것은 한센인 격리시설 구축과 이를 위한 자금 마련이었다.

되었고 발전을 이루었다는 것이다. 여기에 종종 '이왕 전하純宗'도 출현하여 한국의 상징적 수장까지 이에 동조했다고 알린다.[22] 이처럼 한국 민중의 예상 외 기부를 천황의 하사금과 연결시켜 이야기하는 기사는 수없이 많다.

조선총독부 정무총감 이마이다 기요노리今井田清德는《일본엠티엘》에 〈조선 소록도갱생원 낙성식〉이라는 글을 기고하는데, 여기에서 "황태후 폐하 및 이왕 전하의 감사하기 이를 데 없는 배려는 말할 필요도 없다. 또 관민 각 사람의 열렬한 동정과 후원에 깊은 감사의 말씀을 전하고 싶다"[23]라며 황태후를 본받은 한국의 왕과 민간의 협조에 감사를 표한다. 조선나예방협회 이케다池田 이사장도《조선공론朝鮮公論》에서 한국에서 한센병 사업을 위한 기부가 어떤 식으로 이루어졌는지 다음과 같이 이야기한다.

"관민 모두 이 기획에 찬조하여 솔선하여 기부 신청을 함과 동시에 친족이나 지인에게까지 권유하여 계속해서 기부 신청자가 늘어났다. 또한 연말의 차가운 공기도 마다하지 않고 거리에 서서 일반 민간인에게 동정을 호소하여 모금하기도 하고 음악회를 개최하여 그 수익금을 기부하기도 했다. 기독교 교회에서도 다수의 신자를 권

---

22 "이미 아시는 바와 같이 황송하게도 황태후 폐하와 이왕 전하께서 막대한 하사금을 전달해 주신 것은 본 회에서 더할 나위 없는 영광으로 삼가 감격할 따름입니다"(池田清,〈朝鮮癩豫防協會 第1會 評議員會開催: 池田理事長の事業報告〉,《朝鮮公論》, 朝鮮公論社, 1933, p. 36).

23 今井田清德,〈朝鮮小鹿島更生園落成〉,《日本MTL》57, 1935, p. 6.

유하여 기부금을 모으고, 또 소학교나 보통학교 생도들이 각자 적은 돈이지만 한두 푼씩 모은 것을 내놓거나 하고, 생각지도 못했던 형무소에 수감된 사람들이 각자 5전이나 10전씩 낸 돈을 모아 기부해 주었던 사실은 눈물 없이는 절대 이야기할 수 없다."[24]

이케다는 한국인들의 기부 방식에서 눈물 어린 '감동'을 끌어 낸다. 그리고 한국식 기부 방식이 한 개인에서 끝나지 않고 이 개인을 매개로 주변 사람들과 소속된 단체에 권유하는 식으로 점차 확산되었다는 것을 강조한다. 조선나예방협회의 사업 개요에서 도 한국인의 기부는 초등학생, 가난한 사람, 죄수 등 나이, 빈부격차, 사회적 지위와 상관없이 광범위하게 실시되었다는 점을 보고 한다. 그러면서 이것을 일본인에게서는 찾아볼 수 없는 "인정미人情美"에서 비롯된 "동정금同情金"이라고 칭찬한다.

"1932년 11월 조선나예방협회의 설립 취지 및 사업계획의 개요를 발표하자 관민이 모두 그 취지에 맞추어 관리들은 솔선하여 일정한 규칙을 만들어 기부를 모집하고 표준 이상으로 기부한 사람들도 다수 속출하여 … 연말의 극심한 추위도 마다 않고 거리에서서 동정금을 모집하는 데 노력하고 … 실로 유례없는 아름다운

---

24 池田清,〈朝鮮癩豫防協會 第1會 評議員會開催: 池田理事長の事業報告〉, p. 35.

인정미의 발로이다."[25]

심지어는 이러한 한국인을 거울삼아 일본인의 반성을 촉구하기까지 하는데, 앞서 시모무라 가이난이 일본과 한국의 큰 차이점이 한센병에 대한 정부와 민간의 관심이라며 일본과 일본인의 관심이 부족함을 언급했듯이, 한국인들이 마음을 담아 기부에 참여하는 모습을 강조하며 일본인의 자각을 촉구한다. 그리고 니시키 산케이西龜三圭는 만주사변 때 상해에서 발생한 콜레라가 한반도에 퍼지지 않은 이유는 한국의 위생조합, 의사회, 그 외 부민 전체의 방역에 대한 이해와 활동 덕분이라며 칭찬하기도 한다.[26] 그 외《조선총독부 시정 30년사》등에도 황태후 폐하의 하사금 내용을 기술한 뒤 "직업 계급을 막론하고 그 취지에 대해 칭찬하지 않는 사람이 없고 관민 모두 함께 적극적이고 자발적으로 기부에 참여하는 자가 속출"[27]했다고 한 것으로 보아, 인정에 기반한 각 기관과 한국 민간의 적극적 참여가 특기할 만한 일이었음을 알 수 있다.

이와 같이 한센사업에 대한 한국 대중의 적극적 참여는 황태후의 '자비'에서 촉발된 것이라고 소개되어 일본인이 오히려 본받

---

25 西龜三圭編,《朝鮮療豫防協會 事業槪要》, p. 6.

26 西龜三圭,《鮮滿之衛生》, 朝鮮總督府警務局, 1938, pp. 16-17.

27 朝鮮總督府,《施政 三十年史》, 朝鮮總督府, 1940, p. 385.

아야 할 모범 사례로 포장되어 갔으며, "조선 통치에서 최선정最善政의 하나"[28]로까지 거론될 정도로 식민 통치에서 상징적인 사업으로 자리매김했다. 이러한 과정은 소록도갱생원이라는 제국의 상징물 구축과 동시에 진행되었다.

문화자원으로서
소록도갱생원

조선나예방협회는 소록도 전체를 매수하여 1933년 6월을 기점으로 환자가 아닌 900여 명의 주민 전원을 다른 지역으로 이전시키고, 세계에서 가장 큰 규모의 한센인 격리섬을 완성했다.[29] 4대 원장인 스오 마사스에周防正季가 취임(1933. 9.)한 이후 수용 환자가 급증하여 소록도 확장공사가 실시되었고, 원내 규칙을 강화하여 관리 통제가 심해졌다. 1935년에는 소록도 내에 형무소까지 설치될 정도로 수용소 안의 권력은 막강해졌고,[30] 단종수술이 1936년

---

28 朝鮮總督府, 《施政 二十五年史》, p. 933.

29 滝尾英二, 《朝鮮ハンセン病史—日本植民地下の小鹿島》, 2001a, p. 63.

30 소록도갱생원의 형무소에 관하여는, "일본에서 곤란해하고 있는 문제는 나환자의 범죄행위를 처벌할 수 없다는 것이다. 그러나 조선에서는 제대로 완비된 광주형무소의 지소支所로 감방, 조사실, 진료실이 있고, 직원도 소록도갱생원 통제하에 매우 양호한 실적을 올리고 있는 것은 이상적이다"(遊佐敏彦, 〈朝鮮を旅して〉, 《日本MTL》 116, 1940, p. 5)라는 내용이 있다.

4월부터 부부 동거 조건이나 '처벌'로 실시되었다.[31]

이렇게 하여 식민지 통치의 정화精華처럼 여겨진 소록도는 관광지화되었다. 관광지화에는 그 장소에 대한 '미화'가 필요하다. 방문객이 감동하고, 깊은 감상에 젖으며, 추억으로 남는 장소가 되어야 한다. 1939년 6월 창간된 관광잡지《관광조선観光朝鮮》은 1941년《문화조선文化朝鮮》으로 잡지명을 바꿨는데, 이 잡지 1940년 3월호에 소록도가 소개되기 시작한다. 한국 관광지 지도의 많지 않은 지명 표기 중에 소록도가 명기되었고, 마쓰다 레이코松田黎光의 한국 여인 그림은 한국으로 관광객을 초대하는 듯하다(〈그림 1, 2〉 참고). 이 잡지는 서두에 광고(백화점, 개봉 영화)와 사진, 일러스트 등을 통해 잡지를 조감할 수 있는 특별 사진 코너를 구성했는데, 여기에 '소록도의 봄'이라는 제목으로 소록도의 일상을 사진과 함께 다음과 같이 전한다.

"소록도는 인류가 인류에게 바치는 눈물 어린 성지聖地이다. 6천 명의 천형天刑 병자는 훌륭한 풍경과 완벽한 시설에서 '숙명의 비애'를 잊고 인생을 즐기고 있다. 여기에도 소록도의 봄은 있다."[32]

또한, 소록도와 관련한 다큐멘터리영화도 제작되고, 금강산이

---

31   滝尾英二,《朝鮮ハンセン病史─日本植民地下の小鹿島》, 2001a, p. 185.

32   日本旅行協会朝鮮支部,《観光朝鮮》2(2), 日本旅行協会朝鮮支部, 1940, 특별 사진 코너.

〈그림 1〉 소록도가 표기된 조선 지도
《観光朝鮮》 2권 2호)

〈그림 2〉 《観光朝鮮》 2권 2호 속표지

나 주을온천과 같은 관광지와 나란히 소개되는 등 소록도는 한국의 관광상품으로 취급되었다. 기자인 미네야 이치타로峰屋市太郎는 소록도를 '천연의 미도天然の美島'라고 소개하고 그 여정을 싣는다.

"경치가 뛰어나고 해산물이 많다. 맑은 물이 넘치고 천형天刑이라고 불리는 이 괴로운 환자들의 마음을 위로하기에 충분한 천연의 미도이다. 이들의 생활에는 즐거움과 밝은 기운이 넘치는 것이 느껴진다. … 나는 과거에 사회에서 만난 이런 사람들이 이렇게 공손한 마음을 가지고 있었던 것을 몰랐다. 그러나 지금 내가 여기에서 만난 사람들은 지나가는 사람들의 표정에서 온화하고 따뜻한

〈그림 3〉소록도의 봄(《観光朝鮮》2권 2호)   〈그림 4〉소록도 지도(《文化朝鮮》4권 3호)

눈빛을 보았으며 감사와 기쁨을 표출하고 있다는 것을 알았다. 예의 바른 몸짓에 차림도 정결하다."[33]

소록도 방문객의 글에는 아름다운 자연에 대한 묘사뿐만 아니라 '유쾌愉快' '기쁨喜び' '즐겁다楽しい' 등의 감정 표현이 빈출한다. 또한, 앞 장에서 살펴본 바와 같이 《文化朝鮮》의 〈소록도 특집〉 (1942년 5월호)에는 소록도에 대한 다양한 소개와 함께 직접 방문을 유도하는 상세한 소록도 지도와 교통편 정보가 제공된다. 그 결과, 수많은 방문객이 초청 또는 견학 명목으로 소록도를 여행하고 글을 남겼다.

이외에도 소록도가 "황실과 이왕 전하의 거액의 기부금을 바탕

33   日本旅行協会朝鮮支部,《観光朝鮮》2(2), 日本旅行協会朝鮮支部, 1940, p. 44.

으로 민간의 미증유의 동정과 관계 당국의 심대한 원조로 예상외의 기부금이 모여" 만들어졌다는 이유로, 소록도 원장이 '제1회 조선문화상朝鮮文化償'의 가장 유력한 후보자로 거론될 정도였다.[34] 이미 소록도가 문화적 관광지로 형상화된 것이다. 일본은 소록도 갱생원과 서양인이 지은 한센병요양소를 비교 검토한 일본의 한센정책 결과물을 꾸준히 제시하며 기독교 관련 요양소보다 뒤늦게 세워진 소록도갱생원 규모가 병원 종사자, 환자 수, 시설 용지 면적에서 압도적으로 우위에 있다는 점을 강조한다.[35]

한편, 소록도 방문자들은 갱생원 내 시설 정비와 신축 비용의 대부분을 한센인들이 노동 수입으로 충당한다는 사실에 큰 의미를 부여한다. 환자들이 '황실에 대한 감사의 마음'을 기반으로 '자발적'으로 노역을 나가 그 수익금을 갱생원에 내고, 직원 월급의 일부를 저축하여 소록도 시설 확장에 사용한다는 식으로 미화한다.[36] 그리고 "섬은 무너져 가는 환자의 마을에서 감격에 불타는 근로의 천지로 일변했다"[37]며, 환자의 '감격'이 갱생원 내의 부가가치를 창출한다고 평한다.《문화조선》의 기자와 소록도 내 근무자들의 좌담회 내용을 살펴보면, 소록도의 한센병 연구 수준이 '세계 제일'이라는 점과 환자들의 '특별한 근로 실천'이 특히 강조

34 東亞旅行社朝鮮支部,《文化朝鮮》4(3), 朝鮮總督府鉄道局, 1942, p. 40.

35 朝鮮總督府,《朝鮮社會事業要覽》, 朝鮮總督府學務局社會課, 1936, pp. 125-135.

36 東亞旅行社朝鮮支部,《文化朝鮮》4(3), p. 42.

37 東亞旅行社朝鮮支部,《文化朝鮮》4(3), p. 45.

된다. 소록도 근무자 다카하시高橋라는 인물은 이렇게 말한다.

"환자의 치료에서 정신의 전환은 중요합니다. 근로에 의한 구원, 거기에 이 갱생원의 특징이 있습니다. 병을 잊어버리게 하는 것입니다. … 이것은 완전히 정신력입니다. 감사 관념의 힘입니다.─올해의 수확량 자랑. 일반인의 세배 반의 실적을 거두었습니다."[38]

의학적 치료법의 진보가 아니라 병을 잊을 정도로 노동하는 것이 최대의 치료법이라는 말이다. 일반인들을 훨씬 능가하는 환자들의 생산량은 소록도의 수익 창출과 시설 확충에 매우 중요한 요소였다. 이 좌담회 역시 소록도를 '인류가 인류를 구원하는 장소', '세계 제일', '근로에 의한 구원' 등 '감동'을 유발하는 장소로 소개한다.

소록도는 방문자들에게 '감사·감동으로 이루어 낸 놀라운 성과'라는 축제와도 같은 경험을 선사하고, 이제 일본이 서양의 근대 의료를 추종하는 것에서 벗어나 비교우위에 있으며, 이 선진 의료기술이 제국 일본 건설의 든든한 발판이라는 것을 확인시킨다. 미쓰다 겐스케는 소록도를 바라보며 감탄하고 이것이 '대동아공영권' 건설에 큰 역할을 한다고 언급한다.[39] 문화의 장으로 거듭난 소록도는 세계에 일본을 알리는 중요한 문화자원이 되어 가

---

38   東亜旅行社朝鮮支部,《文化朝鮮》 4(3), p. 51.

39   光田健輔,〈新體制下に於ける無癩県運動〉,《愛生》, 長島愛生園, 1942, p. 2.

고 있었던 것이다.

◆ ◆ ◆

한국 의료행정의 주도권을 장악한 일본은 한센정책에 대중을 참여시킬 방법으로 한국인의 감정에 주목하고 미디어를 활용하였다. 그리고 서양 의료진과 이들의 활동을 견제하고 일본식 한센정책을 구축해 갔다. 여기에는 국제적 조류와는 다른 '강제격리 고수'라는 일본만의 방식이 적용되었다. 이는 '근대적' '과학적' '합리적' '객관적'이라는 수식어로 한센인을 혐오의 대상으로 각인시키고, 격리만이 유일한 해결 방법이라고 믿게 만들었다. 이 정책이 확실한 효과를 발휘한 장소가 식민지 한국이었다. 각종 잡지나 신문에 실린 한센인 관련 기사나 논설은 한국인의 '감정'을 자극하였고, 이에 따른 자치단체의 적극적 활약과 대중의 협조는 예상외의 기부금 실적을 낳았다.

일본이 피식민지에서 벌인 한센사업의 결과는 '기대 이상'이었고, 도리어 일본인의 귀감이 될 정도였다. 이는 황태후의 '자비심'으로 촉발된 대중의 '동정심' 발현이라는 식으로 재포장되었다. 이런 과정의 산물인 '세계 최대의 격리시설 소록도갱생원'은 일본 제국주의의 위대한 성과로 여겨져 관광지화되고, 나아가 한센인 격리시설 마련을 위한 기부에 저조한 실적을 보였던 일본열도의 대중을 각성시키는 역할까지 수행했다.

4장

한센정책의 방법으로서 기독교

일제강점기 한국 각지는 제국주의 확장을 위한 문화전시장으로 종종 활용되었다. 경성과 평양은 일본이 통치하는 가장 선진화되고 문화화된 도시였고, 식민정책에 따라 모범적인 성과를 보인 산업단지나 문화시설 등은 식민지 경영 성과를 시찰하는 대상이 되었다. 여기에 의외의 장소가 있었는데, 바로 한센병 환자들을 격리 수용한 소록도이다. 총독부 직속 관할 이후, 소록도는 관광 잡지인《관광조선觀光朝鮮》(후에,《문화조선文化朝鮮》)에 수차례 소개되었고, 조선문화상 후보로 당시 소록도갱생원 원장 스오 마사스에가 추천될 정도로 주목받는 장소가 되었다. 조선총독부가 보기에 소록도라는 공간은 환자 격리정책에 순응하는 한국인들(환자 및 비환자 대중)의 모습을 대변하는 장이자, 전시경제적 곤란 속에서 섬 내에서의 다양한 노동을 통해 자급자족 및 잉여 물자를 생산해 내는 식민 통치의 이상적 결과물이었다.

이처럼 일제강점기 한국 한센사업이 식민지의학이라는 구조적 틀 안에서 운영된 것은 자명하지만, 그 안에는 지금까지 선명하게 드러나지 않았던 서로 다른 역사와 문화 경험을 가진 개인 및 집단 간의 조우가 존재한다. 이 장에서는 기독교적 요소를 중심으로 일제강점기 한센사업이 지닌 복잡성과 다양성을 파악하기 위해

---

1   일제강점기 기독교와 한센인 관련 연구로는 최병택(《남장로회선교부 한센병 환자 수용정책의 성격(1909~1950): 여수 애양원을 중심으로》,《한국기독교와 역사》32, 한국기독교역사학회, 2010, 227~262쪽)이 여수 애양원 연구를 중심으로 '파시즘적 격리주의'라는 일원화된 이해에서 벗어나 일제하 기독교의 위상과 사회적 역할의 세부를 들여다보았다.

기독교 중심으로 요양소를 운영했던 시기의 소록도 모습과 일본인 활동가, 그리고 일본 기독 한센단체인 일본엠티엘日本MTL 소속인물들의 시선을 통해 당시 한국 한센사업의 특수성을 파악한다.

기독교를 통한
한센인 관리

한국의 한센사업은 서양 선교사들의 손으로 이루어졌다. 서양 선교사들은 부산, 여수, 대구의 사립 나병원과 그 주변 한센인 거주지역을 조성하여 치료와 전도 사업을 진행했다. 1907년 미국인 의료선교사 어빈C. H. Irvin, 빈톤C. C. Vinton, 스미스W. E. Smith가 부산에 '나병원'을 설립하고 스코틀랜드 출신 맥켄지Mackenzie가 1911년 원장이 되었다. 광주에서는 미국 장로회가 선교 목적으로 한국 한센인 전문요양소 건설을 추진하여 1912년에 조선총독부의 허가를 받았다. 이 광주나병원은 1926년 조선총독부의 강제명령으로 전남 여수로 이전했다. 대구 지역에서는, 선교사들이 설립 운영한 대구제중병원에서 1913년 3월 한센인 10명을 민가에서 분리시키는 형태로 출발했다. 이후 선교사들이 대영나환구제회에 지원을 요청하여 1917년 6월 경남 달성군으로 이전했다.[2]

---

2   滝尾英二,《植民地下朝鮮におけるハンセン病資料集成(第1卷)》, 不二出版, 2001b, p. 1.

이렇게 3곳의 사립 한센병원이 선교사 출신국 선교단체의 지원으로 병원 문을 열어, 일제 강점 이후에는 총독부의 관할 아래 지원도 받으며 운영되었다. 일본에서 법률 「나癩예방에 관한 건」이 공포되고 9년 후인 1916년, 조선총독부는 소록도에 소록도자혜의원을 설립하였다.[3] 그리고 1931년에 「나예방에 관한 건」이 「나癩예방법」으로 개정되자, 1934년 조선총독부는 자혜의원을 개편 확장하여 총독부 직속 소록도갱생원을 개설했다.[4]

일제가 새롭게 설립한 소록도자혜의원은 한국 한센사업의 후발 주자였기에 서양 선교사들의 방식을 참고하지 않을 수 없었다.[5] 그 때문에 식민 통치 초기, 한센인 시설 소개에서 눈에 띄는 것은 단연 기독교 관련 기사이다. 1912년 부산상업회의소가 발행한 《부산요람金山要覽》은 〈기독교 외基督敎ほか〉라는 제목으로 기독교회의 구제사업에 대해 이야기하면서, 서양 의료선교사들이 "전도하면서 조선인을 위해 병원, 나병원, 남녀학교 등을 설립하여 종교교육 및 치료의 방면에서 조선인을 위한 교화 자선사업에 크

---

3 한국 외에도 타이완의 낙생원장, 남양국도의 요양원장, 만주국의 동강원장 등이 모여서 격리정책을 논하고 앞으로의 방침에 대하여 일본 국내의 요양소장들과 협의했다(藤野豊,《戰爭とハンセン病》, p. 108).

4 藤野豊,《戰爭とハンセン病》, p. 105. 일제강점기 소록도병원의 재임 원장은 초대 아리가와 도오루蟻川亨(1916. 7~1921. 6), 2대 하나이 젠키치(1921. 6~1929. 10), 3대 야자와 슌이치로(1929. 12~1933. 8), 4대 스오 마사스에(1933. 9~1942. 6), 5대 니시키 산케이(1942. 8~1945. 8)이다.

5 총독부는 1923년 무렵부터 매년 '경비보조금'을 지급하는 형태로 관리자로서 우위에 서고자 했다. 1930년대부터는 사립 요양소의 운영이 점차 어려워져, 결국 1941년에는 폐쇄·통합되는 과정을 거친다(滝尾英二,《植民地下朝鮮におけるハンセン病資料集成》〈第6卷〉, 東京: 不二出版, 2002c, pp. 1-2).

게 공헌하는 바가 있다"[6]고 언급한다. 이처럼 일제 강점 이후 총독부 허가를 받아 사립병원이 운영되고 병원 활동은 총독부에 보고되었지만, 한센인 관리의 방향성은 서양의 의료선교사들에게 찾고 있었다. 1920년대 초기만 하더라도, 일본에서의 한센 시설 관련 시찰은 서양 선교사들이 세운 병원에 대한 내용이 주를 이룬다. G.O.라는 필명을 사용한 일본인의 〈나병원을 방문하다〉에는, "병원 경영자 닥터 프렛챠 씨를 방문하여 연혁 및 병원 설립 동기에 대해 물었다. … 자비로운 아버지를 대하는 듯하다"[7]며 대구 병원에 대한 긍정적인 인상이 실린다.

초기 한국의 기독교 선교사 중심의 요양소들이 환자들에게 안전과 위안, 의료를 제공했다는 것을 알 수 있다. 이러한 한국 한센사업의 분위기가 소록도에도 적용된 것은 2대 원장 하나이 젠키치花井善吉 때부터였다. 초대 원장(아리카와 도오루) 시절에는 입소 환자들은 일본의 생활양식을 강요받았다. 신사참배는 물론이고, 한복을 입지 못하게 하고, 일본 하오리羽織〔일본식 짧은 겉옷〕, 하카마袴〔일본식 긴 하의〕 차림에 게타下駄를 신어야 했으며, 일본식 식생활을 해야 했다. 2대 원장 이후 이러한 강압적인 방식에 변화가 보인 것은, 3·1운동을 기점으로 일제가 통치 방향을 문화통치로 전환하는 시대적 분위기가 반영된 것이기도 하다. 군의였던 하나

---

6   釜山商業會議所,〈基督教会ほか〉,《釜山要覽》12月号, 1912, p. 73.

7   G.O.,〈癩病院を訪ふ〉,《朝鮮》77, 1921, p. 209.

이 젠키치는 1921년 소록도에 부임하기에 앞서 광주와 부산, 대구의 기독교계 한센 시설을 시찰했다. 그리고 부임 후 한복을 허용하고, 식사도 각 병사病舍의 자율에 맡기고 한국식으로 하도록 했다. 자혜의원 직원들에게도 환자를 학대하거나 경시하면 엄벌을 내린다고 경고했으며, 신사에서 기독교식 예배를 허용했다. 그리고 총독부의 허락을 받아 1922년 10월, 성결교회 목사 다나카 신자부로田中真三郎가 소록도에서 포교할 수 있도록 주선했다. 그 결과, 기독교 신도가 점점 늘어나서 결국은 일본식 신당을 없애고 이를 기독교식 예배당으로 사용하게 되었다.[8] 이러한 기독교 중심, 환자 자율에 근거한 소록도 자혜의원의 운영은 국가에서 원하는 '환자 격리' 정책에 부응하는 것과 동시에 서양 선교사가 운영하는 한센 요양원을 능가하는 시설로의 확대를 가져왔다. 하나이 재임 시기의 소록도 환자 증감 상황을 살펴보면, 정원을 훨씬 능가하여 시설이 확장되고 수용 인원이 750명까지 급증한 것을 볼 수 있다

年度	定員	現員	定員に対する	
			増	減
1917	100	73		27
1918	100	85		15
1919	100	89		11
1920	100	95		5
1921	100	121	21	
1922	100	171	71	
1923	100	196	96	
1924	125	196	71	
1925	125	241	116	
1926	125	249	124	
1927	250	250		
1928	450	443		7
1929	750	745		5
1930	750	745		5
1931	750	764	14	
1932	770	792	22	
1933	1,270	1,212		58
1934	2,770	2,198		572
1935	3,770	3,733		37
1936	3,770	3,838	68	
1937	4,770	4,783	13	
1938	4,770	5,025	255	
1939	5,770	5,925	155	
1940	5,770	6,136	366	
1941	5,770	5,966	196	
1942	5,770	5,887	117	

〈그림 1〉 소록도갱생원 연도별 수용인 수

8 滝尾英二,《朝鮮ハンセン病史―日本植民地下の小鹿島》, 2001a, pp. 64-65.

(〈그림 1〉).[9]

하나이가 원장을 맡고 있던 1927년 1월, 《경찰휘보警察彙報》에 실린 소록도 방문기에는 소록도가 서양의 한센병원과 비교해도 뒤지지 않는 일본 관할 한센인 요양소라고 당당하게 소개된다. 이 소록도 방문기에는 환자들에 대해, "직원의 훌륭한 지도를 받고 있어서 환자 숙소도 의복도 보통의 민가보다 훨씬 청결하다"[10]고 칭찬하며 소록도 한센인들을 다음과 같이 묘사한다.

"자기 고향과 떠도는 여행지에서 사람들에게 혐오의 대상이 되고 저주와 조롱거리가 되면서 얼마나 수없이 자기 몸에 닥친 불행을 한탄했을까. 그렇지만 지금은 이 선경仙境에서 따뜻한 보호를 받으며 평화로운 요양의 시간을 가질 수 있는 것은 적어도 위로가 될 것이다. … 모두가 웃기도 하고 때로는 눈물을 흘리기도 하며 아멘, 할렐루야를 외치며 기뻐하는 모습은 마치 자신이 환자라는 것을 잊은 듯하고, 기도도 크게 적극적으로 하며, 집회가 끝난 후에도 다시 열심히 성경이나 신앙적인 질문을 하여 만족스러운 답을 들을 때까지 몇 번이고 반복하여 묻는 등, 그들이 얼마나 절박

---

9 厚生省原版監修, 《雜誌記事索引集成 專門書誌編38 らい文獻目録 社會編》, 皓星社, 1999, p. 107.

10 小出生, 〈癩患者のために慰問伝導をなしつつある小出氏の小鹿島訪問記〉, 《警察彙報》 1月号, 1927, p. 85.

122

하게 하나님을 찾고 있는지 알게 한다."[11]

이 기자는 환자들이 요양소 생활에 만족하고 있으며, 이들의 신앙이 얼마나 열정적인지를 자세하게 설명하고 있다. 이런 내용이 종교잡지가 아닌 관보官報에 소개되었다는 사실은 국가 운영자에게 보고될 만큼 기독교와 소록도가 매우 밀접하게 연결되어 순조롭게 운영되었다는 것을 알려 준다. 한편 육지에서 벌어지는 한센인의 부랑과 범죄에 대한 해결의 실마리를 찾고자 소록도를 방문했던 일본인 관리는, 1928년 7월 〈레프라섬을 방문하여〉를 《조선사법협회잡지朝鮮司法協會雜誌》에 게재한다.[12] 그는 소록도에서 범죄가 일어나지 않는 이유에 대한 하나이 원장의 말을 다음과 같이 인용한다.

"일본 요양소의 통계를 보면 도망자가 3천 명 정도 된다고 하는데 소록도는 한 명도 없다. 또 성 문제 처리가 상당히 곤란하여 단종이 행해진다고 하는데, 여기에서는 그런 문제가 일어나지 않는다. 보다시피 남녀 수용 숙사는 그다지 멀리 떨어져 있지 않고 장벽이 없음에도 불구하고 문제가 생기지 않는다. 여기에는 두 가지 시도가 있다. 우선 환자 자치제로, 한 숙사의 환자 10명 중에서 선

---

11 小出生,〈癩患者のために慰問伝導をなしつつある小出氏の小鹿島訪問記〉, p. 86.
12 三木冠者,〈レプラ島を訪問して〉,《朝鮮司法協會雜誌》7月号, 1928, pp. 87-93.

거하여 방장을 정한다. 그 위 조직에 계장契長 한 사람을 선거로 세운다. 음식 그 외의 배급, 취사, 각 숙소의 자치 등은 숙소 내 방장의 관리하에서 해결한다. 방장이 해결하지 못하는 문제는 계장하에서 해결한다. 계장도 해결하지 못하면 원장이 관여한다. 또 성 문제는 종교 신앙에 들어가게 하는 것을 통해 해결한다. 조선인이 가장 믿기 쉬운 기독교를 받아들였다. 목사는 월 1~2회 섬에 오고 신자는 매일 한 번씩 예배당에 모인다. 이렇게 신자는 신자대로 무신자는 무신자대로 서로 경계하고 있다. 또, 환자 부락과 건강 부락 사이에 담이 없는데도 부락에서 탈출하는 사람이 없다."[13]

여기에서 하나이가 강조하는 것은 소록도의 원활한 운영과 확장의 근간에 환자의 자치적 생활과 기독교가 있다는 것이다. 특히 기독교는 남녀 간의 성 문제를 발생시키지 않는 중요한 장치가 되어 준 것으로 보인다. 하지만 이 시점에 소록도를 찾는 외부 방문자는 아직 많지 않았는데, 같은 글에서 하나이는 "소록도가 외딴곳에 있어서 세상에도 잘 소개되지 않고 위문을 오는 사람도 드물다. 일본처럼 위문품도 많이 들어오지 않는다"[14]며 전국적으로 관심을 기울여 달라고 방문자에게 말한다.

소록도자혜의원에서 실시한 기독교의 적극적 허용과 자발적

---

13 三木冠者, 〈レプラ島を訪問して〉, p. 91.

14 三木冠者, 〈レプラ島を訪問して〉, p. 93.

관리 시스템은 원활한 환자 관리의 근거가 되었고 환자들이 늘어났다. 이에 따라 환자 시설 확대를 위해 조선총독부는 전라남도 지방관에게 지시하여 소록도에 사는 비환자 원주민의 토지를 수탈하고, 이에 반대하는 농어민을 탄압하기도 했다.[15] 소록도는 한센인들을 수용하는 공간으로 더욱더 확대되어 갔다. 9년 가까이 재임하다가 과로사한 하나이의 뒤를 이어 1929년 12월 제3대 원장으로 부임한 야자와 슌이치로矢澤俊一郎도 하나이의 정책을 계승하는 형태로 소록도자혜의원을 운영했다.[16] 이 시기, 섬 내의 환자뿐만 아니라 외래진료도 병행했다.[17] 야자와는 부임 얼마 후인 1930년 9월, 환자들의 모금을 바탕으로 하나이 원장 창덕비彰德碑를 세우는 계획을 추진했다. 하나이의 한센인과 기독교의 접합은 다수의 환자 격리라는 성공적인 결과를 낳았고, 소록도자혜의원은 기독교가 주류적인 종교 및 문화 장소가 되었다. 소록도 내 환자들은 스스로 질서를 지키고, 자발적인 불임을 선언했으며, 다른 환자를 돕는 데 솔선했다. 이러한 모습은 방문자들에게 매우 인상적이었던 듯하다. 1931년 소록도를 방문한 기독교인 하야시 후미오林文雄(의사, 한센병 연구자)는 〈사랑サラン〉이라는 글에서, 하나이 원장에 대한 환자들의 정성에 감동한다.

15 滝尾英二, 《植民地下朝鮮におけるハンセン病資料集成(第8巻)》, 不二出版, 2004, p. 4.

16 矢澤俊一郎, 〈朝鮮の癩問題〉, 《日本MTL》(10), 1932, p. 1

17 朝鮮総督府, 《昭和六年小鹿島慈惠醫院年報》 9, 朝鮮総督府, 1932, p. 12.

"이 비석은 환자가 빈곤한 중에도 1전, 2전을 헌금하여 200엔의 돈을 마련하여 하나이 선생의 은혜를 생각하며 만든 것이라고 들었다. ⋯ 마지막으로 소록도의 사랑이 점점 고조되어 이 섬 자체가 이 큰 조선을 지도하는 빛나는 사랑의 비석으로서 추앙되기를 바란다."[18]

하야시는 하나이 원장 비석 조성이 한국 여행에서 가장 기뻤던 미담이라고 말한다. 실제로 환자들이 하나이를 진심으로 존경했는지 여부는 명확하게 알 수 없다. 하지만 그의 재임 시기 한센인 기독교 신자 수는 날로 증가하여 일본식 신당을 없애고 기독교 교회가 주류가 되고, 환자 수도 하나이 부임 당시와 비교하여 7배 이상 증가했다는 것은 '방법으로서 기독교'[19]가 효과를 보았음을 보여 준다.

기독교인 미쓰이 테루이치와 소록도

소록도 내 기독교 환자의 양적 성장에는 하나이 원장이 기독교 목사를 초빙하여 설교와 집회를 하게 한 것 외에 다른 요인이 있

---

18 林文雄,〈サラン〉《日本MTL》3月号, 1931, p. 7.
19 기독교 신앙의 본질인 예수의 복음 증거라는 측면을 떠나, 기독교가 당시의 사회사업이나 정치적 목적 등에 이용(긍정적으로든 부정적으로든)되었다는 의미로 사용하였다.

었다. 소록도 한국인 환자의 종교 지도를 위해 일본인 환자를 데려온 것이다. 이는 미쓰이 테루이치三井輝一(1901~1945)라는 인물로, 일본에서 고등사범학교 졸업 후 교편을 잡고 문예 방면에서 재능을 발휘했으나, 한센병이 발병하여 군마群馬현의 구사쓰草津 요양소에 입원했다가 기독교 신자가 되어 1927년 소록도자혜의원에 오게 되었다. 그러나 병원 운영 방침에 대한 불만으로 1928년 일본으로 돌아갔다가, 다나카 목사의 권유로 1929년 다시 소록도로 돌아와서 활발한 활동을 한다.[20] 미쓰이는 원내에서 기독교 월간 문예지《나사로ラザロ》를 자가自家 출판하고, 기독교 복음과 소록도 환자들에 관한 소식을 한국과 일본뿐만 아니라 필리핀 각지에 널리 전하며 환자 교류에 힘썼다. 소록도 내에서 미쓰이의 가장 중요한 활동은, 환자 대부분이 일본어를 알지 못하는 가운데 한국어가 가능한 일본인이라는 점을 활용하여 직원들과 환자들 사이의 의견을 중재하고, 환자들에게 한국어로 기독교 신앙을 전하는 것이었다. 하야시 후미오는 소록도 방문기 〈잊을 수 없는 형제〉에서 미쓰이에 대해 다음과 같이 언급하였다.

"소록도 남쪽 병사에 있는 유일한 일본인은 아까 말한 M군이다. 그는 구사쓰의 A선생에게서 기독교 복음을 듣고 새로운 인생을 얻었다. 조선의 나환자를 구하기 위한 사명을 갖고 혈혈단신으로 소

---

20 滝尾英二,《朝鮮ハンセン病史―日本植民地下の小鹿島》, 2001a, p. 98.

록도로 들어갔다. 그의 불타는 종교심은 약 반년 만에 조선어를 완전히 통달하고, 많은 나환자는 그를 통해서 기독교 복음으로 인도되었다."[21]

하야시는 미쓰이가 소록도에서 발행한 잡지 《나사로》에 대해서도 언급한다. 약 20페이지밖에 안 되는 적은 분량이지만 완전히 독특하다며, "한 줄은 일본어 한 줄은 조선어이다. 표지 뒤에는 어김없이 소록도 내 생활에 유용한 단편이 사진으로 들어가 있다"[22]고 설명한다. 이 잡지는 주로 성구 해설, 간증 등으로 구성되었는데, 여기저기 소록도를 배경으로 한 사진에서 미쓰이의 문예 감각과 신앙심이 드러난다. 하야시는 신도들의 모습에서 '주님을 사랑하는 환자들의 진심'이 보인다며, "안 믿어지면 소록도를 한번 방문해 보는 것이 좋다"[23]고 권하며 방문기를 마친다. 1933년 7월, 19일간 소록도를 방문했던 미야카와 하카루宮川量 역시 미쓰이에 대한 감상을 전한다.

"환우 중에는 바울과 베드로처럼 복음의 사자로서 조선으로 건너와 열심히 조선 동포의 구원을 위해 일하는 사람이 있다. 언어가

---

21 林文雄,〈忘れ得ぬ兄弟〉,《日本MTL》 20, 1932, p. 2.

22 林文雄,〈忘れ得ぬ兄弟〉, p. 3.

23 林文雄,〈忘れ得ぬ兄弟〉, p. 3.

다르고, 풍속 습관도 다르기 때문에 처음에는 이단자로 취급되어 수차례 일본으로 다시 돌아가려고 생각했었다. 그것을 참고 끝까지 잘 버텨 융화를 위해 고심한 것이 열매를 맺어 지금은 조선 환자들이 직원들의 말보다 이 두 환우가 하는 말을 더 믿고 따른다고 한다. 그래서 직원들도 이 두 사람에게 존경하는 마음을 표한다고 한다. 소록도 800 환우의 신망을 얻어 이 두 명의 일본 출신 환우는 점점 더 겸손하게 행동하고, 옷도 조선식으로 입고, 아이들의 선생으로서, 보모로서 바쁜 일상을 보내고 있다."[24]

미쓰이가 소록도 내에서 얻은 신망은 후술하는 환자의 언급에서도 확인할 수 있다. 미쓰이는 소록도 내 자신의 활동을 일본 기독교계 한센 잡지인 《일본엠티엘》에 종종 소개하기도 했다. 1934년 10월, 미쓰이는 소록도자혜의원이 소록도갱생원으로 이름이 바뀐 것을 알리며, 야다 목사의 지도 아래 소록도 기독교 교회가 잘 운영되고 있다고 다음과 같이 보고한다.

"원내 소록도 기독교회에 대해서인데, 종래대로 야다 목사 지도하에 일요일 3회 수요일 1회 정기 집회를 각 부락별로 실시하고 있습니다. 그 외에도 고이데 목사나 다른 분들도 방문해 주십니다.

---

[24] 미야카와는 패전 후 저서 《히다시에서 태어나飛驒に生まれて》(1977)의 〈조선 나견문기 朝鮮の癩見聞記〉(宮川量, 《飛驒に生まれて》, 名和千嘉, 1977, p. 276)에 미쓰이에 대한 당시의 감상을 기술했다.

교역자나 형제에 의한 특별 집회도 있고, 모두는 은혜롭게 성장하고 있습니다. … 출석할 수 없는 중중 부자유자나 이들을 돌보는 사람을 합산하면, 거의 90퍼센트가 기독교 신앙을 가지고 있다고 볼 수 있습니다."[25]

스오 마사스에周防正季가 소록도병원의 4대 원장으로 부임한 초기까지도 하나이나 야자와 원장 시절과 다름없는 소록도의 모습이 보고되었음을 알 수 있다. 이 시점이 기독교식 관리 운영의 전성기로, 이후 한국인 독지가와 대중의 많은 기부금으로 소록도갱생원 확장 건설이 추진되며 일제가 본격적으로 소록도를 관리하는 단계로 넘어간다. 1935년 3월, 미쓰이가 필명을 사용하여 미야카와에게 보낸 보고에는 소록도 환자들의 기독교에 대한 열정 같은 이야기는 전혀 없고 오로지 환자 수용이 확대되어 가는 상황만 건조한 문체로 실려 있다.[26] 미쓰이는 미야카와에게 보낸 개인 서신에서 실제 소록도의 상황이 이전과 많이 달라졌음을 알린다.

1935년 9월, 미쓰이는 당시 소록도의 정황을 알리는 서신(《그림 2》)에서 그전에 누리던 자유가 사라지고 억압적인 환경이 조성되고 있다고 미야카와에게 전한다. 환자 수는 엄청나게 늘어났고, 200명을 수용할 수 있는 환자 형무소가 건설 중이며, 음식은 배

25 三井輝一,〈小鹿島更生園だより〉,《日本MTL》45, Nippon mission to lepers, 1934, p. 10.

26 宮川量,〈二つの手紙〉,《日本MTL》49, 1935, p. 8.

급제가 됐고, 예배당 운영은 3년을 넘기지 못할 것이라는 소식이었다. 소록도의 벽돌공장에서는 2명의 환자가 하루에 800개, 그나마 건강한 환자는 한 사람당 1천 개를 만드는 과중한 노역에 시달린다는 소식도 전한다. 그리고 미쓰이는 소록도 최대의 문제를 다음과 같이 언급한다.

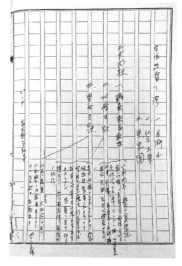

〈그림 2〉 미쓰이가 미야카와에게 쓴 편지

① 직원과 환자 사이의 의견 충돌. 이전 원장의 기본적 생각은 '환자가 있기에 병원이 있다'는 주의였는데, 지금 원장은 완전히 다름. (환자와 직원 간의) 좌담회 출석도 빼먹기 일쑤이고, 기분대로 행동함. 미쓰이를 중상모략하고, 간호장의 압제와 채찍이 가해지며, 최근 야다 목사는 사의를 표함.

② 치료 문제. 최근 치료를 받지 못하고 죽는 사람이 수명이 생김. 인두협착咽頭狹窄으로 죽은 사람도 있음. 4개월 동안 한 번도 치료를 못 받은 사람이 있음. 야간진료는 한 번도 온 적이 없음. 의원은 와도 도장만 찍을 뿐, 그냥 간호부 간호사가 대리 진료함.

③ 남녀 문제. 이전보다 엄중하게 대응하지만 환자들이 대거 수

용되면서 200쌍의 내연관계 사람들이 왔고 여기에 급격한 변화가 일어남. 어린이 40명에게 빈대약을 뿌려도 잘 죽지 않음.[27]

미쓰이는 이 서간에서 소록도에 환자 숙사 외에 감옥과 정신병원이 건설되었다고 알린다. 미쓰이가 이러한 내용을 개인적인 편지로 보낸 것은 당시 소록도에서 벌어지는 일들의 심각성을 일본 기독교 단체가 알고 대처해 주기를 바라는 마음에서였을 것이다.

인용문에 나오는 야다 목사는 야다 분이치로矢田文一郎로, 1932년 소록도교회에 부임한 인물이다. 야다 재임 시기 소록도교회는 조직적으로도 완성되고 매우 활기가 있었다. 그러나 스오 원장 부임 후 상황이 많이 달라져, 환자와 기독교를 이어 주던 고리는 소록도갱생원 낙성식 이후 더욱 약해져 갔다.

낙성식은 조선나예방협회 주최로 1935년 11월 21일에 거행되었다. 이 낙성식을 계기로 소록도는 제국 건설 목적의 조선시찰단이 한 번쯤은 거쳐야 하는 '행사장'으로 정착되었다. 낙성식에는 총독부 관련 인사뿐만 아니라 외국인 사립 의원장, 한국의 명사나 유력자, 일본 각지의 한센 관련 유력 인사, 타이완에서까지 외부 인사 약 200여 명이 참석했다.[28] 당시 분위기를 묘사한 글에는 환

27 滝尾英二,《植民地下朝鮮におけるハンセン病資料集成(第6卷)》, 不二出版, 2002c, p. 202.
28 朝鮮警察協会,《警務彙報》380, 朝鮮警察協会, 1935, pp. 122-127.

자들의 행렬과 문화 행사로 섬은 기쁨과 환희에 넘쳤다고 한다.

"재원 환자 2,779명 모두 낙원 성취에 감사와 감격에 찬 환희의 소리는 … 중증 환자만 빼고 남녀노소 국기를 들고 행렬했다. 환자 위안을 위해 경성에서 서커스단을 데려와 보여 주고, 밤에는 활동사진을 보여 주었다. 같은 날 환자 작품 전람회가 있었다. 소록도 뿐만 아니라 일본과 조선 사립 나요양소에서도 출품했고 그 완성품은 뛰어났다. 소록도 환자가 재배한 야채도 출품되었다."[29]

앞선 미쓰다의 편지 내용으로 미루어 볼 때, 이러한 내용을 액면 그대로 받아들이기 어렵다. 미쓰이는 이제 소록도가 기독교에 근거한 환자 관리와는 동떨어진 곳이 되었고, 외부 방문자를 위한 제국의 문화전시장으로 탈바꿈했다고 폭로했다. 인용문에서 묘사한 한국인의 환호는 이미 벌어진 환자와 직원 간의 대립, 채찍 사용 체벌, 치료 없는 방치와 무관심, 무자비한 폭력이 만들어 낸 행사용 억지웃음이었음을 짐작할 수 있다.

미쓰이는 환자들을 대변하기 위해 노력했지만, 서신 내용대로 중상모략을 당하여 결국 1935년 일본으로 돌아가게 된다. 미쓰이의 소록도 입도入島 때와 그가 떠나고 난 뒤의 심정을 묘사한《성서조선聖書朝鮮》에 실린 한국 한센인 김규화의 기록에는 다음과

---

29 朝鮮警察協会,《警務彙報》380, p. 123.

같은 내용이 있다.

"그 당시에는 思想程度와 文明制度가 이곳은 文字 그대로 原始的이요 內部에는 暗黑과 煙霧가 끼인 참담한 島民의 情景이요 外部로는 荒廢한 廣野과 같이 꺼칠고 殺風景이 돌고 雰圍氣에 쌓인 이 섬에 患者들은 목마른 사슴이가 시내를 찾듯이 자기들은 인도할 일꾼을 渴望하엿다 합니다. 때에 신의 攝理로 許諾하심인지 暗黑에서 光明으로 荒蕪地에서 芳草東山으로 갈하대서 生命水로 死線에서 永生浦口로 指導할 眞正한 牧者는 來島하엿습니다. …

당신이 떠난 그날 夕陽에 우리 在園者一同의 눈물은 말할 것도 없고 南生里前海에 波濤소리 좇아 兄의 떠나심을 哀悼하는 듯이 구슬프기 들려오더이다. 今回不得已한 諸事情으로 歸國하여스나 형의 精神과 心琴은 아즉도 소록도에 배회할 줄 앎니다."[30]

이와 같이 미쓰이에 대한 한국 한센인의 신뢰는 상당히 컸던 것 같다. 김규화는 이어서 소록도에서 미쓰이의 모습을 "머리에 두건을 동이고 신을 들매고 팔을 걷고 이 島民의 文盲退治와 또 한편으로는 時代思潮를 말하고 … 소록도를 위하야 동분서주하기를 休息치 않고" "癩人의 偉人이요 事業家"[31]라며 한국 한센인

30 金桂花, 〈城西通信〉, 《聖書朝鮮》 82, 聖書朝鮮社, 1935, 1~2쪽.

31 金桂花, 〈城西通信〉, 1~2쪽.

들을 위한 그의 헌신을 높이 평가한다.

미쓰이가 일본으로 돌아간 후인 1936년 7월 소록도를 방문한 미야카와도 방문 기록을 남긴다. 여기에는, 환자 부락에 채찍을 놔두고 환자가 잘 따르지 않을 때 이것을 휘두른다고 되어 있다. 그리고 환자와 직원 사이에 언어가 통하지 않고 환자가 직원을 신뢰하지 않는다는 내용도 있다.[32] 직원이 주는 안약을 먹고 실명하는 환자가 많다는 내용도 보인다. 미야카와는 환자 위안에 대해서도 언급하는데, 외부 참관자에게 잘 보이려고 복장을 단정히 하라는 명령이 내려지지만 이는 오로지 보여 주기 위한 '쇼'에 불과하고 실제적으로 환자를 위문하기 위해 방문하는 사람은 없다고 전한다.[33] 이것은 미야카와의 개인적 기록으로만 남아 있다(〈그림 3〉). 독실한 기독교 신자였던 미야카와의 방문 기록에는 소록도의 실

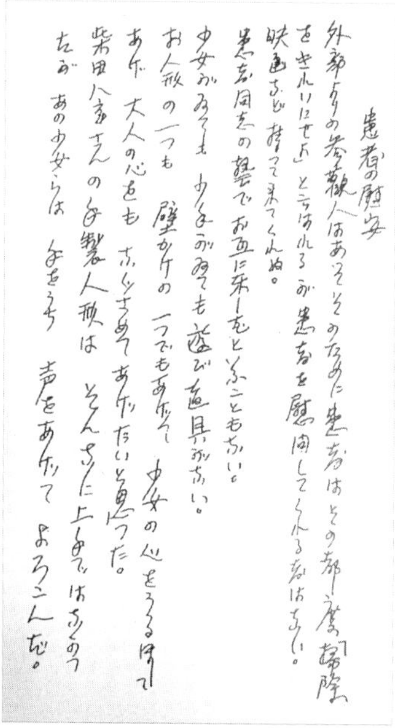
患者の慰安
外部からの参観人はあるそのために患者はその都度掃除させられたりせよと云はれるが患者を慰問してくれる者はない。
映画など持って来てくれぬ。
患者同志の間でお互に来るということもない。
少女がみてもみても遊び道具がない。
お人形の一つも 壁かけの一つでもあげてし 少女の心をうるほして
あげ 大人の心をもなぐさめてあげたいと思った。
柴田八重さんの手製人形は そんなに上手ではないのです
が あの少女らは 手をうち 声をあげて よろこんだ。

〈그림 3〉 1936년 7월 미야카와 하카루가 소록도 방문 후 남긴 글 일부

32 滝尾英二,《植民地下朝鮮におけるハンセン病資料集成(第6巻)》, 2002c, pp. 240-241.

33 滝尾英二,《植民地下朝鮮におけるハンセン病資料集成(第6巻)》, 2002c, p. 252.

태에 절망하고 무엇으로라도 그들을 위로해 주고 싶었다는 안타까움이 배어 있다.

이러한 절망 상태의 소록도 기독교에 관심을 가졌던 인물이 일본의 무교회주의자 우치무라 간조內村鑑三의 영향을 받은 김교신金敎臣(1901~1945)이었다. 김교신은 일본 유학 시절 우치무라의《구안록求安祿》에 감명을 받고 '성서연구회聖書硏究會'에 참가하여 무교회 신자가 되었다. 그는 동경사범학교를 졸업하고 귀국 후 함흥 영생여자고등학교 지리교사로 근무하며《성서조선》의 주필이 되었다.

김교신은《성서조선》발간사에서, "선진 구미 선교사들의 풍조를 모방하는 태도를 벗어나지 못하는 것을 안타깝게 생각해 조선산朝鮮産 기독교를 해설하고자 한다"[34]는 목적을 밝혔다. 소록도에서도 이 잡지의 구독자가 늘어났는데, 다른 기독교 종파에서는 무교회를 이단으로 취급하기도 했다.[35] 김교신은 1935년 5월,《성서조선》에 〈문둥아!〉라는 글을 싣는 것을 계기로 한센인에 대한 관심을 표명했다. 김교신은 "조선에서 청년들을 복음화하고자 했지만, 그들이 적과 같이 우리를 대한다. 소록도의 나인들만이 우리들의 문둥이요. 우리는 문둥이의 친구다"라며, 한센인들이 요

34   金敎臣主筆,《聖書朝鮮》1, 聖書朝鮮社, 1927, 1쪽.
35   金文吉,〈日帝統治下における朝鮮無敎会の樣相考察〉,《日本文化學報》28, 2006, p. 404.

구한다면《성서조선》을 5천 부라도 보내겠다고 선언한다.[36]

이후《성서조선》의 독자 교류 코너인 '성서통신城西通信'에 소록도 신자들이 보낸 편지를 적극적으로 게재했다. 소록도의 '독서위안회'에서는 미쓰이가 일본으로 돌아간 이후 기독교 잡지가 없음을 한탄하고 팔고 남은《성서조선》을 소록도에 보내 달라고 요구하기도 했다.[37] 이후 1935년 7월《성서조선》사고社告란에서 김교신은 "全南小鹿島에 住居하는 癩患者인 兄妹들과, 其他 정도의 重患者로서 本誌를 要求할 時에는 無代進呈하는 것을 原則으로 하니 未安해할 것 없이 청구하라"[38]며 환자들에 대한 잡지 무료 보급을 선언한다.《성서조선》에는 소록도의 문신활, 윤일심, 김계화 등의 신앙고백, 잡지의 유용함, 시나 수필, 소록도 소식 등이 실렸다.

〈그림 4〉《聖書朝鮮》99호 목차

---

36   金教臣,〈聖書朝鮮의 傳하는 福音〉,《聖書朝鮮》76, 1935, 1~2쪽.

37   金教臣主筆,〈城西通信〉,《聖書朝鮮》77, 1935, 17쪽.

38   金教臣主筆,〈社告〉,《聖書朝鮮》78, 1935, 뒤표지.

이 시기 소록도갱생원 당국은 총독부의 허가를 받아 소록도 직원 지역에 신사를 설치하고 환자 지역에 그 분사를 설치하여 환자나 직원에게 참배를 강요했다. 1936년 9월 조선불교부인회가 대범종大梵鐘을 기부한 이후, 기독교는 점점 탄압의 대상이 되어 갔다. 그리고 1942년 3월 《성서조선》에 〈개구리를 조문한다(弔蛙)〉가 게재된 것을 빌미로 집필자 김교신 등 13인이 검거되는 사건이 일어났다. 소록도갱생원에서도 《성서조선》 구독자들은 가택수색을 받고 경찰서에 검거되기도 했다.

한편, 소록도 한센인의 삶은 일본의 기독교 한센단체인 일본엠티엘에 보고되었다. 기관지 《일본엠티엘》에는 미쓰이의 《나사로》에 실린 내용이 그대로 실리기도 하고, 일본엠티엘 소속 일본인의 소록도 방문 감상이 종종 실렸다. 당시 일본 기독교계는 소록도를 어떤 시선으로 바라보고 있었을까.

일본엠티엘과
'스오 왕국'

일본엠티엘Nippon Mission To Lepers은 일본 기독교인이 세운 최초의 한센사업 단체로,[39] 기독교인 사회사업가 가가와 도요히코

---

39 松岡秀明, 〈〈潔め〉, キリスト教, 公衆衛生:日本MTLの'救癩'について〉, 《宗教研究》 95(2),

賀川豊彦를 중심으로 1925년 6월에 설립되어 한센인에 대한 선교와 위문을 중심으로 활동하였다. 동경기독교청년회의 회원과 가가와 도요히코가 주최한 '예수의 친구회' 회원 10명이 일본의 한센병원인 젠쇼병원을 방문한 것을 계기로, 일본 기독교인 주도의 '구라 운동'을 일으키고자 서양의 운동을 참고하여 일본엠티엘이라고 칭하였다.[40] 기관지(월간)인《일본엠티엘日本MTL》[41] 창간호 회칙에 보이는 이 단체의 설립 목적은 다음과 같다.

① 전도—널리 예수의 복음을 알린다.
② 선전—나병은 유전되는 병이 아니고 멸절할 수 있다는 것을 선전한다.
③ 상담—환자 및 그 가족의 상담에 대응한다.
④ 위문—강연, 영화, 음악 그 외 타당한 방법으로 환자를 위안한다.
⑤ 후원—격리 요양사업을 후원한다.
⑥ 청원—격리 요양사업의 완성 촉진 및 그 외 중요 사항을 당국에 청원한다.
⑦ 그 외—본회의 목적 수행상 필요하다고 인정되는 조사연구

2021, p. 100.

40 荒井英子,《ハンセン病とキリスト教》, 岩波書店, 1996, p. 23.

41 일본엠티엘 기관지(월간)《일본엠티엘》은 1925년 6월부터 발간되었다. '무나현운동'의 적극적 지원, '천황의 은혜'에 대한 한센인의 감사, 한국 한센인의 소록도갱생원 수용을 찬미하는 글 등을 다수 실었다(滝尾英二,《植民地下朝鮮におけるハンセン病資料集成(第6卷)》2002c, p. 5).

및 각종 사업.[42]

일본엠티엘의 초대 이사 고바야시 마사가네小林正金에 이어, 1939년 4월 일본 사회사업계의 스타였던 가가와 도요히코가 2대 이사장이 되었다. 그 후 일본엠티엘은 1941년 단풍나무십자회楓十字会, 1942년에는 일본구라협회日本救癩協会로 개칭하고 조직을 개편하는데, 가가와는 1960년 4월 임종 시까지 이사장직을 맡았다. 이사들은 대부분 기독교인이었지만, 젠쇼병원 한센인을 대상으로 위문과 포교, 격리 추진 여론 형성을 중심 활동으로 삼았기에 기독교 신자가 아닌 젠쇼병원장 미쓰다 겐스케도 이사로 맞이했다.[43] 바로 이 지점이 일본 기독교 한센단체의 성격이 ①번의 전도 사업 중심에서 ⑦번의 그 외 사업 중심으로 변질된 요인이었다고 볼 수 있다. '한센인의 아버지'라 불린 미쓰다가 주력한 것은 '사회 정화'를 위한 절대 격리였다. 그는 이와 관련된 내용을 정부에 제출하고, 적극적으로 여론을 동원해 다양한 활동을 벌였다.[44] 일본엠티엘은 한국의 한센사업에도 관심을 기울였고, 한국을 방문하여《일본엠티엘》을 통해 그 상황을 자세하게 전했다.

이마이 요네今井よね는《일본엠티엘》에 부산나병원의 맥켄지 원

---

42 日本MTL, 〈会則〉,《日本MTL》1, 1926, pp. 6-7.

43 藤野豊,《戦争とハンセン病》, pp. 119-120.

44 猪飼隆明,《近代日本におけるハンセン病策の成立と病者たち》, pp. 106-107.

장이 보고한 내용을 실었다. 여기서 맥켄지 원장은 한국 한센인 격리시설의 부족함을 호소하며, 본인도 갈 곳이 없으면서 다른 환자를 위해 침상을 내놓는 환자들의 미담을 전하며 다음과 같이 언급한다.

"환자의 교회는 여전히 부흥하고 있다. … 환자교회는 환자가 아닌 사람을 목사로 두고 아직 기독교 신자가 아닌 환자를 위해 전도를 하고 있다. 그리고 매월 말에는 신자인 환자들이 건축 노동이나 노역으로 약간의 수입이 생기면 전도자에게 주는 사례 30엔을 위해서 모두가 첫 열매를 바친다. … 황후 폐하가 특별히 생각해 주셔서 환자 오락시설을 위해 1,500엔을 하사해 주셨다. 한없는 인자에 감격할 뿐이다. … 라디오, 악기, 테니스, 풋볼 등을 구입했다. 테니스나 풋볼은 젊은 사람들을, 라디오와 악기는 집을 건설하거나 수선하고 세탁 봉제를 하는 사람들을 즐겁게 할 수 있다. 이 병원에서는 일하는 것과 운동하는 것이 병을 치유하는 데에 최상의 방법이라고 항상 주장하고 있다."[45]

이 보고의 요점은, 한국 환자들의 기독교 입신 열정과 황후의 하사금을 통해 환자들이 위안을 얻고 있다는 것이다. 맥켄지는 이미 한국에 건너온 지 20년이 지난 상태로, 당시 모국의 기독교

45 　今井よね,〈道は未だ遠い乎－釜山癩病院長より聞いて〉,《日本MTL》22, 1933, p. 3.

단체의 지원과 총독부 보조금으로 운영되고 있던 부산나병원으로서는 일본 황실에서 하사금 형태로 주는 돈이 큰 활력을 주었던 것으로 보인다. 이와 같이 《일본엠티엘》은 기독교 소식 외에도 황실에 대한 찬미를 중요한 비중으로 전달했다. 기독교의 본질적인 사역이 아니라 황태후의 덕을 선전하는 것은 일본엠티엘의 강연 현장이나 기관지에서도 매우 흔하게 볼 수 있는 현상으로,[46] 이것이 일본 기독교 한센사업의 특징이었다. 일본의 구라사업에서 사람들의 관심을 모으기 위해서는 기독교의 복음보다도 황후의 은덕을 강조하는 것이 당시 일본 기독교를 둘러싼 상황[47]을 볼 때 훨씬 효과적이었기 때문이다.

〈그림 5〉는 《일본엠티엘》 지상에서 한국의 한센병 소식을 전하

---

46 岩下壮一, 〈祖国の血を浄化せよ〉, 《関西MTL》 8月号, 1935, pp. 1-2, 4.

47 1930년대에 일제의 사상통제가 점차 강화되면서 '국체'로부터의 일탈자로 여겨진 개인이나 집단은 확실한 탄압의 대상이 되었다. 이러한 경향은 지역사회로 번져 종교 집단, 특히 기독교 집단에 대한 일본 대중의 배격 운동이 빈번하게 일어났다. 특히 식민지를 포함한 일본 전국에서 신사참배나 위령제 등이 일상화되자, 기독교 집단과 지역사회 간의 갈등과 마찰도 늘었다. 1932년 상지대학 신사참배 거부 사건上智大学神社参拝拒否事件, 1933년 미노 미션 사건美濃ミッション事件, 같은 해 아마미오시마奄美大島에서 일어난 가톨릭 배격 운동 등이 대표적인 사례이다. 게다가 1939년 성립한 「종교 단체법」이 1940년부터 시행되면서 대정익찬大政翼賛〔일본 제국의 관제 국민통합기구〕 하에서 각 종교 단체의 통합 정리가 진행되었다. 기독교계도 수많은 탄압 속에서 1941년 일본 대부분의 개신교계 교단이 합동하여 일본 기독교단이 설립되었다. 1942~1943년에는 홀리네스계ホーリネス系 교회가 일제히 수색을 받고 다수의 목사가 체포되었다. 이 밖에 1939년에는 등대사灯台社, 1943년에는 세븐스데이즈 어드벤티스트セブンスデー·アドベンチスト 관계자가 각각 검거 체포되는 사태가 일어났다. 이는 식민지 한국에서도 마찬가지로, 이 시기 신사참배를 거부한 기독교 신자와 목사가 체포·구류되어 수십 명이 목숨을 잃었다(麻生将, 〈近代日本におけるキリスト教と国家神道〉, 《立命館文學》 666, 2020, p. 1381).

〈그림 5〉《日本MTL》〈통속 나의학 강좌〉, 〈소록도에서〉

는 부분이다. 이 그림에서 보이는 것과 같이 글의 상단이나 하단에 성경 문구[48]나 협회의 주장을 내세우는 표어가 적혀 있다. "나
癩 근절 비용은 군함 1척으로 충분하다" "고묘光明 황후[49]의 정신으로 돌아가라" "공립·사립 요양소를 후원하라" 등 과다한 전쟁 비용을 에둘러 비판하며 '후원'의 중요성을 강조한다. 이 단체가 황태후의 역할을 강조해 황실의 지원금을 받을 수 있었던 것 자체는 한센사업에 보탬이 되었겠지만, 기부에 초점을 맞춘 잡지의

---

[48] 예를 들어, 1933년 1월호 상 하단에는 "하나님은 사랑이다, 기도는 최대의 힘이다. 애통하는 자는 복이 있나니 그 사람은 위로받을 것이다. 사람이 그 친구를 위해 목숨을 버리면 이것보다 더 큰 사랑이 없다" 등의 문구를 확인할 수 있다.

[49] 고묘 황후는 구빈救貧시설인 '비전원悲田院', 의료시설인 '시약원施薬院'을 설치하여 자선을 베푼 것으로 알려져 있다.

성격은 기독교 정신이 아닌 황실과 국가가 지향하는 목표점을 부여받으며 내셔널리즘적 성격과 단단하게 결합되어 갔다.

《일본엠티엘》에 실린 기사를 볼 때, 일본 기독교계에는 소록도의 기독교 왕성이 매우 특이한 현상으로 비쳤음을 알 수 있다.

"현재 조선은 외국인 선교사들이 포교한 결과, 기독교가 대부분을 차지하고 있습니다. 그래서 요양원에서도 불교나 다른 종교를 믿는 사람은 거의 없는 것 같고, 신자가 아닌 사람들도 완전히 확고한 주의나 사상 때문에 기독교를 안 믿는 것이 아니고 그냥 별다른 이유 없이 신앙에 들어가지 않는 사람들로, 그것도 아주 소수입니다. 앞으로는 모두 주 안에서 형제자매가 될 것이라고 믿고 있습니다. 이것은 일본의 요양소와는 다른 모습이라고 생각됩니다. … 환자들은 자기가 노동하여 번 돈을 내놓고 부인들도 밤낮으로 여가가 나면 하나님을 찬양하는 나날을 보내고 있습니다."[50]

그러나 이러한 상황은 소록도갱생원 낙성식 이후 많이 달라진다. 일본 한센잡지 《애생愛生》에 실린 낙성식 축사에서 일본엠티엘의 이사 미쓰다 겐스케는, 하나이 원장 시기 환자 수용이 100명에서 750명으로 늘어난 이유가 황실의 인자仁慈가 한량없이 부어진

---

50   MY生, 〈小鹿島より〉, 《日本MTL》 26, 1933, p. 6.

결과라고 황실에 공을 돌렸다.[51] 《일본엠티엘》에도 낙성식 관련 기사가 많이 실리는데, 여기에 기독교 관련 내용은 거의 언급되지 않는다. 조선나예방협회 회장인 이마이다의 축사도 소록도갱생원 확장이 오로지 황후 폐하, 이왕 전하, 관민의 동정과 후원으로 완성되었다는 내용만 있다.[52] 의사였던 다지리 이사무田尻敢 또한 환자들의 삶은 들여다보지 않고 환자 격리수용의 확대를 가늠하는 시설에만 초점을 맞추고 있다.[53] 즉, 모든 기사의 화두가 '환자'가 아닌 총독부의 '사업'이었던 것이다. 1936년 2월 《일본엠티엘》의 권두언에는 식민지 조선의 소록도 확장 소식을 전하며 눈부신 발전이라고 이야기하지만, 이 단체의 목적에 부응하는(한센인의 위안과 전도) 이야기는 없다.[54] 앞서 살펴본 바와 같이 이미 일본 기독교계와 소록도는 스오 원장 부임 이후 단절의 길을 걷고 있었고, 당시 기독교인 환자들의 상황은 매우 열악한 상태로 변질되어 있었다. 소록도의 윤일심이 《성서조선》에 기고한 글을 보자.

"주임 선생 야다 목사는 보기에도 미안할 만큼 죽을힘을 다하야 이 난관을 버서나려고 애를 쓰고 계십니다마는 언어를 통치 못하는 관계상 참으로 보기에 민망합니다. ⋯ 소생은 선생님의 통역을

---

51 光田健輔, 〈内鮮新興二国立療養所の開園を祝福す〉, 《愛生》 50, 1935, p. 2.

52 今井田清徳, 〈朝鮮小鹿島更生園落成〉, p. 6.

53 田尻敢, 〈朝鮮癩療養所の印象〉, 《日本MTL》 58, 1935, pp. 2-3.

54 日本MTL, 〈提唱されたる一万人案〉, 《日本MTL》 60, 1936, p. 1.

하며 이 간절한 심중을 그대로 교도의 심중에 부어 너어줄 수 없을까 하는 생각이 날 때 야다 선생에게 끝없이 미안하며 형제들에게는 물론이요 하나님에게까지 죄송함을 금할 수 없었나이다."[55]

남녀 환자 간 성 문제를 우려하며 경성의 김교신에게 관심과 도움을 청하는 내용인데, 이 글에서는 이미 환자들의 삶에서 기독교 목사의 가르침은 뒷전이 되어 버린 현실에 대한 안타까움이 묻어난다.

1936년 10월 시점의 《일본엠티엘》에 게재된 가와조메 요시노부川染義信의 소록도 방문기에서도 더 이상 교회 소식이나 기독교 관련 내용은 찾아볼 수 없고, 오히려 소록도의 '신사' '아름다운 절'에 대한 묘사가 강조된다. 가와조메는 단체나 학생들이 견학하는 모습도 전하는데,[56] 낙성식 이후 내륙의 많은 단체나 학교가 소록도 방문에 동원되었던 것으로 보인다. 일본에서도 소록도갱생원은 유명지가 되어 한센사업 관계자들은 이를 확인하기 위해 소록도를 시찰했다. 시모무라 가이난下村海南은 '조선총독부의 나 박멸의 혁혁한 성과'라는 일본에 퍼진 소문을 확인하기 위해 소록도갱생원에 왔다고 방문 동기를 밝히며,《일본엠티엘》에 2회에

55 尹一心, 〈小鹿島의 걱정〉, 《聖書朝鮮》 89, 1936, 20쪽.
56 川染義信, 〈朝鮮癩療養所 小鹿島更生園を訪ふ記〉, pp. 3-4.

걸쳐 방문기를 실었다.[57] 다음은 시모무라가 기술한 환자들에 대한 내용이다.

"대부분 일본과 큰 차이가 없다. 단지 크게 차이가 나는 것은 교육 정도이다. 종교라고 해도 기독교뿐으로 그것도 거의 소수이다. 전문학교 중학교 중퇴자가 10명이 못 되고, 중도 퇴학자 및 다소 일본어를 이해하는 자가 200명이 넘지 않으며 나머지는 전혀 문맹이던가 한글을 이해하는 자로 인텔리는 우선 없다고 해도 좋다."[58]

소록도를 방문한 시모무라의 눈에 보이는 것은 '소수의 기독교인'이었으며, 교육을 받지 못한 문맹 집단이었다. 불과 몇 년 전 미쓰이의 보고와는 완전히 다른 모습으로 비쳐지고 있음을 알 수 있다. 전시체제로 집중하면서 《일본엠티엘》은 국가정책에 부응하는 성격이 짙어져 사업의 주안점이 한센인을 위한 '기독교 전파와 위안'이 아닌 '격리수용을 통한 환자 통제'로 바뀐 것이다.

1939년 7월, 일본엠티엘을 대표하여 소록도를 방문한 기독교 목사 시라토 하치로白戸八郞는 "일본엠티엘이 소록도에 대해 어떤 위문도 하지 않아서 어쩐지 좀 부끄럽다는 생각이 들었다"[59]고 글

57 下村海南,〈朝鮮の癩から內地を─小鹿島物語(1)〉,《日本MTL》79, 1937a, p. 2.

58 下村海南,〈朝鮮の癩から內地を─小鹿島物語(完)〉,《日本MTL》80, 1937b, p. 2.

59 白戸八郞,〈小鹿島更生園を訪ふ〉, p. 7.

을 시작한다. 이미 일본 기독교계는 소록도에 영향을 줄 만한 위치가 아니었고, 소록도는 한센정책에서 일본을 능가하는 화려한 성과를 보이고 있었던 것이다. 시라토의 글에는, "이상적인 건강 지역 … 2백 수십 명의 직원과 5천 명의 환자가 일심동체의 근로 봉사를 바치고 있다." "전체적 공기는 매우 규율이 잡혀 있다"는 등 환자들에 대한 관심은 전혀 없고 질서 정연한 작업 현장 모습만을 강조한다. 국가 시찰단이나 한센병 전문의사가 아니라 일본 엠티엘을 대표하여 방문한 목사의 글이기에 일본엠티엘의 변질된 성격이 더욱 명확하게 보인다.

더 나아가, 《일본엠티엘》은 스오 원장을 나 박멸의 공헌자로 칭찬하며 동상이 건립될 것이라는 소식을 전한다.[60] 《일본엠티엘》에 실린 소록도 방문기는 1940년 12월 게재된 유사 도시히코遊佐敏彦의 글이 거의 마지막인 것으로 보이는데, 그는 가가와와 함께 일본엠티엘의 발기인이다. 일본엠티엘의 창시자이기도 한 그의 글에도 기독교 관련 내용은 전혀 없고, 소록도가 세계 제일의 병원이라던가, 섬 내의 생산 산업이나 형무소 이야기, 스오 원장의 이상적인 통치 등 팸플릿에나 있을 법한 피상적인 말만 늘어놓는다. 환자들의 모습을 기술한 부분에서는, "환자는 원장 아래에서 간호장의 명령체계가 엄청나게 질서 정연하여 환자는 잘 복종

60 　日本MTL, 〈小鹿島更生園長周防園長の壽像健つ!〉, 《日本MTL》112, 1940, p. 5.

〈그림 6〉《文化朝鮮》4-3 소록도 특집호 게재 사진

하고 완전히 낙원 같은 삶을 즐기고"[61]라고 되어 있는데, '질서 정연'이나 '복종'이라는 말은 감옥을 연상시킨다.

소록도갱생원은 이미 '스오 왕국'이 되어 있었다.《문화조선》의 4권 3호 '소록도 특집호'를 보면 스오가 이미 소록도 안에서 '신'이 되어 있다는 것을 알 수 있다.〈그림 6〉의 소록도 특집호 사진은 한센인의 자녀들이 이보다 더 행복할 수 없다는 미소를 짓고 있고, 환자들은 스오 원장의 동상에 절을 하고 있다. 스오의 사진과 함께 실린 글은, "그 표정은 불행한 사람들에게 한없는 애정을 쏟아부은 성자에 가깝다"며, '사랑의 사자, 신의 종神の從僕', '나환자의 아버지',[62] '위대한 아버지'[63]라고 스오를 찬양한다. '소록도

61 遊佐敏彦,〈朝鮮を旅して〉, p. 4.

62 梶一,〈周防更生園長を語る〉,《文化朝鮮》 4(3), 1942, pp. 36-37.

63 中川活三,〈更生園の生態〉,《文化朝鮮》 4(3), 1942, pp. 44-47.

특집'이 아니라 '스오 특집'이라고 해도 좋을 만큼 스오 원장은 신격화되어 있다.

그렇다면 스오 마사스에周防正季는 어떤 인물인가. 그는 1885년에 태어나 의사 가문인 스오 씨의 양자가 되었다. 1909년 아이치현립의학전문학교愛知県立醫学專門学校를 졸업하고, 현립 오카자키병원 외과県立岡崎病院外科, 내무성 방역관보内務省防疫官補를 거친 후 개업하였다. 그러나 그는 개업의로 만족하지 않았고, 1916년 시가현 기사 위생주사滋賀県技師衛生主事, 1919년 아이치현기사 학교위생주사愛知県技師学校衛生主事를 역임하며 공직에 재직하였다. 위생주사로 근무하면서도 야학에서 건축, 설계, 제도를 배울 만큼 의사를 넘어선 인생을 꿈꾼 야망가였다.

하지만 그의 출신이 그의 야망에 미치지 못했다. 잘 알려져 있다시피 근대 시기 일본에서는 의사 계급 구분이 명확했고, 계급에 따라 수입도 달랐다.[64] 특히 1910년 이후 한국에 진출한 의사들은 대부분 제국대학 출신의 엘리트들로, 한국 의료제도나 의과대학 설립 및 교육의 중추적인 역할을 하며 체계를 구축한 주역

---

64 서양의학을 접한 후 꾸준하게 세력을 확보하고 성장시켜 갔던 일본 의료계는 메이지유신 이후 그 근대적 출발을 알렸다. 그러나 동양의학 본위였던 의료계가 그 체제와 구성을 서양의학 중심으로 탈바꿈하기에는 적지 않은 내부 갈등을 겪었고, 의학 수학자들의 층위도 다양했다. 이 시기 상·중·하류의 차별적인 의사 계급이 존재했는데, 상류에 속하는 의사는 제국대학 졸업자나 외국에서 의학사학위를 받은 사람이었고, 중류는 의학전문학교 출신이나 그와 동등한 교육을 받은 졸업자이며, 하류는 내무 문부성 시험 합격자, 한지閑地 개업의, 종래 개업의나 이러한 개업의의 자제 등이었다(新村拓,《在宅死の時代》, 法政大学出版局, 2012, p. 36).

이었다. 스오는 의학전문학교 출신이었다. 하지만 일반적인 의학전문학교 출신자처럼 졸업 후 개업의로 정착한 것이 아니라 공공기관에 근무하며 실무적 능력을 기르며 새로운 야망을 키워 갔다. 그 결과, 식민지 한국으로 건너와 1921년 3월 경기도 기사 경찰부 위생과에 부임한다.

결국 한국 한센인 환자의 칼에 찔려 사망한 스오에 대한 기록은 쉽게 찾기 어렵지만, 신문 보도 내용을 통해 한반도 의료행정에서 그의 활동상을 확인할 수 있다. 1921년 7월 5일자《매일신보毎日申報》에 스오의 이름이 처음 등장한다. 이 기사는 경기도 경찰부 위생과 주최로 한국 대중의 위생 사상을 고취하기 위해 경성에서 처음으로 개최되는 위생전람회 소식으로, 스오의 전람회 개최 포부가 소개된다. 1회 위생전람회는 "매우 우수한 성적"(《每日申報》 1922. 4. 12.)을 거두었다고 평가되었고, 스오는 식민지 위생행정의 중심인물이 되려는 노력에 박차를 가했다. 이러한 노력 덕에 공을 인정받아 유럽의 위생 사정을 시찰(1926년 9월~1927년 7월)하는 기회도 얻고, 시찰 후 한국으로 돌아와서는 개성 자혜병원 의관, 경기도 마약중독 환자 치료소 등을 관리할 수 있었다. 신문지상에 드러난 경찰부 위생과의 활약상은 스오가 위생과에 근무했던 1921년부터 1933년에 집중되었다.

1933년은 스오가 소록도갱생원 원장으로 초빙된 해로, 이 해에 스오는 대규모의 위생전람회 개최를 주관했다. 이때 한반도 곳곳에 설치된 경찰서의 경찰서장들을 동원하여 각 지역을 돌며 방역

지도를 실시하고, 출품자들도 조선 전 지역 및 군대, 심지어 체육협회와 협업하여 그 몸집을 거대하게 부풀린 것을 알 수 있다(《朝鮮新聞》1933.7.29.). 위생전람회를 한국 대중 전체를 아우르는 전국 행사로 만들려는 철저한 준비와 홍보가 있었던 것이다. 이러한 활약 덕분에 스오는 마침내 소록도자혜의원 원장으로 취임하게 되었다. 1933년 9월 취임 후, 1934년 10월에는 소록도자혜의원을 소록도갱생원으로 개칭하였고, 스스로 설계도를 그리고 저렴하게 건축자재를 들여와 환자들을 동원하여 갱생원 확장 건축을 추진하였다. 낙성식에서는 그간 위생전람회 개최의 경험을 살려 서커스단 쇼와 활동사진 상영을 하여 행사에 유희적 요소를 극대화하고, 소록도뿐만 아니라 한국 각지 요양소 환자들을 동원하여 농작물과 공예품을 전시함으로써 이 행사를 보다 화제성 있게 구현해 냈던 것이다.

다시 일본엠티엘 이야기로 돌아가면, 일본엠티엘은 서양 주도적인 느낌을 지우기 위해 1941년 1월에 '단풍나무십자회楓十字会'로 기관명을 바꾸고, 117호부터 기관지명도《단풍나무 그늘楓の蔭》로 바꾸게 된다.[65] '가에데楓(단풍나무)'는 쇼켄昭憲 황후 하루코美子의 궁중 인장에서 착상한 것이다.[66] 소록도와 관련하여《단풍나무 그늘》에 실린 기사는 2건 정도가 확인되는데, 모두 한국인 환자

65 楓十字会,《日本MTL》117, 1941, p. 6.

66 滝尾英二,《植民地下朝鮮におけるハンセン病資料集成》〈第6卷〉》, 2002c, p. 5.

이춘상의 칼에 찔려 사망한 스오 원장과 관련된 내용이다.

《단풍나무 그늘》1942년 7월호 첫 기사에 〈스오 갱생원장을 추도하며 특수요양소의 긴급한 설치를 바란다〉를 실은 것으로 보아, 당시에 이 사건이 매우 충격적이었음을 알 수 있다(〈그림 7〉). 이 기사는 스오 원

〈그림 7〉 《단풍나무 그늘楓の蔭》로 잡지명을 바꾼 《일본MTL》 1942년 7월호

장의 헌신적인 노력에도 불구하고 불의한 사건이 일어났고, 이를 통해 소록도에서 근무하는 직원들이 "얼마나 위험한 일에 종사하고 있는지"를 강조한다. 그리고 스오 원장의 죽음이 헛되지 않도록, 직원에게 위협이 되지 않을 만한 "중증의 악독한 환자들을 수용하는 특수한 요양소"가 필요하다고 설파한다.[67] 그다음 호에는 〈스오 소록도갱생원 원장의 순직〉이 게재되는데, 여기에서는 '세계 제1의 요양소 건설의 공헌자'라고 스오를 추켜세운다. 이 기사는 사건의 경위를 밝히는데, 범죄를 저지른 한국인은 원래 성격이 난폭하여 같은 한센인들에게도 증오의 대상이었고, 간호장에게 훈계를 들은 것이 한두 번이 아니었다고 되어 있다. 범인이 잠시 고향에 가기를 신청했는데 허락이 되지 않자 불만을 품고 원장을

67　楓十字会,〈周防更生園長を悼んで特殊療養所急設を望む〉,《楓の蔭》135, 1942a, p. 1.

살해했다는 내용이다.[68]

　그러나 당시 환자들의 증언에 따르면, 이춘상 사건은 우발적인 것이 아니라 3년 정도 준비한 것이었다고 한다. 이춘상은 김교신의 무교회주의에 영향을 받은 인물로,[69] 1942년 1월경부터 소록도의 상황을 폭로하기 위해 일시 귀경을 요청했지만 받아들여지지 않았다. 그의 행동은 스오 원장 부임 후 벌어진 무리한 노동력 동원, 황태후 어가비[70] 조성(1938. 6.), 스오 원장 동상 조성(1940. 8.) 등에 따른 환자들에 대한 경제적 압박과 노동력 착취가 원인이었다.[71] 《일본엠티엘》에 실린 여러 방문자들의 글에서는 소록도가 환자들의 낙원이라고 평가되었지만 실상은 달랐고, 이춘상은 이를 내륙에 적극적으로 알리고자 했던 것이다.

　이처럼 일본엠티엘은 일본에서는 '무나현운동'을 적극적으로 지원하고 철저한 한센인 격리정책에 동원되었으며, 잡지를 통해 한센인을 후원하는 황후에게 무한한 존경과 감사를 드러냈다. 일본엠티엘은 한국 한센사업도 같은 관점에서 조망하며, 철저한 격리정책과 '황은'에 집착했고, 소록도를 기독교와는 거리가 먼 국

68　楓十字会,〈周防小鹿島更生園長の殉職〉,《楓の蔭》136, 1942b, p. 3.

69　金文吉,〈日帝統治下における朝鮮無教会の様相考察〉, p. 408.

70　이 어가비御歌碑, 즉 황국신민서사 석탑은 오로지 한국인 직원의 기부로 만들어진 것으로, 이것은 한국인도 초등학교에 입학할 수 있게 되었음을 기뻐하며 이를 기념하기 위한 '정신적 감사의 발로라고 표현되어 있다(滝尾英二,《植民地下朝鮮におけるハンセン病資料集成》〈第6卷〉》, p. 320).

71　정근식,〈일제말기의 소록도갱생원과 이춘상 사건〉, 336~359쪽; 金文吉,〈日帝統治下における朝鮮無教会の様相考察〉, pp. 406-410.

가 목적 달성을 위한 전시장으로 강조했다.

이 같은 스오의 폭력적인 식민지의학의 행사는 결국 1942년 6월 20일 혹독한 관리에 반발한 이춘상에 의해 막을 내리고, 1942년 8월 조선나예방협회 상무이사였던 니시키 산케이西亀三圭가 5대 원장으로 부임했다. 그는 1923년 총독부 위생과에 근무한 이래 계속 조선총독부의 한센정책을 담당해 왔고, 한센병 근절 정책을 적극 추진하여 자금을 모집하고 소록도 전체 매수를 지휘 지도했던 인물이다. 니시키는 환자들의 반발을 막기 위해 환자들이 싫어했던 직원을 해고하고, 환자에게 경어를 사용했으며, 스오의 동상도 국가에 헌납한다는 명목으로 없앴다.[72]

한편, 니시키 산케이는 소록도가 전쟁 시기 사립 요양소를 지원 관리하고 섬 내에서 각종 생산물을 수확한다고 언급하며,[73] 소록도가 전쟁 중에도 국가에 도움이 되는 장소라는 것을 강조한다. 동 시기 《레프라レプラ》[74]에는 〈대동아 나 멸절에 관한 의견서〉가 실리는데, 이 글의 요지는 대동아공영권 실현에 한센사업이 크게 기여했고, 앞으로도 다양한 활동으로 기여할 것이라는 의견과 다짐이다.[75] 이 다짐에는 일본 각 요양소 원장과 식민지 조선,

---

72 滝尾英二, 《小鹿島〈癩〉療養所と周防正季》, 広島青丘文庫, 1996, p. 284.

73 "결전하決戦下 소록도 상황을 알 수 있는 좋은 자료로 우리들의 큰 자극제로 매우 참고가 된다"고 언급한다(西亀三圭, 〈小鹿島更生園近況〉, 《愛生》 4月号, 1943, 페이지 미상).

74 일본나학회日本癩学会에서 1930년부터 1944년 11월까지 발행되었고, 패전 후에는 1947년 2월부터 발행되기 시작하여 1976년 12월까지 발행된 한센병 연구 잡지이다.

75 光田健輔, 〈大東亞癩滅絶に関する意見書〉, 《レプラ》 14(4), 1943, pp. 370-372.

타이완의 원장들이 참여했는데, 니시키는 물론이고 엠티엘 이사장인 미쓰다 겐스케, 기독교의 관점에서 소록도를 바라보던 하야시 후미오[76] 등의 이름도 보인다.

◆ ◆ ◆

서양 선교사들에 의해 출발한 한국 한센사업은 기독교 포교와 환자 치료를 중심으로 운영되었다. 하나이와 야자와 원장 시기에는 소록도 내에서 기독교 친화적인 운영을 이어 가며 환자들에게 일정 부분 자율적인 관리 체계가 형성되도록 하였으며, 이러한 운영은 환자 수용 면에서 성공적인 결과를 낳았다. 기독교에 입신한 일본인 환자의 소록도 내 활동도 간과할 수 없는데, 미쓰이 테루이치는 직원과 환자 사이의 원활한 소통과 환자들의 신뢰를 바탕으로 환자 관리와 포교 활동 및 문화 활동을 전개하며 환자들에게 적지 않은 영향을 미쳤다. 이 시기에 한국을 방문한 일본인들은 기독교적인 색채가 강한 한국 한센사업에 감탄하기도 했다.

그러나 확장된 소록도갱생원은 총독부 직속 요양소가 되어, 스오 마사스에의 지휘하에 제국 건설의 주요한 상징물로 탈바꿈한

---

76 미쓰이 테루이치의 기독 신앙을 칭찬하고 한국에서의 헌신을 극찬했던 하야시는 국제연맹의 의뢰를 받아 세계 한센병 정책 시찰(1933. 1.~1934. 1.)을 마친 후 시찰 보고를 통해 필리핀 요양소의 완치 한센인 퇴소와 미국 요양소의 골프, 댄스, 음주 등을 강하게 비판하며 절대 격리, 단종, 강제노동의 정당성을 주장했다(藤野豊, 《近現代日本ハンセン病問題資料集成》, 不二出版, 2004, pp. 137, 144, 168).

다. 이 과정에서 기독교적 색채는 옅어지고 환자들은 고된 노역과 일본식 삶을 강요받는다. 이 시기에는 일본의 기독교 한센 단체조차 기독교 신앙의 본질을 방기하고 국가정책 추진의 보조선補助線으로서의 역할을 충실히 수행했다. 소록도갱생원은 전시 총동원 체제에서 식민지 의료의 무결점 완성물로 상징화되었다.

5장

한센정책의 주체와 객체로서 한센인

일제강점기 한센사업이 일제의 통제적 관리라는 큰 틀에서 벗어날 수 없었던 것은 사실이다. 하지만 한센인 통치 관리 인식에는 '일제의 식민지 조선 통치→사회적 문제로서 조선 한센인 처리→조선나예방협회의 성립→소록도갱생원 수용 확대와 환자 착취'라는 단선적인 측면만으로는 설명하기 어려운 사회와 사람 간의 '관계'와 여기에서 파생하는 현상이 존재한다. 따라서 이 장에서는 총독부 정책자료를 기반으로 한 한센정책 실태 비판 중심의 연구에서 다루지 못한 일반 사회에서 벌어진 한센사업의 세부와 여기에 참가했던 환자나 비환자 한국인에 주목하여 한센정책에 가려진 '사람들'에 대해 고찰한다. 이를 위해 한국에서 발행된 신문 및 사회사업 관련 자료를 매개로 한센정책의 특성을 파악하고, 이러한 정책 아래에서 활동했던 한센인 환자와 이들을 대변한 비한센인 대표의 역할, 환자 집단의 생존권 투쟁을 바탕으로 이루어진 성과와 그 성과의 변질이라는 측면에서 고찰하고자 한다.

신문 기사로 본 한센인에 대한 관심과 처지

일제의 한국 한센인 관리의 방향성과 사회적 분위기를 이해하기 위해 당시 발행된 신문 기사부터 살펴본다. 우선 일제강점기에 발생된 일본어 신문인 《조선조일朝鮮朝日》(182건), 《경성일보京

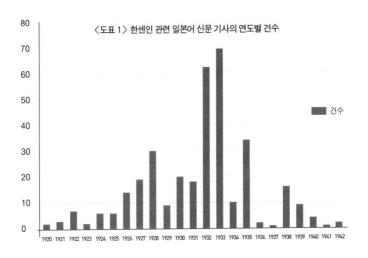

〈도표 1〉 한센인 관련 일본어 신문 기사의 연도별 건수

城日報》(117건), 《조선통신朝鮮通信》(38건), 《조선매일朝鮮每日》(10건) 등에 게재된 기사를 보면 1920년경부터 1942년 정도까지 한센인 관련 신문 기사가 350여 건 확인된다.

한국 한센인 관련 기사가 가장 많이 실린 신문은 《조선조일》이다. 〈도표 1〉에서 보이는 바와 같이, 1920년대 초기부터 한센인에 관한 기사가 눈에 띄기 시작한다. 이 시기 한센병은 총독부 행정에서 '지방병地方病'으로 분류되어 규제와 단속의 대상이 되어 가고 있었다.

"결핵, 나癩, 개선疥癬〔옴〕 등의 전염성질환에 걸리는 자가 적지 않아 총독부 시정 후 의료기관의 분포, 위생행정 시설 및 규제의 진전과 함께 대개는 점차 감퇴의 경향을 보이고 있지만 일반 조선인의 위생 사상 및 어린아이들의 유행병에 대한 미신적 행동이 계속 끊이지 않아 이 때문에 행정상 엄청난 곤란을 면할 수 없기에 앞으로 인지人智 개발과 위생시설 정비를 통해 열의를 다해 소기의 목적을 달성하려고 노력하고 있다. 또한 1922년도부터 지방병의 조사를 각 도에 명령하여 각 병 분포 및 예방에 대한 방책을 강구하고 있다."[1]

또한, 동 시기 한센병은 사회사업의 관점에서도 다루어지기 시작했다.《조선사회사업요람朝鮮社会事業要覽》을 보면, 광주제중병원, 대구나병원, 소록도자혜의원, 부산나병원의 특징을 다음과 같이 소개하고 있다.

○ **광주**─ 자급자족 방침으로 농경, 건축, 토목, 봉재 그 외 작업을 수행하면서 기독교 전도를 하여 마음의 안심을 주고 영육의 구제에 힘쓰고 있다.

○ **대구**─ 이 원은 요양 자금이 없는 나환자를 수용 치료함과 동시에 병독이 퍼지는 것을 막고 환자에게 보통교육 및 종교적 위안을 준다.

○ **소록도자혜의원**─ 의약의 효과가 있어 치료를 위해 입원하는 환자들이 급증하고 있다.

○ **부산**─ 입원환자에게 때때로 예수교의 교리를 이야기하여 이

---

1   朝鮮総督府,《朝鮮総督府施政年報(大正十一年度)》, 朝鮮總督府, 1924, p. 378.

들에게 위안을 주려고 노력한다.[2]

한국 내 사립병원에 대해서는, 선교사들의 적극적인 활동, 선교사 출신국의 원조, 환자들에 대한 전도사업 등을 언급하고 있다. 그러나 일본이 한국에서 벌인 한센사업의 대표 격인 소록도 자혜의원에 대해서는 다른 사립 요양소에 비해 치료 효과가 좋아 환자가 급증하고 있다고 과장하면서도[3] 그 분량이나 강조점은 약하다. 1923년도 시정 보고서의 '지방병' 보고에서는, 한센인 수용에서 소록도가 190명, 육지의 세 요양소를 합하면 1천 명 정도 가능한데, 여기에 수용되지 못한 환자들이 요양소 근처 도시에 대거 모여들어도 수용이 불가능하다는 점을 강조한다. 그러면서 환자의 부랑이 초래하는 감염 문제, 외국인 요양병원에 대한 국고 보조의 필요성 등을 언급하며 적극적인 감염 대책을 세워야 한다고 부연한다.[4] 한센인 요양소의 수용 부족으로 발생하는 사회적 문제에 대해 국가 차원에서 한센인 관리의 필요성과 해결 방안을 마련해야 한다는 논의가 더 활발해진 것이다.

당시 신문 기사들로 미루어 볼 때, 총독부 차원에서의 한센 시설 시찰은 1922년경부터 이루어진 것으로 보인다. 그리고 1924년

---

2 朝鮮總督府內務局社會科,《朝鮮社会事業要覽》, 朝鮮總督府內務局社會, 1924, pp. 193-197.

3 인용이 도출된 1923~1924년 시점에 환자를 치료할 만한 특효약은 없었고, 앞 장에서 살펴 본 것처럼(4장 〈그림 1〉 참고) 1927년경부터 환자가 급증한다.

4 朝鮮總督府,《朝鮮總督府施政年報(大正十二年度)》, 1925, p. 349.

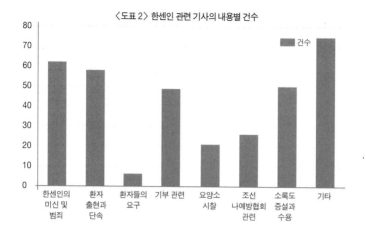

〈도표 2〉 한센인 관련 기사의 내용별 건수

경 한센인으로 인한 사회적 문제와 그 해결을 가시화하는 기사가 본격적으로 등장한다. 이 시기에 이르러 '한센인의 행동'을 주시하고, 한센인 문제를 '사회적 문제'로서 비환자 집단과 공유하기 시작했다는 것을 알 수 있다.

〈도표 2〉에서 정리한 것처럼 당시 게재된 한센인 관련 기사를 내용별로 구분하면 ① 미신에 따라 치료 목적으로 잔인한 범죄를 저지르는 환자, ② 환자들의 군집과 단속, ③ 환자 수용 제도 및 시설, 기타 ④ 수필이나 방문기, 한센인 통계나 정책 등이다. 이 도표를 보면, 한센인이 미신에 따라 일으키는 '문제'를 다룬 기사가 다른 기사에 비해 월등히 많다. 한센인의 무지에 의한 범죄와 무리를 지어서 출현한다는 기사는 비환자 집단의 공포와 혐오를 낳았다. 그리고 이에 대응하여 당국의 강력한 조치가 행해졌다는 내용들이 이어지고 있다. 이 도표의 내용 중 일부를 소개하면 〈표 1〉과 같다.

〈표 1〉 한센인 관련 기사 유형별 예시

기사 유형	기사 예(신문명 및 출판 연월일)
한센인의 미신 및 범죄	〈나병 약으로 괴어를 사들이다〉(《朝鮮朝日》1926. 3. 20.) 〈쌍둥이를 쪄서 간을 먹은 나환자의 소송공판〉(《朝鮮朝日》1929. 2. 23.) 〈기괴하기 그지없는 나환자의 범행〉(《朝鮮朝日》1932. 5. 15.) 〈잡아먹힌 유아의 간장: 레프라 환자의 범행〉(《朝鮮朝日》1933. 3. 19.)
환자들의 출현과 단속	〈나환자 모여들다 – 부산의 고민〉(《朝鮮朝日》1926. 6. 26.) 〈행려병자의 급증〉(《朝鮮通信》1928. 8. 28.) 〈경상남도 나환자 매년 증가하다〉(《朝鮮朝日》1931. 1. 22.) 〈나병환자 모여듦: 주민의 우려 깊어짐〉(《朝鮮通信》1932. 10. 20.)
환자들의 요구	〈나환자가 보조를 탄원 – 사이토 총독에게〉(《朝鮮朝日》1926. 10. 16.) 〈치료비를 제공해달라고 진정〉(《朝鮮朝日》1926. 11. 7.) 〈광주나병공제회 진정〉(《朝鮮通信》1928. 6. 27.) 〈나환자 격리장소 신청〉(《朝鮮朝日》1930. 5. 8.)
기부 관련	〈소록도에 부어진 동정〉(《京城日報》1927. 12. 16.) 〈훌륭한 성적: 나예방협회로 보내온 기부금, 거액 기부 연속〉(《朝鮮朝日》1932. 12. 3.) 〈나예방협회 기부금 양호〉(《朝鮮朝日》1933. 1. 10.) 〈기부금은 세 배: 의외의 호성적에 나예방사업 확대〉(《朝鮮朝日》1933. 2. 22.)
한센 시설 시찰	〈총독 순시 지점〉(《朝鮮朝日》1921. 11. 21.) 〈사이토 총독 나병원을 보다〉(《朝鮮朝日》1922. 11. 24.) 〈총독의 남쪽지방 시찰 일정 정해지다〉(《京城日報》1932. 9. 7.) 〈경무국장 일행 소록도 시찰〉(《朝鮮朝日》1933. 9. 26.)
소록도 확장	〈소록도에 있는 나요양소를 확장〉(《朝鮮朝日》1930. 10. 1.) 〈나환자의 낙원 화려한 소록도로〉(《朝鮮朝日》1933. 9. 29.) 〈소록도는 이상적인 갱생원〉(《京城日報》1935. 3. 3.) 〈소록도갱생원 오늘 성대한 낙성식〉(《京城日報》1935. 10. 22.)
기타 (법제, 통계 등)	〈나환자 연구 재료로 사체 제공〉(《朝鮮朝日》1926. 10. 14.) 〈전염병예방령 개정에 대하여〉(《京城日報》1928. 5. 17.) 〈나환자 구호 주간〉(《朝鮮朝日》1931. 1. 30.) 〈마침내 올해부터 나환자 수용, 각도의 보조금 지출 결정〉(《朝鮮朝日》1933. 4. 28.)

이러한 한센인 관련 기사에서는 두 가지 점이 주목된다. 바로 '환자들의 요구'와 '기부'이다. 이 기사들은 두 가지 측면에서 일제강점기 한센인 관련 담론의 세부를 탐색할 수 있는 실마리를 제공한다. 우선, 환자들은 사회사업의 '대상'으로만 취급되었기에 한센인들이 발신하는 메시지(한센인이 주체가 되어 총독부나 소속 사회에 요구한 내용)는 간과되었다. 두 번째, 소록도갱생원이 기존 서양인들이 운영한 사립 요양소의 영향력을 제치고 세계 최대의 한센인 요양소로 거듭나는 과정에서 이루어진 기부가 환자 집단과 어떤 관계가 있는지 논의되지 못했다. 따라서 이어지는 절에서는 이 두 가지에 초점을 맞추어 기존의 단선적인 한센인 관리 정책 탐구로는 포착하지 못한 사이를 들여다보고자 한다.

한센인에 대한 관심과 '방면위원'

〈도표 2〉에서 보이듯이, 당시 실시된 사회사업 중 미신에 근거한 한센인의 범죄와 이에 대한 사회적 대책을 요구하는 내용의 기사가 가장 많다. 그런데 이러한 기사가 눈에 띄게 늘어나는 시점이 1927~28년경이다. 이 시기에 참고할 만한 사회적 움직임은 일제가 한국에서 실시한 사회사업이다. 일본의 사회사업은 다이쇼 데모크라시大正デモクラシー〔중국 신해혁명 이후 일본 사회를 14년간 주

도한 자유주의 · 민주주의 풍조)의 영향을 받아 다이쇼 후반기에 형성되었다. 1918년 6월 일본에서는 칙령 263호로 「구제사업조사회관제」를 공포하고 구제사업조사회를 설치했다. 1921년 1월 칙령 제1호 「사회사업조사회관제」가 공포되어 구제사업조사회가 폐지되고 사회사업조사회가 구성되었다. 1924년 제국경제회의가 조직되어 사회사업이 여기에 포함되면서 사회사업조사회가 폐지되었다가, 1926년 6월 사회사업조사회가 다시 개설되어 사회사업 행정체계 확립의 기초가 되었다.[5]

일본의 형태를 모방한 사회사업이 한국에서도 실시되었는데,[6] 사회사업의 대상에 감옥에서 출소한 사람, 고아, 빈민, 떠돌아다니는 병자, 아편 · 모르핀중독자 및 한센인도 포함되었다.[7] 한센인들은 주로 날씨가 따뜻한 경상도와 전라도 지방에 다수 머물렀고, 여수 · 부산 · 대구 · 소록도 네 곳에 설치된 한센 시설에서도 사회사업이 이뤄졌다. 일제는 실제적으로 사회사업의 근간을 이루

5   吉田久一,〈社会事業の近代化〉, 籠山京編,《社会保証の近代化》, 勁草書房, 1967, pp. 47, 56-57.

6   조선의 사회사업에 대해 알 수 있는 주요 자료로는 경성부 당국 발간의 선전용 잡지인《경성휘보京城彙報》(1921. 11.~1944. 3.)나 조선사회사업연구회朝鮮社会事業研究會(1929년 이후, 朝鮮社会事業協會) 발행의《朝鮮社会事業》(1923. 5.~1944. 1. 1935년 7월 이후《동포애同胞愛》로 개제. 1940년 1월 다시 원래 제목으로 바꾸었다가, 1943년 11월 이후《朝鮮厚生事業》으로 개제)이라는 월간지다. 이외에도《朝鮮》,《朝鮮社會事業要覽》,《京城府社會事業要覽》,《朝鮮の社會事業》등을 통해 당시의 사회사업에 관련된 내용을 확인할 수 있다(愼英弘,《近代朝鮮社会事業史研究》, 緑陰書房, 1984, pp. 9-10).

7   善生永助,〈朝鮮に於ける貧富考察〉,《朝鮮》, 朝鮮總督府, 1928, p. 66.

고 그 성패를 가름하는 것이 '방면위원方面委員'이라고 여겼는데,[8] 이 방면위원을 '따뜻한 마음을 가지고 사익을 추구하지 않는 훌륭한 인격자'로 규정하며, 공적인 사회사업이 미치지 못하는 요소요소에 배치하였다.[9] 일본의 방면위원 제도[10]는 1918년 오사카에서 처음 설치되어 전국적으로 확대되었는데, 그 과정에서 식민지 조선에도 일본의 시스템을 모방한 제도가 설치 시행되었다.[11] 일본 정부는 방면위원 제도가 사회사업의 정서적인 면을 보완함과 동시에 사회연대 사상에서 비롯된 공적인 성질도 다분히 품고 있어서, 충실히 기능한다면 사회제도상의 수많은 결함을 보완할

---

8 "사회사업의 근간을 이루며, 사회사업의 성패는 모두 방면위원의 활동에 달려 있다"(三浦生, 〈方面委員制度に就て〉, 《朝鮮社会事業》 朝鮮総督府学務局社会課, 1933, 卷頭言)고 《朝鮮社會事業》 권두언에 언급되어 있다.

9 "공적 사회사업과 사적 사회사업의 결합을 없애고 그 장점을 겸비한 지극히 묘미가 있는 운영을 하고 있는 점 … 방면위원 각 사람은 결코 공직자가 아니다. 진정으로 동정이 넘치고 구제의 열의에 불타는 민간의 유력한 인격이 훌륭한 사람으로 명예적으로 사회사업을 하는 사람"(安井誠一郎, 〈社會事業と方面委員〉, 《朝鮮社会事業》, 朝鮮総督府学務局社会課, 1933, p. 15)이라고 되어 있다.

10 이 방면위원은 1925년 기준 전국에 39개 조직에 이르렀다. 명예직으로 독지가, 교육자, 시정촌의 관리, 경찰관, 종교가, 사회사업 관계자 등으로, 임기는 1년에서 5년으로 2년제가 가장 많았다. 그 원칙은 ① 인보우의隣保友誼 이념에 따라 가정방문을 실시하고 빈민 가족 상태와 근린 사회 상태를 조사한다. ② 각 조사에 근거하여 빈민 가정에 적당한 도움을 주고 가정 회복 향상을 꾀한다. ③ 구호 부조扶助를 수행하기 위해 기존에 설치된 공사公私 사회시설과의 협동을 꾀하는 것이었다. 이는 일본 다이쇼기 대표적인 사회사업의 조직화라고 할 수 있다(吉田久一, 〈社会事業の近代化〉, pp. 66-67). 이러한 취지로 시작된 방면위원제도는 식민지(조선, 타이완, 가라후토, 관동주)에 이식되었다(愼英弘, 《近代朝鮮社会事業史研究》, p. 15).

11 小河滋次郎, 〈方面委員制度の過去, 現在, 未来〉, 《大阪府方面委員民生委員制度五十年史》, 大阪府民生部民生總務課, 1956, p. 55.

수 있다고 여겼다.[12]

한국에서는 1927년 경성에서 처음 실시되었는데,[13] 방면위원으
로는 사회사업 대상자와 언어소통이 가능한 한국인의 활동이 컸
다. 이들은 자기가 맡은 구역 내에 있는 빈민이라고 여겨지는 세
대를 담당했다. 각 방면위원은 한 사람당 70~110가구의 빈민 세
대를 담당하여 생활 상태를 조사하고, 그 결과를 생활조사표 양
식에 기입하여 이를 1종이나 2종 카드로 분류하는 등 모든 사회
사업에 기본이 되는 자료 작성에 투입되었다.[14] 떠돌아다니며 구
걸하며 생활하는 한센인들은 방면위원의 중요한 관리 대상이었
다. 한국인 방면위원은 최말단의 빈민과 환자를 직접 대면함으로
써 제도가 닿지 않는 곳의 한국인들까지 속속들이 파악할 수 있
었지만, 이들의 활동은 적극적인 대처보다는 주로 '조사', 즉 상황
파악에만 집중되었다는 한계가 있다.

방면위원의 조사나 활동 시점은, 신문 기사에서 한센인이 적극
적으로 언급되는 시기와 맞물린다. 〈도표 1〉에서 보이는 바와 같
이 1927~28년에 일본어 신문에 한센인 기사가 늘어나는데, 대부
분이 환자가 일으키는 사회적 문제 관련 기사이다. 특히 1928년
에는 한센인 범죄 관련 기사가 대부분을 차지한다. 이 기사들은

---

12   安井誠一郎, 〈社會事業と方面委員〉, p. 16.

13   滝尾英二, 《植民地下朝鮮におけるハンセン病資料集成(第7卷)》, 不二出版, 2003, p. 1.

14   愼英弘, 《近代朝鮮社会事業史研究》, p. 48.

한센인에 대한 두려움을 유발했을 뿐만 아니라, 이들에 대한 동정심 혹은 이들의 격리 거주대책을 강구하게 하는 두 가지 방향으로 작용했다.

이처럼 동정심이 많고 인내심이 강하며 보상을 바라지 않고 사회적 약자를 도울 수 있는 사람을 뽑아서 '빈민 및 감염성 환자 조사'를 벌였고, 이 방면위원 조사로 드러나는 문제점은 점차 신

〈표 2〉 1927-1928년 일본어 신문에 실린 한센인 관련 기사

《朝鮮通信》	〈소아를 죽여서 생간을 적출한 나환자〉(1927. 3. 18.), 〈부산진에 나환자 모여들다〉(1927. 8. 1.), 〈나환자와 마산 부민〉(1927. 8. 26.), 〈나환자 구제 예방의 제1기 계획〉(1927. 8. 31.), 〈나환자의 단속 진정〉(1927. 8. 31.), 〈나환자가 늘어나 부녀자를 희롱하다〉(1927. 10. 11.),〈병원에 넘치는 나환자〉(1927. 12. 17.),〈전염병원의 환자 누계〉(1928. 3. 18.), 〈따뜻해져서 처리가 곤란한 부산의 나환자〉(1928. 3. 18.), 〈뚝뚝 떨어지는 피를 빨아먹은 흉폭잔인한 살인귀〉(1928. 3. 30.), 〈나환자 30명이 범선습격〉(1928. 4. 18.), 〈부산의 나환자 소록도로 보내다〉(1928. 5. 16.), 〈나환자 교외로 추방〉(1928. 5. 17.), 〈나환자 사냥〉(1928. 6. 3.), 〈나병환자가 물품을 강요〉(1928. 6. 12.), 〈대구 나환자 일제히 소탕〉(1928. 6. 19), 〈나병을 치료하려고 인육을 먹다 – 이웃 아이를 데리고 와 죽인 후의 흉행〉(1928. 7. 19.), 〈생간을 빼먹으려고 아이를 납치하여 도망가는 나병환자 – 위험한 순간에 구출된 4세 남자아이〉(1928. 7. 28.), 〈나환자의 소탕을 이야기하다〉(1928. 8. 9.), 〈대구 나환자 50여 명을 소록도에 격리〉(1928. 8. 17.), 〈부산의 골칫거리 나환자 방치〉(1928. 10. 2.), 〈생간을 빼낸 자에게 사형을 구형하다〉(1928. 10. 9.), 〈경비 부족으로 나요양소가 환자를 내보냄〉(1928. 10. 17.), 〈소록도 나병원 수용력을 확대하여 환자를 보내다〉(1928. 9. 3.), 〈방치된 나환자들이 불온의 형세〉(1928. 10. 18.), 〈추위를 맞이한 지금 백 명의 나환자가〉(1928. 11. 17.)
《朝鮮每日》	〈환자 일소를 지사에게 진정〉(1927. 8. 31.)
《京城日報》	〈사체를 발굴하여 인육으로 술을 담그다〉(1928. 4. 17.), 〈부산 한동네에서 천형병자 소동〉(1928. 4. 18.), 〈몰려드는 천형병 환자〉(1928. 4. 24), 〈생간을 빼는 나환자 일당〉(1928. 6. 10.)
《朝鮮通信》	〈행려병자의 급증〉(1928. 8. 28.)

문지상에 실리며 한센인 문제를 일반 사회가 함께 고민해야 할 심각한 사안으로 공유해 갔다.

조선총독부 학무국 사회과의 《조선의 사회사업朝鮮の社会事業》을 보면, 방면위원 활동편이 설정되어 있다. 이 활동 중 〈특종진료사업特種診療事業〉 부분에서 '나병환자 구료救療(가난한 병자를 구원하여 치료함)'가 대해 매우 상세히 기술된다. 이 방면위원 활동 기록에서 특히 반복적으로 강조되는 사항이 있는데, 바로 조선나예방협회의 설립으로 추진된 대대적인 모금 활동의 성과이다.[15] 총독부는 이 모금 성과에 대해 '예상하지 못한' '기대 이상' '놀랄 만한' 등의 수식어를 붙여 한국 대중의 기부에 대해 설명하고 있다. 과연 총독부를 놀라게 할 만큼 대중의 관심을 이끌어 낸 존재들은 누구였을까.

여기에서 방면위원의 활동을 간과할 수 없다. 이들이 대면 조사로 알게 된 상황들, 그리고 사회적 약자에게 갖게 된 동정심을 대중과 공유하려는 움직임을 만들어 냈기에 가능한 일이었다고 볼 수 있다. 그러나 이들의 활동은 '순결한 피를 가진 제국 일본'을 건설하는 도구로 이용되었다. 총독부 자료는 '기부' '소록도갱생원 확장'이라는 성과를 더욱 공들여 기술하며, 〈방면위원〉 활동편 중 〈특종진료사업기술〉 부분의 서술 비중을 늘려 갔다. 《조

---

15 朝鮮総督府, 〈特種診療 事業〉, 《朝鮮の社会事業》, 朝鮮総督府学務局社会課, 1933, pp. 56-57.

선총독부시정연보》(1934)에는 의료시설 중 지방병 및 만성전염병 부분에서 '나癩'에 대한 설명이 매우 상세하다. 1933~34년 조선총독부 시정 보고에서도 '의료시설→의료기관의 확장 및 위생기술원의 증설→지방병 및 만성전염병' 부분에서 한센병을 자세하게 기술하는데, 그 내용은 한센인 현황과 조선나예방협회 설립 후 기부금을 통한 확장, 시설 내 환자 처우 등이다.[16] 총독부는 한국 대중의 적극적 기부를 자신들의 사업 성과로 과장하고 포장하는 데에 사용했다. 시정 보고 중 소록도 부분에서는 조선나예방협회 설립과 막대한 기부금 모금 이후 전 세계에 내놓아도 좋을 만큼 거대한 격리섬으로 완성되었다고 장황하게 소개했다. 조선나예방협회는 한센사업 성공의 주체가 되어 제국주의 실현의 선봉에 선 단체로 부상했다.

조선나예방협회 성공의 핵심은 물론 '다수 조선인의 기부'였다. '기부'라는 행동은 국가적 정책이나 강요로는 한계가 있다. 기부는 기부받을 대상에 대해 '마음'이 움직여야 가능한 것으로, 이름 없는 개인이 잘 모르는 타인을 위해 돈을 내어놓기는 쉽지 않은 일이다. '착한' '인격적'이라고 여겨진 한국인들을 방면위원으로 활동하게 한 것 외에, 조선나예방협회가 서민 대중의 마음까

---

16 이에 관하여는 朝鮮総督府,〈醫療施設 衛生施設 最近ノ施設〉,《朝鮮總督府施政年報 1933》, 朝鮮總督府, 1935, pp. 430-435와 朝鮮總督府,〈醫療施設 衛生施設 最近ノ施設 ―地方病及慢性傳染病-癩〉,《朝鮮總督府施政年報 1934》, 朝鮮總督府, 1936, pp. 463-470를 참고하였다.

지 움직일 수 있었던 데에는 다른 요인들이 있다.

한국어 신문 기사를 통해 본
한센인의 요구

〈도표 1〉의 두 번째 정점인 1932~33년의 기사들은 대부분 조선나예방협회 설립과 기부 관련 기사이다. 총독부가 감탄을 금치 못할 정도로 한국 각지 및 심지어는 교도소 수감자까지도 조선나예방협회에 기부금을 보내 왔다. 총독부는 이러한 성과를 황후의 자비, 식민지 통치의 성과로 포장했지만, 상식적으로 생각해 봐도 한국 서민이 황후의 자비를 알 리 없고 식민지 통치를 빛내기 위해 기부를 했다는 것은 상상하기 어렵다. 따라서 그 저변에 자리한 요인들을 살펴볼 필요가 있다.

〈도표 2〉에서 보이듯이, 당시 환자들은 미신적인 치료법 외에 무리지어 다니며 일반인들을 위협하고 물건을 강탈했다는 내용이 많다. 실제로 한센병 환자들은 정주할 수 있는 마땅한 장소가 없고 직업 활동이나 산업 활동이 불가능했기에, 이들의 '떠돎'은 생명을 유지하기 위한 방편이었다. 그리고 또 한 가지, 한센병 환자들의 상황을 대변해 주는 동정심 있는 비환자 대표들이 있었다. 일본어 신문에서 많지는 않지만 관련한 기사를 확인할 수 있다.

〈표 3〉을 보면, 한센 시설이 있는 경상도와 전라도로 환자들이

<표 3> 일본어 신문에서 보이는 한센인들의 요구

발간일	신문	기사 제목	기사 내용
1926. 10. 16.	朝鮮朝日	나환자가 보조를 탄원 -사이토 총독에게	"경상남도 동래군 서면의 나병 환자 상조회 130명의 대표 김돈화가 14일 사이토 총독에게 우리 상조회는 최근 약품이 없어서 치료를 받지 못하는 불쌍한 처지에 놓여 있으므로 이번에 우리를 위해 1년 치료비 6,416엔의 보조비를 받고 싶다."
1926. 11. 7.	朝鮮朝日	치료비를 제공해 달라고 진정	(김돈화가 다시 총독에게 진정서를 냈다는 기사인데, 참가한 한센인의 수가 150명으로 증가했고) "도당국에서도 중대한 사회문제로 보고 있다."
1928. 6. 27.	朝鮮通信	광주나병공제회 진정	"미수용자들이 조선나환자공제회를 조직하여 유리걸식하는 환자들의 활로를 개척하기 위해서 자작자급自作自給할 수 있을 정도의 농업을 영위하고자 하는 목적을 가지고 사회에 동정을 구하는 것과 동시에 전남지사 및 조선 총독에게 진정서를 냈다."
1930. 5. 8.	朝鮮朝日	나환자 격리 장소 신청	(신의주 소식으로) "나환자구제조합대표 전라남도 김주언金柱彦 외 몇 명은 평안북도 지사에게 나환자 격리 장소 지정 및 구제금 교부 진정서를 제출했다."

이동할 수밖에 없는 상황, 병실 부족으로 병원 주변에서 병상이 나기를 기다리는 상황 등을 파악할 수 있다. 그리고 환자들이 비환자 대표를 내세워 치료와 생활을 할 수 있는 지원을 지방단체와 총독부에 요구했다는 것을 알 수 있다. 일본어 기사만 보면 환자들의 요구가 띄엄띄엄 있는 것처럼 보이지만, 당시 환자사회의 요구가 비연속적이지 않았다는 것을 한국어 신문 기사에서 확인할 수 있다. 《동아일보》, 《조선일보》, 《매일신보》, 《중앙일보》 등에

서 보이는 환자들의 요구는 〈표 4〉에 제시한 바와 같이 꽤 조직적이고 집단적인 형태로 드러났고, 조선나예방협회 설립 이전부터 매우 활발한 활동을 벌이고 있었다는 것을 알 수 있다.

당시 환자들과 비환자 대표로 결성된 '나환자상조회' '나환자공제회' '나환자구제연구회' 등 한센인들의 생존권을 주장하는 단체들이 사회에서 활동하였다. 1923년 12월 31일 《동아일보》 기사에서 보이듯이, '나환자상조회'는 한센인의 수가 많았던 경상도에서 결성되었다. 이들은 치료제를 구하기 위하여 대구의 관계 관청과 총독부에까지 치료제를 지원해 달라는 진정서를 제출하기도 했으며, 민간에서도 관심을 갖고 기부로 동참했다.

〈표 4〉가 보여 주듯이, 1932년 말 조선나예방협회가 활발한 기부금 성과를 거둘 수 있기까지 사회사업 분야에서 환자들을 대표한 한국인 활동가들의 적극적인 활동이 있었다. 그러나 일본어 신문들은 이런 과정은 보지 않은 채 한센인 대책으로 총독부 주도의 '나예방협회 설립 계획 발표(1932년 7월)→같은 해 연말 본격적으로 추진[17]→1932~1933년의 대대적인 기부'라는 단선적인 형태로, 거액의 기부금 모금이 총독부 사업의 결과물인 양 보도했다. 설립 당시 조선나예방협회 발기인 명부에는 최흥종이나 윤

---

17 당시 신문 기사로는, 〈설립을 서두르는 나예방협회〉《朝鮮朝日》 1932. 11. 9.), 〈악병의 퇴치를 기대하고 나예방협회 만들어지다〉《朝鮮朝日》 1932. 11. 23.), 〈나환자의 구세주 조선나예방협회에 사회의 원조를 바라다〉《京城日報》 1932. 11. 23.), 〈나예방협회 설립의 환영-나환자로 고민하는 경남〉《朝鮮朝日》 1932. 11. 26.) 등을 확인할 수 있다.

<표 4> 한국어 신문에 실린 한센인들의 생존권 요구 기사

	발간일	신문명	기사 제목	기사 내용
1	1914. 6. 25.	매일신보	나병단장, 회원은 문둥이 삼십여 명	경남 진주의 조인화趙仁化(비환자, 35명가량의 한센병환자 단체 회장)라는 인물이 한센인의 삶을 대변하는 일을 하고 있음
2	1923. 12. 31.	동아일보	경북 달성에 나환자상조회	병 치료와 전염병 예방이 목적, 전 조선에 병자가 이만여 명
3	1924. 3. 24.	동아일보	나환자상조회 창립을 듣고	통영해동병원 김상용의 글로, 불행한 나환자 구제의 책임이 2천만 조선민족에게 있다. "나환자상조회의 장래 발전과 일반 유지의 동정의 熱淚를 不惜하시기를 企待합니다."라는 제언을 하고 있음
4	1924. 8. 19.	동아일보	나병 환자 해방 요구	나병 환자 친척에 해당되는 사람들이 감금되어 있는 환자들을 해방하라고 요구함
5	1925. 7. 2.	동아일보	광주나병원에 60여 엔 동정	매년 11월 첫 일요일에 각 교회의 신도가 헌금을 모집하여 보내 주는데, 광주나병원에서는 이것으로 부족하여 김정기 씨를 각 지방 교회를 순회하게 하여 모금을 요청했고 신천교회에서 61엔을 모음
6	1926. 7. 1.	동아일보	나병환자위안회를 보고, 도당국에 일언	한 기자의 사설인데, 소록도에만 나병환자위안회가 생긴다는 것은 모순이고 차별이라는 내용
7	1926. 10. 17.	동아일보	치료비 좀 달라고, 나병 환자 탄원	나병환자상조회의 130명의 환자가 김돈화를 대표로 하여 총독부에 탄원서 제출
8	1927. 1. 19.	동아일보	구제하여 달라고 총독부에 진정	대구 나병환자상조회를 대표하여 이이선 외 3인이 총독부에 진정서 제출
9	1927. 1. 29.	동아일보	나환자에 2천 엔 동정	10년 동안 2천 엔을 기부하겠다고 한 통영 김상용 씨
10	1927. 1. 29.	매일신보	통영해동의원장 김상용 씨의 특지	대구나병자 상조회에 자진하야 이천 엔 기증
11	1930. 5. 10.	매일신보	가련한 천형병자 여수나병원 집중, 입원 거절당하고 공제회 조직, 경찰부에 주사약 청구	입원 불가능한 한자들이 공제회 조직하여 당국에 치료비를 청구한 내용

12	1930. 5. 6.	매일신보	나병 환자 대표의 격리장 지정 요망, 네 곳 병원은 받지 않고 가라고만 해	환자들이 충청북도 당국에 격리장 지정을 요구
13	1930. 5. 10.	매일신보	가련한 천형병자 여수나병원에 집중, 입원 거절을 당하고 공제회 조직, 경찰부에 주사약 청구	환자들이 공제회를 조직하여 경찰부에 치료비를 청구함
14	1931. 9. 4.	조선일보	可驚할 숫자의 나병 환자 구제講究, 아직 구체적 실현은 없다, 광주 최홍종 씨의 활동	최홍종이 총독부 위생과 전남위생과를 방문하여 근본적인 구제 방침에 대한 많은 활동을 함. 그리고 민간에서도 광주 금정 유치원에서 유지 20명을 모아 토의함
15	1931. 9. 8.	동아일보	나환자의 애절한 호소, 일반 사회 측에 호소해, 혈루로 점철한 진정서	조선나병환자공제회에 수용되어 있는 환자들이 공제회 창설자인 최홍종 목사를 대표로 경성에 와서 일반 사회에 진정서 제출
16	1931. 9. 21.	동아일보	분포상황 조사, 각계의 여론을 환기, 적극적인 활동을 개시하게 된 나병구제회위원회	조선나환자구제연구회에서 본격적으로 환자 분포 상황과 민중보건에 미칠 영향을 조사한 후 이것을 널리 각계에 여론을 환기시키기로 함
17	1931. 9. 25.	조선일보	각 방면 유지를 망라, 나병자구제회 조직, 민족적 큰 문제가 되어있는 병마, 오늘밤 발기회 개최	일반 사회가 환자들을 너무 매정하게 대하여 길거리에서 방황하는 것이 민족보건 상 심각한 사항임을 느껴서 나환자구제연구회를 조직함
18	1931. 9. 26.	동아일보	실행위원회 구체 대책협의 28일에 개회한다	구제사업에 착수할 것임
19	1931. 9. 26.	조선일보	나환자구제회 위원 선거	나환자구제연구회를 조직하고 위원에게 사업의 진행을 일임
20	1931. 9. 26.	동아일보	사회 유지의 발기로 나병구제연구회	각 방면의 유지를 망라하여 조직, 환자구제 병균 방지

21	1931. 9. 30.	동아일보	나병구제회 위원회 개최	조선나환자구제연구회 9월 28일 기독교 청년회관에서 실무위원회를 열고 집행기관 등을 결정
22	1931. 10. 21.	동아일보	조선나환자구제 취지서	취지서 내용
23	1931. 10. 21.	조선일보	나환자구제연구회 취지	취지서의 내용
24	1931. 10. 21.	조선일보	나환자 분포 상황과 보건상의 영향 조사	나환자구제연구회에서 구체 대책 협의함
25	1931. 12. 2.	조선일보	나환자 구제책을 촉진하라	독지 유력자에게 강력하게 환자들의 결의를 표명함
26	1931. 12. 7.	동아일보	나환자 간이수용소 3개 도시에	구제연구회의 결의한 내용
27	1932. 1. 21.	동아일보	근절안 토론 (이후 근절회 기사는 최흥종 관련)	구제연구회의 위원장 윤치호 씨의 사회로 청년회관에서 토론회 개최, 상무위원 최흥종의 보고
28	1932. 1. 22.	동아일보	나환자 근절운동의 봉화: 나환자 근절연구회의 첫 활동	나환자근절연구회의 첫 활동-경성에 있는 나환자 22명을 여수로 이송하기 위해 여비 천 엔을 모집한다는 기사. 동회에서는 앞으로 20년을 제1기 계획으로서 연 경비 50만 엔을 계상함
29	1932. 1. 26.	동아일보	나병근절회 장정과 취지	실행 방법의 일환으로 수만 장의 취지서를 인쇄하여 각 곳에 배부
30	1932. 1. 28.	동아일보	나병근절회 특파원 파견	근절회에서는 환자들의 치료에 효과가 있는 약을 개발했다는 정환덕에게 특파원을 파견하여 실상을 파악하고 도움을 요청하고자 함
31	1932. 3. 7.	조선일보	나병 환자 처치에 당국의 무성의 규탄	전북도평의회에서 전라북도의 의원이 '위생비'를 주요한 안건으로 삼아 나환자에 대한 조처를 요구함
32	1932. 3. 11.	중앙일보	동래의 문둥병 환자촌, 나 병자연맹 제창, 죽음에서 살 길로 나가는 노력	호곡리 상조회는 단체생활을 하며 사회의 구제를 절실히 요청함

33	1932. 3. 25.	동아일보	나병 환자 치료비 기부금 허가 바람	나환자구제연구회의 최흥종 씨 명의로 경기도청에 경기도 나환자를 여수로 보내기 위해 기부금 모집 허가될 것으로 예상
34	1932. 4. 11.	중앙일보	나병연구회에 최 씨의 特志, 2천7백 엔 기부	최흥종의 노력으로 기부금 얻어 냄
35	1932. 4. 11.	동아일보	나환자근절회에 기부 모집 허가, 윤위원장의 사임으로 개선	나환자근절연구회를 중앙기독교청년회관에서 개최하여, 윤치호 씨가 위원장을 사임을 수리하고 최흥종 씨 선임
36	1932. 5. 8.	동아일보	나환자에게 동정금 들어오기 시작	구제회의 활동으로 인해 기부금이 들어오기 시작함
37	1932. 10. 14.	동아일보	여수나 병원 확장을 위해 1만5천 엔 기부 모집	전 조선 환자를 수용할 계획으로 전 조선에 호소할 계획
38	1933. 4. 9.	동아일보	나병환자 결속 결기 인습적 폐해 일소, 전조선 나단체 연합회 조직, 민중 보건운동에 공헌	전조선나병연합회 조직 대표자 20여 명이 모임. 환자 자신이 민중보건에 관심을 갖고 위생관념을 철저히 하자고 함. 최흥종 목사에게 6개조의 진정 위탁
39	1933. 4. 11.	조선중앙일보	나병자 연합대회, 당국에 6개 조항 진정	무의무탁한 환자 선착 구조 등을 위해 최흥종 목사가 총독부 방문
40	1933. 5. 6.	동아일보	나병자 60명 경찰에 애원	경비 부족으로 퇴거시켰던 환자 부산 서면으로
41	1933. 9. 5.	동아일보	나병자 무리를 이루어 경찰에 진정, 어서 소록도에 보내 달라고	환자들이 무리를 지어 소록도에 보내 주기를 요망
42	1933. 9. 10.	동아일보	매일 20명의 나환자 경찰에 애원, 살 수 없으니 수용해 달라고	소록도행을 바라는 환자들
43	1934. 6. 5.	동아일보	대구나병단체연합, 미신타파 선언	흉악한 일이 없어지도록 각 지방에 주의를 환기

44	1935. 11. 30.	동아일보	대구의 명물 나병 환자, 앞으로 단연 절멸 방침, 나환자 상조회도 해산	대구 환자들을 소록도 수송과 고향으로 송환하고 상조회를 해산한다는 내용
45	1935. 11. 30.	동아일보	해산반대파 검거, 집단 3부락 태워 버림	나환자상조회 해산
46	1936. 6. 15.	동아일보	문둥이 연대하여 종로경찰서에 진정, 주민의 학대로 굶어죽겠소	이 사태와 관련하여 위생계 주임은 가까운 시일 내에 일망타진하여 추방하겠다고 선언
47	1937. 6. 3.	동아일보	밀양에 나타난 나병자 행진	밀양의 말썽거리이다
48	1939. 3. 24.	동아일보	경남나환자상조회 무료 시료 요망	경남 도내의 환자들이 종전대로 시료를 요구

치호를 비롯하여 기존의 '조선나환자구제연구회'에 가담했던 한국인들의 이름이 다수 보인다. 협회의 면면에 이미 기존 한국 한센인 단체에 가담해 온 한국의 유력자들과 총독부 관련 일본인들이 포함되어 있다. 조선나예방협회에서는 소록도갱생원 확장 건설을 식민지 의료사업의 중심에 두었다.[18]

실제로 방면위원제도나 나환자 및 환자들 편에서 동정심을 호소한 활동가들의 활동은 한국인들의 적극적 기부에 상당한 영향을 미쳤다. 비록 조선나예방협회는 총독부 주도로 만들어진 관립기관이었지만, 그 설립 기반에는 환자들과 비환자 대표들의 활

---

18 朝鮮癩予防協會,《朝鮮癩予防協會事業槪要》, 朝鮮癩予防協會, 1935, p. 3.

동이 있었다는 것이다. 1933년 4월 조선나예방협회 발기인 명부
를 보면, 발기인 약 1,300명을 거주지별로 분류하여 주소와 이름
을 표기하고 있다. 〈표 5〉를 보면 경성이 포함된 경기도와 전라남
도, 경상북도, 강원도는 눈에 띄게 한국인 발기인의 수가 더 많다
는 것을 알 수 있다.[19] 즉, 조선나예방협회는 단순히 총독부의 행
정 조직력으로 갑작스럽게 만들어진 단체가 아니라, 환자들과 기
존 한국인 사회사업가들의 활동을 바탕으로 설립된 단체였다. 그

〈표 5〉 각 도별 조선나예방협회 발기인 수

	한국인	일본인	계
경기도	123	102	225
충청북도	4	13	17
충청남도	52	58	110
전라북도	61	71	132
전라남도	80	53	133
경상북도	91	72	163
경상남도	44	70	114
황해도	46	92	138
평안북도	28	26	54
평안남도	53	55	108
강원도	30	14	44
함경북도	13	29	42
함경남도	8	12	20

---

19 각 도별 조선나예방협회 발기인 수는 財團法人朝鮮癩豫防協會,《朝鮮癩豫防協會要覽》,
    pp. 2-46을 참고하여 필자가 작성하였다.

때문에 조선나예방협회의 설립과 동시에 수많은 기부금이 모일 수 있었던 것이다.

《조선나예방협회요람》은 "조선나예방협회 설립 후 관민 · 유지를 통해 기부금을 모집한 성적을 공개하며 세상 사람들이 동정하여 예상외의 좋은 성적을 거두었다"[20]며 성공적인 모금 성과를 총독부의 공으로 돌린다. 환자를 위한 정책을 어떻게 실현할 것인지는 안중에 없다. 소록도를 한센인의 자급자족과 치료, 위안을 위한 섬으로 구축하고자 했던 기존 활동가들의 바람과는 달리, 성공적인 모금이 총독부의 식민 통치가 만들어 낸 위대한 성과물로 포장됐던 것이다. 황후 사다코는 한센병 환자를 어루만지는 자애로운 어머니에 비유되며 금욕적인 삶과 모금 성과를 상징하는 인물이 되었다. 조선총독 우가키 가즈시게宇垣一成는 1933년 4월 도지사의회에서 "하사금을 전해 준 황태후 폐하의 천은天恩"을 언급했고, 1935년 7월에는 황실에 들어가 〈조선 사회 사정 중 나 예방 및 환자 퇴치에 관한 상황〉을 보고했다.[21] 황태후가 모범을 보인 덕에 백성들의 마음이 움직여 솔선하여 기부했다는 것이다. 이처럼 사다코를 전면에 내세운 '은사구라恩賜救癩'는 한국 한센정책의 상징적 요소로 자리 잡아 갔다.

기부금은 원래 비환자를 대표로 한 환자 집단의 요구, 즉 일반

---

20 財團法人朝鮮癩豫防協會,《朝鮮癩豫防協會要覽》, p. 60.

21 滝尾英二,《植民地下朝鮮におけるハンセン病資料集成(第7卷)》, p. 5.

사회에서 격리되어 살아갈 수 있는 조건을 만들어 달라고 호소하여 받은 돈이었다. 그런데 이 동정심의 결과물이 총독부의 통치와 황실의 자애를 치장하는 장식, 총독부가 주관하는 조선나예방협회의 치적을 빛내는 도구로 전락한 것이다. 막대한 기부금으로 확장된 소록도갱생원은 환자를 위한 요양시설이라는 기존의 목적과 달리, 식민 통치의 성과를 세계에 전시하는 세계 최대 규모의 요양소로 변질되었다. 갱생원에 대한 총독부의 대대적인 홍보와 선전은 소록도갱생원 건설에서 환자 및 활동가들이 수행한 역할을 더욱 소외시켰다.

◆ ◆ ◆

한국 한센사업은 개항 이후 서양 선교사들이 주도하여 시작되었다. 하지만 일제강점기에 들어서면서 일본이 정치나 경제, 문화뿐 아니라 사회사업의 주도권까지 장악하면서 한센사업도 그 일환으로 이루어졌다. 한국에서도 최하층에 해당하는 사람들에 대한 파악은 여러 가지 면에서 방면위원과 같은 형태로 한국인이 담당할 수밖에 없었다. 일제는 방면위원제도를 하층민의 구제보다는 이들의 문제점을 파악하는 데에 이용하였다. 특히 한센인은 빈곤할 뿐 아니라 감염의 위험성이 있어 절대적 격리가 필요한 존재로 여겨졌고, 격리시설 마련에는 막대한 예산이 요구되었다. 이러한 필요는 아이러니하게도 비환자 대중뿐 아니라 같은 민족에게 멸시받고 생존의 위협을 느꼈던 환자들도 절실하게 바랐던 바였다. 이러한 요구의 상호작용은 적극적 기부 행위를 유발했다. 조선나예방협회로 모인 기부금은 조선나예방협회가 선전하듯이 '하사금을 내리신 황후폐하의 자비'나 총독부 정치의 성과가 아니라, 일제강점 초기부터 환자 및 이들을 대표한 비환자들의 꾸준한 요구와 실천이 그 저변에 있었던 것이다.

조선나예방협회의 기부금은 결과적으로 소록도갱생원 확장에 사용되었고, 갱생원은 잘 알려져 있는 바와 같이 스오 마사스에 원장 이후 강제노동과 폭력 그리고 스오의 신격화가 이루어지면서 일제가 자랑하는 식민지 문화전시장으로 거듭났다. 여기에 기존 환자들이 주장한 생존권 요구가 설 자리는 없었다.

6장

한센인의 '소리'와 함께한
비환자 대표

한센인에게는 그들이 겪은 고통만큼 처절하게 생존을 이어 가야 했던 역사가 존재한다. 이 장에서는 긴 역사 속에서 한 인간으로 받아들여지지 못한 존재들의 삶의 방식, 그중에서도 '침묵하는 자'로서가 아닌 '소리 내는 자'로서 한센인의 삶에 대해 살펴보고자 한다.

한센인이 '소리'는 일제강점기에 한정된 것만도 아니고, 환자 집단 내부에 갇혀 있는 것도 아니다. 오랜 역사 속에서 이 질병이 주는 삶의 고통에 대해 누구보다도 잘 파악하고 있던 한센인들은 그들만의 방식으로 생을 유지하고자 분투해 왔다. 이 분투에는 환자뿐 아니라 이들과 함께 한센인의 삶을 고민한 비환자들의 활약이 있었다. 특히 환자들의 목소리를 대변하고 실천을 유도한 비환자 대표 최흥종, 유준의 활동을 구체적으로 조명해 보자.

한센인 '소리'의 역사와
미디어

고래로부터 한센병은 사람들이 극단적으로 싫어한 질병이었기에 증상이 표면화된 사람들은 숨어서 살거나 스스로 촌락을 구성하여 격리된 공간에서 생활했다.[1] 1445년 《세종실록》에는 제주도

---

[1] 三木榮, 〈朝鮮疾病史〉, p. 114.

의 한센병 유행이 기록되어 있는데, 환자 가족들이 감염을 두려워하여 해안의 '무인지대無人地'에 환자들을 버렸다고 되어 있다. 여기서 환자들은 스스로 목숨을 끊거나 살기 위해 '애통하는 소리呻吟'를 냈다. 이를 '불쌍히 여겨' 국가에서 관리나 승려를 통해 환자들에게 의복과 약품을 제공하고 목욕시설을 마련해 주었다.

1419~1622년의 200년간 한반도 전체에 광범위한 한센병 유행이 있었고, 국가에서는 환자들을 '불쌍히 여겨' 한센인 치료를 담당한 승려나 한방의에게는 군역을 면제해 줬다. 그리고 한센인이 많이 발생한 지역에 환자들을 위한 시설과 약을 제공하였다. 또한 전국적으로 분포해 있는 환자들을 조사하고 등록하였으며, 이 조사사업에 투입된 사람의 근무 태만을 처벌하는 조항까지 있었다.[2] 이처럼 '무인지대'에 방치된 환자들이 살기 위해 내는 '애통하는 소리'는 근대 이전부터 나라의 관리들에게 한센인 문제를 사회적 문제로 인식하게 하고, 그에 대한 대책, 즉 환자 등록, 구호소 설치, 약물 제공, 해수욕 실시 등을 마련하게 했다.

한국은 1895년 일본 관제를 모방하여 전염병 예방 제諸규칙을 공포하고,[3] 서양의학 중심의 의료 체계를 받아들였다. 일제강점기에 들어서는 앞서 살펴본 바와 같이 식민 통치를 위한 의료행정 속에서 일본의 의도대로 구성되어 갔다. 하지만 이런 시기에

---

2 三木榮, 〈朝鮮疾病史〉, p. 113.

3 三木栄, 〈朝鮮醫學史〉, p. 265.

도 근대 의료 시스템에 포섭되지 않는 한국인의 자율적 민중 세계를 일제가 인정할 정도로,[4] 한국인의 질병에 대한 대처 방식은 적극적이고 주체적이었다. 예를 들어, 1920년대 말 유행한 설사와 장티푸스에 걸린 경성의 한국인이 일본인보다 적다는 통계[5]나 한국 농촌의 유아사망률이 현저하게 낮은 이유(《조선과 유아사망률 감소운동》, 《경성일보》 1934. 8. 24.)를 조선총독부는 제대로 해명하지 못했다. 이외에도 출산을 혼자 하는 여성이 많았고, 질병 치료를 위해 의사 외에도 한방의인 의생醫生이나 약방의 한약 처방, 무녀 등 다양한 방법을 선택했다.

반면에, 이러한 민간 사회의 적극적인 질병 대처는 감염을 일으키는 환자들에 대한 민감성으로도 드러났다. 그리고 환자 격리 문제는 근대에 이르러 미디어와 결합하여 더 극대화되었다. 앞서 신문 기사 등에서 살펴본 바와 같이 한센인을 대상으로 한 미디어의 공포 분위기 조성은 환자를 만나 본 적도 없는 사람들까지도 적극적인 격리를 요구하기에 이른다. 이러한 분위기는 객관적인 통계나 위생 관념 등을 앞세운 국가의 관리와 통제 시스템을 강화하는 데에 힘을 보탰다. 미디어는 대중들의 동질적인 사고 반응과 행위를 일으키는 효과적인 수단이었고, 기존의 지배관계와 이데올로기를 정당화하고 재생산하는 데에 사용되었다. 권

---

4   朝鮮奬學會編,《学術論文集》25, 朝鮮奬學會, 2005, pp. 9-29.

5   愼蒼健,〈植民地衛生学に包摂されない朝鮮人〉,《帝国の視覚と死角》, 青弓社, 2010, pp. 18-19.

력의 공익 담론이 한국 사회의 관성과 만나는 지점[6]에 한센정책이 놓여 있었던 것이다. 근대 이전 단순히 주변 사람들의 소문에 의존하던 한센인들에 대한 소식은, 근대 이후 미디어의 보급으로 환자들이 어느 지역에 어떤 형태로 존재하는지 같은 구체성을 띠고 공유되었다.

각종 신문 기사가 보도하는 한센인은, 그 수가 많고 정확하게 파악되지 않는다는 불명확성, 생존을 위해 부랑한다는 이동성, 사람들을 위협한다는 범죄성이 특징적으로 부각되었다. 이런 특성들은 일반인들의 불안감을 자아냈고, 신문에 공개된 한센인 개인의 잘못이나 실수는 한센인 집단을 대표하는 성향으로 인식되었다. 여기에서 주목할 것은, 각종 신문이나 잡지에 게재된 한센인 격리 문제는 비환자만의 요구가 아니었다는 점이다. 한센인들 쪽에서도 인권 문제는 차치하고서라도 생명 유지를 위해 일반인들과 격리되어 생활할 수 있는 공간을 바랐다. 미디어는 비환자들의 격리 담론을 형성하는 데에도 사용되었지만, 역으로 생을 유지하기 위해 격리 공간이 필요했던 한센인들 쪽에서도 활용되었다. 고래부터 형성된 환자/비환자들의 '공존 불가능' 상황은 비환자 집단뿐만 아니라 한센인 집단에서도 격리 형태로라도 자신들만의 공간을 필요로 하게 했다. 그러나 격리 수용소로 가기 위해서는 환자가 여비를 지불해야 했고, 수용소 내의 생활비도 부담해야 했

---

6   배우성, 〈1920년대 피병원 건립 캠페인과 경성 조선인사회〉, 《사회학연구》 56, 2014, 38쪽.

다. 환자나 그 가족이 지불 능력이 없으면 수용소로 들어갈 수도 없었다.[7] 이에 경제적 능력이 없는 환자들이 생존을 위해 국가와 사회에 생활권 보장을 요구하기 시작했다. 근대 이전 '애통하는 소리'로 생을 이어 갔던 한센인의 삶은, 근대 이후 비한센인의 도움과 미디어를 이용하여 좀 더 적극적인 형태로 드러났다.

환자들의 요구와
최흥종의 활동

1914년 6월 25일자 《매일신보》에는 경남 진주의 한 마을에 35명 정도의 한센인 단체가 결성되어 여름에 마을들을 돌아다니며 구걸하고 겨울에는 모여 지낸다는 내용이 소개된다(〈나병 단체, 회원은 문둥이 삼십여 명〉). 이 단체의 회장인 조인화趙仁化는 마을 사람들의 신뢰를 얻고 있던 비환자였다. 이후 비한센인을 대표로 한 소규모 환자 단체가 전국에 수없이 생겨났고, '나환자상조회' '나환자공제회' '나환자구제회' 등 비교적 큰 규모의 단체도 결성되었다.

환자 수가 다른 지역보다 많았던 경상북도에서는 대구나환자상조회가 1923년 12월 말에 결성되었다. 이 단체는 자신들의 결

---

7   朝鮮総督府,《朝鮮衛生行政法要覧》, 朝鮮総督府, 1921, pp. 250, 253.

의를 신문 기사를 통해 다음과 같이 전하고 있다.

"눈물 있고 피 있는 일반 유지들의 동정을 받아 이 회를 영원히 유지하고자 한다. … 조선 각지에 지부를 설립하고 병 치료와 전염 예방에 힘쓸 계획이다." 《동아일보》 1923. 12. 31

대구나환자상조회에서는 대구의 관청과 총독부에까지 치료제를 지원해 달라는 내용의 진정서를 제출했다. 나환자상조회 설립 후 한센인들은 더욱 적극적으로 활동했다. 환자들은 정부 당국에 금전적 지원을 요구하는 활동을 펼쳤다. 상조회 환자 130명은 치료비를 달라며 김돈화金敦化를 앞세워 총독부에 육천사백만 엔 지원을 요구하는 탄원서를 제출했다. 이 내용은 일본어 신문 《朝鮮朝日》에 실렸고,[8] 같은 내용이 다음 날 《동아일보》에도 실렸다.[9] 일본어 신문은 약값 인상으로 치료비가 턱없이 부족하여 보조금을 신청한다는 객관적인 이유를 내세우는 반면에, 한국어 신문은 추운 날씨와 환자의 생활고를 강조하여 독자의 감정(동정심)에 호소하는 문구로 기술되어 있다. 이러한 한센인들의 움직임은 정부의 관심을 끌었다. 그래서 《朝鮮朝日》에 관련 기사가 실렸다.

---

8 〈나병환자가 보조를 탄원-사이토 총독에게〉, 《朝鮮朝日》(1926. 10. 16.).

9 〈병원비 좀 달라고 나병환자 탄원-130명의 문둥병자가〉, 《동아일보》(1926. 10. 17.).

"그들이 제출한 진정서는 환자들의 비참한 삶을 다룬 내용으로, 도道당국에서도 중대한 하나의 사회적 문제로 보고 있다." 《朝鮮朝日》 1926. 11. 7.

그러나 이후에도 도당국의 실질적 움직임이 나오지 않자, 급기야 나환자상조회는 이이선李利善을 대표로 하여 총독에게 직접 진정서를 제출하기에 이른다. 나환자상조회가 사이토 마코토斎藤実 총독에게 제출한 진정서의 내용은 다음과 같다.

"… 동서로 음식을 구걸하는 우리를 관할 경찰관은 인명보호의 책임이 있다고 하며 짐승과 마찬가지로 취급합니다. 오호라, 우리들은 생을 신에게 받았으나 병이 있어서 사회로부터 학대를 받고 있구나. 우리는 건강한 자와 부자를 볼 때 부러워서 견딜 수가 없는 심정입니다. 그러나 사람을 원망하지 않으려고 하니, 이 진정서를 보시고 동정하여 구제하소서."[10]

이들의 행동력은 어느 정도 효과를 발휘한 것으로 보인다. 경상북도의 〈도지사 제출의견〉(1927년 5월 발행)을 보면, 대구상조회의 활동으로 격리시설 설치에 대한 여론이 형성되었고 이것이

---

10 〈구제하여달라고 총독부에 진정 대구나환자상조회에서〉,《동아일보》(1927. 1. 29).

사회 정책상·위생상 필요한 문제임이 논의된다.[11] 이 시기 한국 신문에서는 의사인 김상용金尙用의 한센사업을 위한 기부와 활동에 관한 기사가 빈번하게 출현한다.

〈김상용 나병자상조회 창립을 듣고〉(《동아일보》 1924. 3. 24.)

〈통영해동의원장 김상용씨의 특지, 대구나병자상조회에 자진하야 이천 엔 기증〉(《매일신보》 1927. 01. 29.)

〈한센병회 사업에 찬동 기부〉(《중외일보中外日報》 1927. 1. 29.)

〈나환자에 2천 엔 동정, 10년 동안 나누어 주기 위해, 통영의 김상용 씨〉(《동아일보》 1927. 1. 29.)

김상용이 강조한 것은, 각 지방 유력자의 동정심 발휘와 환자 상조회 참여, 그리고 한센인에 대한 국가 차원의 구제 필요성과 일반인들의 동정심에 근거한 기부금 요청이었다. 이 같은 환자 단체, 비환자 한국인의 활동을 통해서도 여론은 형성되었다. 이는 '환자의 활동-여론의 형성-정부 당국의 정책 마련'이라는 식으로, 일본에서 실시하던 톱-다운식의 정책과는 다른 형태였다.

여기에서 기독교 목사 최흥종(1880~1966)을 중심으로 한 한센인들의 활동에 주목할 필요가 있다. 최흥종은 5장 〈표 4〉의 한센인

---

11 滝尾英二, 《植民地下朝鮮におけるハンセン病資料集成(第3巻)》, 不二出版, 2001c, pp. 70-71.

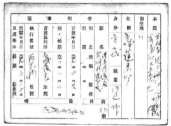

〈그림 1〉 최흥종 수감 관련 기록카드

생존권을 위한 한국어 신문 기사에 가장 자주 등장하는 비환자 대표이다. 최흥종은 전라도 광주에서 출생하여 1908년 윌슨을 비롯한 광주 거점 선교사를 돕는 일(어학당, 의사 보조)을 했다. 1915년 평양신학교에 입학했다가 1919년 3·1운동에 가담하여 1년 5개월간 징역을 살았다.[12] 그 때문에 일제의 감시 대상이자 다수의 한센인에게 영향력 있는 인물이었다(〈그림 1〉).

최흥종은 1921년 광주 북문밖교회에 목사로 부임하였다. 이후 1922년 시베리아 해외동포 선교, 1924년 북문밖교회, 금정교회를 거쳐, 1926년 2차 시베리아 선교에 나갔다. 1927년에는 민족주의에 입각해 창립된 항일단체 신간회新幹會[13]운동에 참여했고, 광주지회의 회장이 되었다. 여기에서 주목할 만한 사실은 1920년

---

12 한인수,《호남교회 형성인물》, 도서출판 경건, 2000, 217~253쪽.

13 신간회는 민족의 자주독립과 해방을 위해 조직된 단체로, 제국주의적 식민지 교육정책의 배격과 노동운동 및 농민운동 후원에 힘썼다. 이 회는 전국적인 조직망을 갖추었는데, 산하에 지회나 분회가 200개가 넘었다(한인수,《호남교회 형성인물》, 236쪽).

11월 이후 평양신학교를 마친 후 최흥종이 벌인 활동의 다양성과 지역적 확장성이다. 그는 목사와 선교사 그리고 지역 대표로서 전국 YMCA에서 활동하면서 광주YMCA 창립의 주역이 되었고, 1920년 11월에는 미국 교회에 청소년 전도의 필요성을 강조하고 그 실천으로 각종 교육기관 설립을 위해 미국 교회의 도움을 요청하는 〈한국의 젊은이들을 위하여〉라는 공개서한을 보냈다.[14] 1929년에는 제주 모슬포교회에 부임하는 등 그의 활동 영역은 전라도에 한정되지 않고 평양, 경성, 제주, 시베리아 및 전국에 분포된 기독 단체와 긴밀하게 연계되었다.[15] 이렇게 전국구로 활약했던 최흥종이 한센인 관련 행보에 본격적으로 나선 것은 1931년경으로 보인다.

대구에 이어 한센인이 많았던 전라남도 여수에서 '나병환자공제회'가 창설되었는데, 환자들은 최흥종에게 대변인이 되어 달라고 요청했다. 1931년, 한센인들은 자신들의 의견을 관철시켜 줄 비환자 한센인 지원단체를 구성하기 위해 기독교 장로회 총회에 최흥종을 파견하였다. 최흥종은 한센인들을 대표하여 금강산수양관에서 개최된 제20회 기독교 장로회 총회에서 한센인들의 요구를 피력하였고, 이 회에서 최흥종의 제안을 받아들여 한센인

14 Translations of Extract from Rev. Hong Chong Choi's Open Letter to the Church, dated November 1920, *The Missionary Survey* 3, 1921, pp. 193-194(광주YMCA역사편찬위원회,《화광동진의 삶》, 253쪽 재인용).

15 광주YMCA역사편찬위원회,《화광 동진의 삶》, 2000, 광주YMCA, 394~399쪽.

의 구제와 예방을 위해 적극 활동할 것을 결의하고 긴급지원금도 마련하였다. 최흥종은 여기서 그치지 않고 대중 사회를 향해서도 환자들의 입장을 대변했는데, 다음과 같은 진정서를 경성에서 제출하였다.

"우리들은 가정에서 윤리적 애정이 파괴되고, 친구와도 우의적 교제가 두절되고, 사회에는 집단적 생활이 거절되고, 또 종교에서까지도 의식적인 참배가 금지되어, 인간이면서 인간의 지위가 매우 상실되었습니다. 우리들은 지금 공제회에 수용되어 치료를 받으나 아직도 전 조선에 널려 있는 만여 명의 동병자는 수용할 곳이 없이 이리저리 방황하여 멀쩡한 다른 동포들에게까지 병균을 전파하고 있으니 이것을 생각하면 우리 개인의 생명이 없어지는 것보다도 우리 민족 전체 장래의 성쇠가 우려되지 않을 수 없습니다. 동포 형제여 우리는 죽으려고 해도 죽지 못하고 살려고 하니 갈 곳이 없고 병을 고치고 싶으나 그 방도가 없습니다. 생사 양란의 역경에 선 우리들을 좀 생각해 주소서. 더욱 우리 민족 전체의 장래를 위하여 좀 생각해 주소서. 형제여, 자매여, 위정 당국자여."
《동아일보》 1931. 9. 8.

이러한 최흥종의 활동 덕분에 한센인 구제에 대한 사회적 여론이 확대되었다. 최흥종을 필두로 하여 환기된 여론 형성으로 한국 전체의 민간 인사를 망라한 '나환자구제연구회'가 발기되었다는 사설이 《동아일보》에 실린다. 1931년 9월 9일자 《동아일보》에 〈조선나병환자구제회 발기하다〉라는 사설이 실리고, 같은 날 동일한 내용이 《조선통신朝鮮通信》에 일본어로 실렸다. 1931년 9월 24일 저녁 8시, '조선 나환자구제연구회'는 종로 중앙기독교청년회관에서 위원회를 개최하고, 한센인 분포 상황과 민중 보건에 미칠 영향을 조사한 후, 널리 여론을 환기시켜 구제사업을 촉진하기로 하였다. 연구회의 목적은 ① 나환자의 적극적 구조 ② 길거리에서 방황하고 구걸하는 환자의 치료 알선 ③ 보균자의 격리(《朝鮮通信》 1931. 9. 9.)로, 환자들의 생존권 보장이었다. 한센인들은 사회의 동정심에 호소하여 수용기관을 확대해 아직 전국을 떠돌고 있는 동병상련의 환자들을 수용해 달라고 요구했다. 이와 같은 환자들의 활동이 정부 당국의 회의에 반영되고 이에 대한 조처를 마련하기 위해 고민하게 했다.

"중추원 회의에 한센인들이 민간의 동정을 간절히 바라는 내용이 건의되었는데, 다행히 민간에서도 찬성하여 일본의 구제협회 같은 기관이 조직된다면 경무국警務局에서도 다액의 보조와 나예방법을 발표할 준비를 하고 있다고 한다." 《동아일보》 1931. 9. 10.

한편 '나환자구제연구회'의 설립에 대한 기사는 다른 신문에서도 큰 뉴스가 되었다. 《조선일보》(1931. 9. 25.)에 〈각 방면 유지를 망라, 나병자구제회 조직, 민족적 큰 문제가 되어 있는 병마, 오늘

〈그림 2〉《조선일보》와 《조선통신》에 실린 〈나환자 구제 문제〉 기사

밤 발기회 개최〉라는 내용이 실린다. 그리고 같은《조선일보》의 1면에 〈나병환자 구제의 문제〉라는 제목의 사설이 실리고, 이 내용은 그대로 일본어로《朝鮮通信》(1931. 9. 25.)에 실렸다(〈그림 2〉).

《동아일보》1931년 9월 26일자는 이 연구회와 관련하여 〈사회 유지有志의 발기로 나병구제연구회―각 방면 유지를 망라 조직 환자구제, 병균 방지〉라는 제목으로 연구회 발족 소식을 알리고, 최 목사를 포함한 다음 20명의 위원 이름을 소개하며 한센사업의 구체적 실현에 대한 기대를 밝혔다.

尹致昊 申興雨 李鍾麟 吳兢善 韓龍雲 崔興琮 安在鴻 金弼秀 明済世 玄

俊鎬 曹晩植 金鐸遠 金炳魯 俞珏卿 金性洙 崔奎東 朴承稷 宋鎮禹 李仁

金應圭, 《동아일보》 1931. 9. 26.

"사회적 여론이 이 문제에 관해 심각하게 생각하고 있다는 증거이며 이 기관의 발기에 의해 조선의 나환자에게 광명을 줄 것을 믿는다. 물론 필요한 것은 금전이지만 우리는 조선 사회의 양심이 적어도 조선인 경영의 환자수용소 하나 정도는 얻을 수 있을 것이라는 사명을 갖고 유종의 미를 거둘 것을 확신한다." 《동아일보》 1931. 9. 26.

이처럼 각 언론은 이 연구회의 발기 소식을 적극적으로 선전하며, 한국 사회에 한센인 구제 여론을 형성했다. 이러한 분위기를 타고 환자 집단에서는 한국인이 운영하는 환자수용소 건설이라는 성과를 기대했다. 조선나환자구제회에서는 〈조선나환자구제 취지서〉를 각 신문에 싣는데 그 내용은 다음과 같다.

"인류애의 지극한 충동에서와 및 민중 보건의 간절한 요구에서 우리들은 조선 나환자의 구제와 그 예방 사업을 확립하기를 열렬히 주장한다. … 문둥병의 절대 근절이 필요하니만큼 문둥병자의 절대 격리를, 하루라도 늦출 수 없는 시급한 문제이다. 그런데 격리하는 데는 그 안전과 위안과 및 의료가 없을 수 없으니 이는 예방과 구제가 둘이 서로 떨어질 수 없는 이유이다. … 격리의 취지는 따로 있지 아니하니 교통과 접촉과 매개로써 병균의 번식을 근절하자 함이 유일의 목적이오. 이 때문에 기후와 물산이 알맞은 격리 섬의 선택과 농예와 공작으로 그 생활을 자급하고 서로 돕고

오락으로 위안을 주는 것이 가장 필요한 것이다. … 유력자와 독지
가의 공사 각계의 합작을 바라는 바이다." 《동아일보》 1931. 10. 21.

이상의 취지서 내용을 보면 좀 더 구체적인 환자들의 바람을
알 수 있다. 이 취지서에는 한센인의 문제가 국가적 문제, 즉 국
민 전체의 보건 문제에 해당한다는 것을 언급하고, 이러한 이유
로 한센인들이 격리되어 생활할 수 있는 장소가 필요하다고 총독
부와 한국 일반 사회에 요구하고 있다. 그 장소는 '안전'과 '위안'
과 '의료'가 수반된 곳으로, "기후와 물산이 적당한 격리 섬"에서
"생활을 자급하고 그 위안을 주는" 곳이다.

이처럼 환자들은 종교나 사회, 정치계 등 각 방면으로 동정과
지지를 호소했다. 1931년 12월 2일자 《조선일보》 사설에는 한국
각지의 독지가와 유력자에게 "이만 인 문둥병자의 구주이자 또
민족 영원한 보건을 위해 스
스로 그 영원한 기념탑을 세
울 자 없는가?"라고 강력하게
호소하며, 연구회의 기반이
잡힐 수 있도록 경제적 · 제도
적 지원을 요청하고 있다. 그
리고 민간 단위에서의 적극적
참여를 유도하기 위해 이 〈나
환자구제취지서〉를 수만 장

〈그림 3〉 조선나환자구제취지서

인쇄하여 각 지역에 배포하기도 했다(《동아일보》 1932. 1. 26.).

한센인 단체를 대변하는 최흥종의 활동은 매우 치밀했다.[16] 그의 활동 근거지는 전라도였지만, 환자 단체의 권리 주장은 전라도 지방에 한정되지 않고 경성을 비롯한 전국의 한국인을 대상으로 했다. 그리고 그는 정치적 주도권을 쥐고 있는 사람들을 활용했다. 각 기관장, 심지어는 조선총독부의 총독을 만나기 위해 환자들과 연대하여 가두행진을 하거나 진정서를 보냈다. 또한, 미디어도 잘 이용했다. 그는 당시 정치 및 경제의 주도권을 쥔 사람들을 찾아가 기부를 요청함과 동시에, 그들의 기부 행위가 한반도 전체에 알려져 이를 통해 또 다른 기부자를 유도할 수 있도록 언론을 동원했다. 예를 들어, 연구회가 조직되는 동안 서울에서 유랑하는 환자들을 여수로 데려가기 위해 총독부 출입 기자 서범석徐範石을 앞세우고 경무국장 이케다 기요시와 보안과장 니시키 산케이를 만나 기부금을 받아 내기도 했으며, 금융단체를 찾아가 기부금을 얻어 한센인의 이동 경비를 마련하기도 했다.[17] 또한, 앞서 소개한 김교신의 기독잡지 《성서조선》에 기독교인들의 각성을 촉구하는 글을 기

---

16 5장 〈표 4〉의 한국어 신문에 실린 한센인들의 생존권 요구 기사에서 최흥종이 한센인을 대표하여 활동한 흔적들을 구체적으로 알 수 있다. 최흥종의 이름이 직접 게재된 기사도 있고, 이름은 언급되지 않았지만 최흥종이 가담한 사업이 대부분이다.

17 이러한 내용은 광주YMCA역사편찬위원회, 《화광동진의 삶》, 사단법인 오방기념사업회, 2000, 304~305쪽의 최흥종 〈구라사업 50년사 개요〉(《호남신문》 1960년 3월 17~20일까지 연재)에서 확인할 수 있다.

고하기도 했다.[18]

이렇게 사회적인 논란을 만들어 낸 후에도 한센인 문제가 잘 해결되지 않자, 최흥종은 여러 차례 총독부에 진정서를 제출했다. 이 과정에서 1932년 6월 최흥종은 광주에서 환자 150명을 이끌고 총독부가 있

〈그림 4〉 최흥종

는 경성까지 도보로 걸어가는 계획을 세우고 실행했다. 11일간의 도보 행진 과정에서 이 소문을 들은 환자들이 모여들어 경성에 도착했을 때에는 그 수가 400명이 넘었다. 경찰들마저도 환자들에게 가까이 가는 것을 꺼려 행진을 저지할 수 없었고, 결국 최흥종과 우가키 총독의 만남이 실현되었다.[19] 여기에서 최흥종은 소록도 시설을 확장하여 환자 수용을 확대해 달라고 요구했다. 이처럼 한국 한센사업은 일제가 정치권력을 앞세워 소록도갱생원 사업을 하기 이전부터 이미 비환자를 대표로 한 한센인들에 의해 토대가 마련되고 있었다.

그리고 최흥종은 1933년 봄(3월 15일) 다시 전조선나단체연합회를 결성했다. 이는 전남의 나병환자공제회, 대구나병상조회, 부산

---

18   崔興琮, 〈教役者의 反省과 平信徒의 覺醒을 促함〉, (《聖書朝鮮》 99, 1937년 4월호).

19   오방선생기념사업위원회, 《영원한 이방인》, 99~100쪽.

나병상조회 등이 연합으로 조직된 단체였다《동아일보》1933. 4. 9.). 전조
선나단체연합회는 환자들의 생의 권리를 주장할 뿐 아니라, '자
정自淨운동'을 통해 환자 집단의 도덕적 건전성을 내적으로 회복
하려는 노력을 보였다. 예를 들어, 지역주의적 작당과 행패, 그리
고 선배 환자가 후배 환자를 노예같이 부리는 소위 '동무잡이' 등
한센인들 사이에 퍼져 있는 악습들을 철저히 소탕하려는 시도를
했다.[20] 환자들은 다음 여섯 항목을 최 목사에게 위탁하여 총독부
에 요구했다.

① 소록도에 1차로 수용할 나환자의 전형을 연합회에 일임할 것
② 미수용 환자의 임시 구제와 치료에 관한 것
③ 환자의 간호에 환자 다수를 사용할 것
④ 나환자 자질 중 건강한 아동을 특별 보육할 것
⑤ 무의무탁한 중환자를 먼저 수용할 것
⑥ 가정생활 환자와 독신 생활자를 구별하여 수용할 것

《조선중앙일보》 1933. 4. 11.

소록도 환자 수용에 관한 절차를 환자 집단에서 관리하게 해

---

20 1933년 4월 9일자 《동아일보》에 〈나병환자 결속 결기 인습적 폐해 일소, 전조선 나단체연
    합회 조직, 민중보건운동에 공헌〉이라는 기사가 실리는데, 한국 각 단체 대표자 20여 명
    이 모여 연합회 조직, 나환자가 위생상의 공익 관념을 철저히 하고자 인습적 폐해를 일소
    하기로 결의했다는 것을 알 수 있다.

달라는 것을 필두로 환자의 치료와 환자의 가족 관리, 부랑하는 환자 관리 등 환자들이 사회 주체로서 자립하는 것을 최우선으로 여기고 있다는 것을 알 수 있다. 최 목사는 이러한 요구 사항을 조선나예방협회에 진정하기 위해 경성으로 갔다. 즉, 환자들과 비환자 대표는 자신들이 주체가 된 집단을 만들어 환자의 실질적인 삶에 필요하고 중요한 부분을 조선나예방협회에 요구했던 것이다. 이러한 환자 집단의 요구에 관한 기사는 한글 신문에서만 보일 뿐 일본어 신문에서는 찾아보기 어렵다. 일본어 신문들은 기부금 성과 보도 이후 소록도가 확장되어 가는 모습을 중심으로 다루며, 한센 단체의 생존권 요구 기사는 보이지 않는다.

한국어 신문 기사도 1934년 이후로는 조선우생협회 발기·해산 소식[21]이나 나환자상조회가 해산한다는 소식 등 환자들은 여전히 생존 불안에 내몰려 있었고, 소록도 관련 기사 외에는 거의 1940년에 이르기까지 범죄 관련 기사로 점철되어 있다.

이처럼 조선나예방협회 발족과 동시에 기부금이 많이 모일 수 있었던 것은, 일본 사회에서 행해졌던 황실의 자비를 본받은 대중 참여라는 형태의 톱-다운식이 아닌, 일찍이 한센인 단체가 실천해 온 대중을 향한 동정심 호소와 비환자를 앞세운 정치적 활동의 결과였다. 하지만 환자 중심의 한센 단체의 노력에도 불구

---

21 《동아일보》에 〈각계 유지망라 우생협회 발기〉(1934. 9. 14.), 〈우생협회 강연〉(1934. 9. 26.), 〈제2회 우생대강연회〉(1935. 1. 21.), 〈사설―우생사상 보급의 필요〉(1935. 1. 26.), 〈우생학회 해산〉(1938. 9. 28) 등의 우생협회 관련 내용이 실려 있는 것을 확인할 수 있다.

하고, 소록도갱생원 확장 사업은 제국의 정치적 선전용으로 전락하여 실질적으로 한센인을 위한 장소로 마련되지 못했다. 한국인이 경영하는 이상적인 격리 장소를 조성하여 집단생활을 꿈꾸던 한센 단체의 활약은 물거품이 되었다. 그렇다면 일제의 욕망이 사라진 이후에는 한국의 한센정책이 어떤 양상을 보였을까.

해방 후 한센인과 유준

1945년 8월 해방 후 일제의 위생행정 체제에서 경찰 권력에 눌려 은거해 왔던 환자들이 거리에 종종 모습을 드러내자, 이것이 사회적 문제가 되었다(〈그림 5〉). 한센인들은 전국적으로 크고 작은 집단을 형성하여 유리걸식을 생존의 방편으로 삼았는데, 각 집단에는 중심인물(왕초)이 있어서 각 구역과 부하(똘마니)들을 지배했다.[22]

해방 후 한센사업에 주력했던 의사 유준[23](〈그림 6〉)은, 한센사업이 법적 제재를 통한 통제가 아니라 한센인 스스로 한 인간으로

---

22 유준, 《한국 나병의 치유》, 류준의과학연구소, 1991, 22쪽.
23 유준은 1916년 출생하여 1941년 경성의학전문학교 졸업했다. 1945년까지 일본 규슈제국대학 의학부 세균학교실에서 나균을 연구했고, 광복 후 서울대학교 의과대학 내과와 세균학교실에서 근무했다. 1947년 연세대학교 의과대학 미생물학과에서 재직하였고, 1952년 일

〈그림 5〉 해방 후 떠도는 한센인

서 자각하는 방향으로 나아가야 한다고 판단하고 협업을 위해 한센인 집단과 적극적으로 만났다.[24] 그리고 한센사업의 현실화를 위해 우선 뜻을 같이하는 비환자들과 연대하여 1947년 대한나예방협회를 발기 창설했다. 이와 동시에 한센인 협동체인 성좌회星座會도 조직되었다.[25] 유준은 대한나예방협회 조직 후 정부와 협력하여 한센사업을 벌였다. 협회가 주동이 되어 부산 상애원相愛園(1948), 부평 성혜원成蹊園(1948), 안양 성나사로원(1948) 등 국립 · 공립 · 사립 대소 20여 개의 '나요양원'과 20개 가까운 집단부락이

본 규슈대학에서 의학박사, 1955년 미국의 UCLA에서 박사학위를 취득하였다. 1956년 대한나협회 상임이사 및 회장, 1958년 대한나학회 창립 및 초대 회장, 1960년 대한미생물학회 회장 역임했다(사진 출처: 〈세계적인 나병학자─유준〉, 의사신문 피플(http://www.doctorstimes.com).

24 유준,《한국 나병의 치유》, 22쪽.

25 유준 · 정민, 〈한국 나병의 역학적 연구(1)〉,《종합의학》2, 1957a, 45쪽.

〈그림 6〉 유준   〈그림 7〉 유준과 결의하는 한센인

설립되었다.[26]

　〈그림 7〉은 환자들이 집단촌에서 생활하며 노동력을 통한 자립을 결의하는 집회 모습이다. 이러한 집단촌 건설을 위해서는 일반인 다수의 모금이 선행되어야 했다. 그래서 대한나예방협회 회원들은 우선 감수성이 예민한 여학생들의 동정을 구하며 가두모금을 실시했다. 그리하여 한센인 집단촌 건설이 시작되었다. 망우리의 희망촌을 시작으로 1950년에는 전국에 16개의 '희망촌'이 조성되었다. 〈그림 8〉은 희망촌 입구에 세워진 문구로, 환자 스스로 희망적인 삶을 개척하자는 의지를 담은 표어이다.

26　유준·정민, 〈한국 나병의 역학적 연구(1)〉, 36쪽.

<그림 8> 한센인 부락의 신조   <그림 9> 잡지 《새빛》과 한센병 관련 팸플릿

한편, 이미 한센병 치료제가 개발된 상황에서도[27] 한국 사회는 여전히 전통 의학 치료법을 고수하는 사람들이 많았다. 〈표 1〉은 해방 후 10년간의 한센인 치료 동향 중 '확진 후 치료를 지연시킨 원인'이다. 대한나예방협회는 일반 국민의 한센병 관련 교육과 검진 그리고 한방의료인에 대한 재교육의 필요성을 인식했다.[28] 1963년 2월 9일, 한국 정부는 세계보건기구WHO 권고에 따라 「전염병예방법」을 개정 공포하고, 한센정책을 강제격리에서 재택치료로 전환했다.[29] 그러나 한국 한센인들은 일반 사회에 정착하지

---

[27] 1941년 미국 의사 파겟Faget이 한센병 치료에 효과가 있는 항생제 프로민Promin을 개발했고, 이것이 한국에는 1946년 소개되었다. 이어 다이아손Diasone이 도입되었고, 1953년 D.D.S.가 전국적으로 한센병 치료제로 사용되었다.

[28] 유준·정민, 〈한국 나병의 역학적 연구(2)〉, 《종합의학》 2, 1957b, 13쪽.

[29] 金福漢, 〈韓国におけるハンセン病回復者〈定着村〉の〈未感染児に対する共学拒否事件〉, 清水寛, 《ハンセン病児問題史研究》, 東京:新日本出版社, 2016, p. 239.

〈표 1〉한센 치료 지연 원인

치료 지연 원인		인원 수	비율(%)	
	지연된 원인 없음	522	16.0	
	경제 곤란	225	6.9	
	만기 진단	986	30.3	
민간	개인 또는가족의 무지	775	23.8	26.8
	주변 민간인의 무지	71	2.1	
의료	한방의의 불찰	632	19.4	20.9
	대진의代診醫의 불찰	21	0.7	
	양방 의사의 불찰	6	0.2	
	종합병원의 불찰	18	0.6	
계		3,256	100.0	

않았고, 해방 직후 실시되다 1950년 한국전쟁으로 와해되었던 희망촌 운동(집단부락 운동)을 정착촌 사업resettlement village movement의 형태로 다시 이어 갔다. 정착촌의 운영은 환자들에게 맡겨졌다. 환자들은 양계, 양돈으로 시작하여 직조업, 시계 부품, 소규모 기계, 사무용기계, 가구 등의 공장에서 생산 작업을 하였다.[30] 음성 치유자의 사회복귀도 퇴원정착장(10개), 현지안착장(56개) 등의 형태로 비환자들과 격리된 환경 속에서 이루어졌다.[31]

---

30 유준,《한국 나병의 치유》, 27쪽.
31 世駿會,《유준교수 회갑기념 논문집》, 연세대학교 의과대학 미생물학교실, 1977, 292쪽.

이러한 한센인의 정착촌 형성을 두고 국제사회에서는 정상적인 사회복귀가 아니라고 비판했다. 그럼에도 불구하고 당시 한국에서는 정착촌 사업을 성공적이라고 여겼는데, 이는 한국형 한센사업의 특수성 때문이었다. 이 특수성은 앞서 살펴본 바와 같이 한센인 자신과 일반 사회의 인식을 반영한 동전의 양면과도 같았다.

우선, 한센인의 사회부적응 문제가 있었다. 1962년 이후 D.D.S. 요법 덕분에 많은 환자들이 「전염병예방법」에 의거하여 생산직에 종사할 수 있게 되었다. 이들에게 일정액의 생활자금과 한센병이 완전히 치유되었음을 입증하는 '나병치유증'을 발행하여 국내 어디든 자유롭게 살 수 있게 하자는 합의가 대한나예방협회와 정부 사이에서 이루어졌다. 그러나 이 결정을 두고 환자들은 폭동 직전의 강력한 반대를 표했다.[32] 사회적응에 대한 두려움을 나타낸 것이다. 그 결과, 시행이 보류되었다. 한편 치유된 환자에게 두 가지 조건을 제시하여 정착하게 하는 사업도 벌였다. 한 가지는 생활자금을 지급하여 고향이나 전국 어디든 가게 하는 것이었고, 다른 한 가지는 여건이 안 되는 사람들을 정착촌에 정착시키는 것이었다. 그러나 생활자금을 받아 나간 사람들은 대부분 2~3개월 이내에 자금을 탕진하고 다시 거지 신세가 되어 돌아왔다.

다른 한국적 특수성은, 과거부터 뿌리박힌 공생에 대한 일반

---

32 유준,《한국 나병의 치유》, 25쪽.

<표 2> 한국 공학共學 거부 사건 사례

발생 일시	발생 지역	학교명	미감염아 소속 보육소·정착촌	공학 거부 기간	결과
1957. 11.	충남 대전	동광(東光)초	피오르스애육원	약 1년	분교
1964. 4.	경북 대구	대명(大明)초	영생애육원	-	전학
1965. 2.	경북 성주(星州)	봉소(鳳韶)초	성신원	4개월	분교
1965. 3.	경북 월성(月城)	물천(勿川)초	희망원	3년	분교
1966. 3.	경북 의성(義城)	금성(金星)초	경애원	3년	분교
1969. 3.	서울	대왕(大旺)초	에티조마을	3개월	전학

사회의 거부였다.[33] 〈표 2〉는 한센인 가족을 가진 미감염아未感染兒에 대한 공학共學 거부 사건에 대한 내용이다.[34] 비환자 학부모들은 환자의 자녀들과 "역겨워서 함께 공부시킬 수 없다"며 자녀들의 등교를 거부하고, 돌을 던지거나 해서 한센인 자녀의 등교를 방해했다. 사태를 수습하기 위해 종교인, 작가, 배우 등이 학교를 방문하여 설득하기도 했지만, 비환자 학부모들은 완강하게 공학을 거부했다. 정부는 양자 간의 합의를 요구했지만, 한센인 부모들은 자기 자녀가 비한센인 자녀와 동등하게 공부할 수 있을 때까지 싸우겠다고 했고, 비한센인 부모들은 한센인 자녀와 완전한 분리 교육이 이뤄지기 전까지 등교를 거부하겠다고 팽팽히 맞섰

---

33 金福漢, 〈韓国におけるハンセン病回復者〈定着村〉の〈未感染児〉に対する共学拒否事件〉, pp. 242-254.

34 社団法人日本キリスト教救癩教会編, 《韓国救癩十年の歩み》, p. 342.

다(《서울신문》 1965. 3. 11.). 그러나 양자 간의 거리는 좁혀지지 않았고, 결국 '분리 교육' 실시로 마무리되었다. 이처럼 한센인에 대한 사회적 시선은 여전히 환자들을 옥죄고 있었다.

　이러한 분위기에서 유준은 한센병 관리를 위해 철저한 조사를 실시하고, 질병을 명확하게 파악하며, 이를 통해 올바른 치료가 이뤄질 수 있도록 노력하였다. 그 실천으로 대한나예방협회는 1963년 월간지 《서광》을 창간했고, 이 잡지는 1964년 8월 《새빛 The Vusion》(〈그림 9〉)으로 개간하였다. 그 외에도 만화 팸플릿, 전단 등을 대량 제작하여 TV나 라디오 프로그램 및 각종 집회에서 적극 활용했다.[35] 이제 한센사업은 치유 사업이라기보다는 환자 자활 사업, 사회 인식 개선사업으로 변모해 갔다. 한센 잡지 《새빛》의 표지 설명도 그간 한센인들이 벌인 생의 투쟁의 면모를 이어받았다.

　"나환자라고 해서 다른 어느 疾病의 환자와 다를 수 없는 것이며 하나의 환자이다. 나환자도 하나의 人間으로서 尊重받으며 自由로이 治療를 받아야 한다. 그들을 輕視하거나 敬遠하고 우리의 社會에서 疎外하고 追放하려는 觀念은 이제 버려야 한다. 이러한 나환자의 人權운동은 어제오늘의 일이 아니며 어느 地域에 局限된 問題가

35　제작 내용과 활용 등 구체적인 사항은 한순미의 《격리-낙인-추방의 문화사 한센병 계몽잡지 《새빛The Vision》과 한국문학》(2022, 전남대학교출판문화원) 251~295쪽에 자세하다.

아니다."[36]

한센인들도 다른 질병에 걸린 환자와 마찬가지로 한 인간으로 취급받아야 한다고 호소하고 있다. 발행인 유준은 여기에 제14회 '세계 나병의 날 기념사'인 〈범국민적 구라운동을 호소함〉이라는 글을 실었다. 여기서 유준은 한센인들의 치유 상황을 소개하며, 한센병에 대한 대중의 인식 부족을 다음과 같이 호소하고 있다.

"癩病은 단순한 疾病이 아니라 두 가지 병을 동시에 지니고 있읍니다. 즉 "나병"이란 身體的인 病과 "문둥이"라는 社會的 病입니다. 나병이라는 身體的 病은 現代醫學에 의해 이미 치유하는데 成功을 했으나, 國民 여러분의 힘으로 치유시킬 수 있는 "문둥이"란 社會的 病은 아직도 치유하는 데 成功하지 못하고 있습니다. … 나병에 대한 그릇된 편견이나 공포심을 완전히 저버리고 그들의 "문둥이"라는 社會的 病을 고쳐주는데 協助하시고 나아가서는 汎國民的 運動을 전개해 주시기 바라며 … 이 機會를 通하여 同胞愛에 呼訴하면서 記念辭에 代하는 바입니다."[37]

유준은 한센병은 이미 극복되었지만 이 병을 바라보는 일반

---

36 유준 편집 및 발행,《새빛》5(1) 새빛사, 1967(1·2) 목차 부분에 실린 표지 설명.

37 유준,〈汎國民的 救癩運動을 呼訴함〉,《새빛》5(1), 새빛사, 1967(1·2), 7쪽.

사회의 시선은 여전히 '질병 상태'에 있다는 것을 강조하며 각종 TV(KBS, TBC)와 라디오(KBS, DBS, CBS) 좌담회나 연설을 통해 이상과 같은 취지의 발언을 지속해 갔다. 그리고 보건사회부와 긴밀한 관계를 유지하며 한센사업을 추진했다.[38] 특히 균음성 환자들의 자녀인 미감아未感兒에 대한 사회적 편견을 없애기 위한 운동도 활발하게 진행해 갔다.[39] 그리고 앞서 소개한 최흥종이 1966년 타계했을 때, 〈구라 거성 고이 잠드소서 – 오방 최흥종 선생을 애도함〉라는 글을 《새빛》에 실어 "선생先生이 이 땅에 남기신 위훈偉勳은 길이 남아서 구라救癩사업에 종사從事하는 우리들에게 교훈敎訓이 될 것"[40]이라며 그의 죽음을 애도했다.

한센인들은 정착촌이라는 분리된 환경 속에서 자조·자립정신, 국가사업인 새마을운동, 반공사상 등 정치적 분위기와 영합하여 삶을 영위하기도 하고,[41] 종교적 신념들을 체화함으로써 자신들

---

38 유준 편집 및 발행, 《새빛The Vision》 5(3) 새빛사, 1967(4), 24쪽. 事業報告란.

39 예를 들어, 유준은 미감아가 부득이하게 공학을 거부당한 사실들을 거론하며, 이는 비과학적이고 비인도적이라고 주장했고, 이러한 내용을 TV 방송을 통해 설명했으며, 대한나협 회장 자격으로 보건사회부 관계자들과의 좌담회를 개최하여 사회적 시선 때문에 환자 자녀들이 마음 놓고 교육받기 어려운 상황을 호소하며 국민적 계도를 촉구한다(〈未感兒童이 就學못할 理由 없다〉, 《새빛The Vision》 4(3), 1966(3) 3쪽; 〈未感兒도 就學할 수 있다〉, 《새빛The Vision》 4(10), 1966(10) 3~5쪽; 〈〈특집 좌담회〉 未感兒는 保護되어야 한다〉, 《새빛The Vision》 5(4) 새빛사, 1967(5), 8쪽).

40 유준, 〈救癩巨星 고이 잠드소서–五放 崔興琮 先生을 哀悼함〉, 《새빛The Vision》 4(6), 새빛사, 1966(6), 3쪽.

41 한순미, 〈위생, 안보, 복지: 1970년대 나병 계몽 운동의 변곡점–잡지 〈새빛〉 수록 나병 계몽 운동 자료 검토(1970-1979)〉, 《지방사와 지방문화》 23(2), 2020, 93~118쪽.

의 삶의 위치와 방향을 설정 · 조율해 갔다. 이러한 사회적 활동 속에서 환자들은 일반 사회에 자신들이 한 인간으로서 존중받을 수 있는 통로를 요구하기도 했다. 〈〈특집〉 사회복귀 그후–정착촌 대표들의 좌담회〉를 보면 정착촌 환자들의 바람을 알 수 있다. 이들은 이제 비환자 원장의 도움이 아닌 한센인 스스로 자활촌을 운영해 나가야 한다고 주장하기도 하며, 한센병 치유자를 정부 인사로 고용해 줄 것, 한센인이 더 이상 구호 대상자가 아닌 이웃을 돕는 주체가 될 수 있다는 것, 부랑하는 환자 관리를 환자 단체가 하게 할 것 등을 희망한다.[42] 이처럼 현대에 이르러도 한센인들은 일반 사회의 '환자에 대한 인식 변환'이라는 포괄적인 목표 아래, 국가정책 및 종교 단체와 긴밀한 관계를 유지하면서도 이들 단체에 순응하는 것만이 아닌 그들만의 인간적 권리를 주장하며 생을 지탱했다.

유준은 1991년 11월 4~6일 서울에서 열린 국제나관리세미나에서, 한국 한센병의 긴 역사를 설명하며 정신 재활 · 사회 · 경제적 재활 · 육체적 재활이 된 사람을 '치유자The healed'라고 정의하고, 700년 이상 지속되어 온 한국 한센병의 종식을 선언한다.[43]

---

42 유준 편집 및 발행, 〈〈특집〉 社會復歸 그후–定着村 代表들의 座談會〉, 《새빛The Vision》 4(12), 새빛사, 1966(12), 8~10쪽.

43 Joon Lew, "Leposy in Korea, Past and Present-A Model for the Healing of Leprosy in Korea," Lew Lnstitute for Biomedical Research Seoul, Korea. 1991, pp. 29-30.

◆ ◆ ◆

한센인의 자기표현은 근대 이전에는 '애통하는 소리'를 내는 것
으로, 근대 이후는 더 구체적인 사회운동을 일으켜 대중의 동정
을 사고 한센정책을 마련하는 것으로, 해방 이후는 한센인만의
집단생활 환경을 자주적으로 조성하는 형태로 정착해 왔다. 이는
긴 역사를 거쳐 한센인이 비한센인에 의해 사회적으로 고립될 때
냈던 '애통하는 소리'의 실현 과정이었다.

한편 일제가 경탄했던 한국 대중의 기부금 참여는 일제가 선전
했던 것과 같은 훌륭한 통치의 결과가 아니었다. 그것은 이미 이
전부터 해 오던 환자들의 정치적 생존 투쟁의 결과이자 대중의
동정에 호소하여 삶의 터전을 마련하기 위한 활동이 크게 작용
한 것이었다. 그리고 여기에는 일제에 대한 동조나 협조의 문제
를 떠나 한센인 문제를 대변해 준 비한센인들의 활동도 포함되어
있다. 특히 최흥종 목사는 언론을 동원하여 기부자들을 취재하게
함으로써 공공연하게 기부를 받아내고, 이런 행동을 세상에 알려
공감대를 형성하여 더 많은 기부자를 섭렵했다. 이를 통해 환자
단체가 구상한 격리 생활은 한국인이 운영하는 환자 집단촌으로,
'기후와 물산이 적당한 격리 섬'에서 '자급자족 생활을 하고 심신
의 위안을 얻는' 장소를 목표로 했다. 그러나 이런 환자들의 바람
은 일제가 소록도갱생원을 제국주의 문화의 상징으로서 가공하
는 과정에서 묵살되었다.

해방 후 사회적 혼란과 한국전쟁을 겪으며 한센인들은 사회의 관심에서 더 멀어져 갔다. 비한센인들의 차별적 시선과 이에 따른 한센인의 사회부적응 문제가 엮인 한국 내 복잡한 상황이 있었고, 이러한 사회적 분위기는 국제적 비판에도 불구하고 '한국형 한센정책'(환자와 비환자의 분리된 삶)이 고수될 수밖에 없는 요인이 되었다. 그러나 유준과 같은 비한센인을 대표로 한 협회 구성과 정치적 활동을 통해 지속적으로 삶을 위한 투쟁을 벌였던 한센인은 대중과의 대립 속에서 환자로서의 생의 권리를 주장했고, 마침내 환자 집단 공동체 속에서 종교와 국가적 목표 등을 받아들이며 자신들의 삶을 영위해 나갔다.

7장

일본 한센병요양소와 재일조선 한센인의 삶

일본의 한센사업은 16세기 일본으로 들어간 서양 선교사들의 시혜적 전도 사업과 함께 전개됐지만, 도쿠가와 막부의 기독교 탄압으로 수난을 겪었다. 이후 에도 시기의 한센인들은 신사나 절 주변에 집락촌을 형성하고 참배자들에게 구걸하는 형태로 생활해 갔다. 메이지기에 접어들어서도 국가가 콜레라나 페스트, 장티푸스와 같은 급성전염병에 집중하면서, 한센인은 집에서 몰래 치료하든가 생활고와 차별로 인해 지역사회에서 배제되어 떠도는 삶을 이어 갔다.[1] 이러한 상황에서 프랑스 신부 테스트위드Testvuide가 고우야마후쿠세이병원神山復生病院(1888), 미국 장로회 선교사 케이트 영맨Kate M. Youngman이 이하이엔慰廃園(1894), 영국인 선교사 한나 리델Hannah Riddell이 가이슌병원回春病院(1895)을 설립하여 한센인 치료와 구제 사업을 실시했다.[2] 일본 주도의 한센사업은 1907년 제정·공포된 「나癩예방에 관한 건」에서 출발하여, 1931년 제정된 「나癩예방법」(구법, 새 법은 1953년), 1940년 「국민우생법」이라는 제도하에서 실시되었다. 한센병은 치료약인 프로민Promin 개발 후[3] 더 이상 불치의 병이 아니게 되었고, 환자 인권 회복의 길

---

1 久保井規夫,《圖説 病の文化史》, 柘植書房新社, 2006, pp. 119-121, p. 140.

2 田中等,《ハンセン病の社会史》, 彩流社, 2017, p. 41.

3 일본에서의 한센병 치료는 1940년대 초반까지 인도 원산의 대풍자유大風子油를 근육에 주사하는 치료법이 널리 사용되었다. 그러나 주사 시 격통이 있고, 증상이 재발하기 쉽고, 효능의 불확실성이 문제시되었다. 그 후 1943년 미국의 파겟이 한센병에 대한 프로민의 효능을 보고했고, 일본에서는 1946년 이시다테 모리조石舘守三가 독자적으로 프로민 합성에 성공해 1949년부터 널리 도입되었다. 1950년대 이후에는 정맥주사용 프로민에서 유효성분을 추출하여 경구제로 만든 답슨이 세계적으로 사용되었다. 1981년 WHO 연

은 확장되었다. 이러한 일본 한센사업의 역사 속에서 생을 유지해 갔던 한국인들이 있는데, 바로 재일조선 한센인[4]이다.

재일조선 한센인은 일본의 패전 이전과 이후 시대를 일본에서 살아간 한국(조선) 환자로, 격동의 시간 속에서 자신들의 삶을 지탱하기 위한 각고의 노력을 기울였던 디아스포라이다. 이들 대부분은 일본에서 한센병이 발병한 사람들로, 강제징용 혹은 개인적 경제문제를 해소하기 위해 도일한 사람과 이들의 가족에 해당한다. 이 장에서는 그간의 연구가 재일조선 한센인을 국가나 사회 폭력의 피해자로서 조명한 측면이 강하다는 한계에서 벗어나,[5]

구팀에 의해 리팜피신, 답슨, 클로파디민 중 2개 또는 3개를 병용하는 치료법이 실시되었다. MDT(Multidrug Therapy=다제 병용 요법)라고 불리는 이 치료법은 가장 효과적이고 재발률이 낮은 치료법으로서 한센병의 표준 치료법으로 권장되고 있다(https://leprosy.jp/about/cure/).

4   구제국주의 시대에 도일한 한민족 중 한센병에 걸린 사람에 대해, 이념의 차이에 따라 재일한국 한센인과 재일조선 한센인으로 호칭하고 있지만, 이 글에서는 일제강점기의 역사적 상황을 반영한 '재일조선 한센인'으로 호칭한다.

5   재일조선 한센인과 관련해서는, 야마다 쇼지山田昭次가 다마젠쇼엔多磨全生園 재일조선인 입소자의 구술집을 도출했고(立教大学史学科山田ゼミナール, 《生きぬいた証に:ハンセン病尾療養所 多磨全生園朝鮮人・韓国人の記録》, 緑蔭書房, 1989), 김영자(金永子, 〈ハンセン病療養所における在日朝鮮人の闘い〈互助会〉(多磨全生園)の活動を中心に〉, 《四国学院大学論集》 111・112, 2003)는 재일조선인환자상조회 활동을 중심으로 한 생의 투쟁을 논한 바 있다. 그리고 《한센병 문제에 관한 검증 회의 최종보고서ハンセン病問題に関する検証会議最終報告書》(日弁連法務研究財団ハンセン病問題に関する検証会議編, 2007)나 《근현대 일본 한센병 문제 자료 집성近現代日本ハンセン病問題資料集成》(不二出版, 2003-2009) 등의 자료집을 통해 요양소 내 환자들의 삶의 세부를 알 수 있는 연구의 토대가 마련되었다. 한편, 패전 후의 재일조선 한센인에 대한 연구는 재일조선 한센인 관련 자료를 수집하고 환자 생존의 역사를 탐구한 김귀분의 연구가 괄목할 만하다(金貴粉, 〈解放後における出入国管理体制と在日朝鮮人ハンセン病患者〉, 《学術論文集》 27, 2009, 70; 〈在日朝鮮人女性とハンセン病-邑久光明園を中心に〉, 《地に舟をこげ》 5, 2010,

재일조선 한센인이 국가와 사회의 폭력 한가운데에서 일본의 한
센병요양소에서 인간적 삶의 회복을 위한 투쟁의 주체로서 어떻
게 살아냈는지를 주목한다. 이를 위해 일본의 한센정책과 요양소
내 한센인의 활동을 살펴보고, 그 안에서 재일조선 한센인의 위
치를 파악한다. 그리고 환자들이 요양소 안에서 전개했던 주체적
인 활동 등을 재일조선 한센인 단체인 우애회友愛会의 자료 및 이
들의 수기를 통해 살펴본다.[6]

요양소라는 공간의 한센인,
이들의 생존 투쟁

한센병은 잘 알려져 있다시피, 1873년 노르웨이의 아르메우에
르 한센Armauer Hansen이 '나균'을 발견하여 이 병이 나균이 일으

---

pp. 130-146; 〈在日朝鮮人韓国人ハンセン氏病患者同盟結成と年金問題〉, 《ハンセン病市
民学会年報: らい予防法廃止20年・ハンセン病国賠訴訟勝訴15年を迎えて》, ハンセン病
市民学会編, 2016, pp. 114-120; 〈ハンセン病療養所における在日朝鮮人と年金問題〉, 《ア
ジア太平洋研究センター年報 2016-2017》14, 大阪経済法科大学アジア太平洋研究セン
ター, 2017, pp. 16-23; 《在日朝鮮人とハンセン病》, クレイン, 2019; 《在日朝鮮人とハンセン
病資料》, 緑陰書房, 2020). 그는 일본 사회가 바라본 한국(조선)인 입소자들에 대한 식민
지 통치의 결과물로서 얻어진 차별적 시선을 규명하는 관점으로 재일조선 한센인의 삶을
소개·분석하고 있다.

6 특히 이 장에서는 1948~1968년 시기의 환자 저작물을 다루는데, 그 이유는 이 시기가 후에
재일 한국·조선인 환자들이 삶의 기반을 닦는 격동의 시기이고, 이 저작물이 일제강점기
가 낳은 하나의 현상이기도 하기 때문이다.

키는 감염병이라는 것을 밝힌 후, 1897년 제1회 국제나회의에서 인정되는 과정을 거쳤다. 한센사업에 일생을 바쳤던 스기무라 슌조杉村春三[7]는 일본 근대 한센정책의 특징은 사회복지적 정신이 결여된 '요양소 중심주의'라는 점을 지적했다.[8] 즉, 요양소를 중심으로 요양소 밖의 환자들에 대해서는 '나균'을 퍼트리는 원흉이라고 비난하고, 요양소 안의 환자들에 대해서는 방문사업이나 미디어를 통해 환자들의 '불쌍함'을 극대화하여(비환자의 온정을 자극하여) 돕게 만드는 사업 구조라는 것이다. 이는 건강한 일반 시민에게는 공중위생적 복지에 해당할지 모르나, 환자들에게는 같은 인간으로서 사회보장의 대상이 아닌 영원히 도움받는 객체인 '불쌍한 나환자'로 낙인찍는 시스템이었다.[9]

---

7 스기무라 슌조(1910~1994)는 하코다테函館에서 태어나 중학교 졸업과 동시에 상경해 아오야마학원青山学院 문학부에 입학하였고, 센다이도호쿠학원仙台東北学院으로 전학한 후 감리교 교회에 속해 세틀먼트Settlement 활동을 하며 한센사업을 시작했다. 1935년, 국립나요양소인 호시즈카게이아이엔星塚敬愛園의 원장 하야시 후미오의 강연을 듣고 감동하여, 1940년에 게이아이엔敬愛園의 의무과 촉탁이 되었지만, 1942년 해군성에 징용되어 퇴직, 징용 해제 후 1944년 만주滿州 국립 요양소 동강원同康院에 부임했다. 일본 귀환 후, 1947년 재단법인나예방협회의 촉탁으로 1951년 구마모토에 부임한다. 1941년 2월 정부의 손으로 해체된 가이슌병원回春病院 자리에 리델·라이트 기념 양로원이 건설되어, 스기무라는 1959년까지 재직한 뒤 지아이엔노인홈慈愛園老人ホーム 원장, 특별양호노인홈 파울라스홈特別養護老人ホームパウラスホーム 원장 등을 역임했다(杉村春三, 《癩と社会福祉 復刻版》, 嶋田 1986, pp. 1-312).

8 猪飼隆明, 《近代日本におけるハンセン病策の成立と病者たち》, p. 15.

9 국가에 의한 법적 규제, 요양소 건설과 환자의 일률적 수용 등에 대해 당시 일본 의료계나 서양 선교사들은 비인도적이라고 비난했지만, 재야 의료 관계자들의 양심적인 목소리는 '국가사업'으로 진행된 한센사업의 큰 물결 속에서 사라져 갔다(田中等, 《ハンセン病の社会史》, p. 52).

일본에서 한센정책이 시작된 근대 시기, '국제나회의'에 참석한 일본인 의학자들은 일본의 한센인을 근대 문명국 건설에 지장을 초래하는 요소라고 여겼고, 국가적 차원에서 해결을 모색했다. 일본에서는 1907년 「나예방에 관한 건」을 시작으로 전국을 다섯 구역으로 나누어 공동으로 운영하는 공립公立 요양소[10]를 설립하고, 경비의 절반을 국세로 부담하는 형태로 운영했다. 이후 1929년 「나예방에 관한 건」이 개정되어 나병 국립 요양소 설치가 법문화되었고, 1930년 최초 국립 요양소인 나가시마 아이세이엔長島愛生園이 개설되었다.[11] 그리고 1931년 개정된 「나예방법」을 통해 환자의 '업무상 병독 전파 염려가 있는 직업에 종사하는 것을 금지'함으로써 자활생활권을 빼앗았다. 당시는 요양소 외에도 소위 '자유요양촌自由療養村'이라 하여 한센인들이 군락을 이루어 자활하고 있던 집락集落이 존재했는데(일본 동쪽으로는 군마현群馬県 구사쓰온천草津温泉집락지와 서쪽에는 구마모토현熊本県 혼묘지本妙寺집락지), 1940년경 불결의 온상이 된다는 명목으로 환자들을 잡아들여 요양소에 강제수용하기 시작했다. 이후 기존 공립이었던 격

---

10 동경-全生病院, 아오모리현青森県-北部保養院, 오사카-外島保養院, 가가와현香川県-大島療養所, 구마모토현熊本県-九州療養所.

11 나가시마아이세이엔 개설 이후 국립 요양소로서 구사쓰草津에 구리우라쿠센엔栗生楽泉園(1932), 가노야鹿屋에 호시즈카 게이세이엔星塚敬愛園(1935), 오키나와沖縄에 구니가미아이라쿠엔国頭愛楽園(1938), 도호쿠신세이엔東北新生園(1939), 아마이와코우엔奄美和光園(1943), 스루가요양소駿河療養所(1944)가 연이어 개설되었다. 기존 공립 요양소는 1941년에 국립으로 이관되었다(田中等,《ハンセン病の社会史》, p. 77).

리시설은 모두 국립으로 이관되어 국가의 철저한 관리하에 격리가 강화되었다.[12] 일본은 패전 후에도 크게 다르지 않은 정책으로 한 세기 가까이 완전 격리 방식을 고수했다. 이러한 일본의 한센 정책은 일본 국민은 물론이고 타이완, 조선 등 피식민지 국가 민족들과도 연동되었다.

이러한 요양소 중심주의를 실천하는 데에 핵심적 역할을 했던 인물이 앞서 살펴본 미쓰다 겐스케이다. 미쓰다는 한센인을 치료 대상이라기보다 감시와 관리 대상, 동정의 대상으로 보고 요양소 완전 격리를 주장한 인물이다. 젠쇼병원장 미쓰다는 1915년 내무 성에서 열린 격리시설 소장 회의에서 입소자에 대한 징계권을 각 소장에게 부여해야 한다고 주장했고, 젠쇼병원에서는 남성 환자 에 대한 단종수술을 시행했다. 실제로 1916년 법률 「나예방에 관 한 건」이 개정되어 소장에게 징계 검속권이 추가되면서 격리시 설 내에서 소장에게 절대적 권력이 부여되었다. 1930년 오카야마 岡山현의 첫 국립 격리시설인 나가시마 아이세이엔의 초대 원장 된 미쓰다는, 1936년 내무성内務省이 〈20년 나근절계획〉 아래 '무 나현운동'을 추진하면서 일본 한센사업을 국가사업으로 이끌어 간 장본인이 되었다.[13]

이러한 국가정책하의 환자 관리 시스템은 환자들을 비국민非国

---

12 久保井規夫, 《圖説 病の文化史》, p. 165, p. 169, pp. 182-183.

13 藤野豊, 《ハンセン病と戰後民主主義》, pp. 8-9.

民으로 만들어 가는 과정이었다. 즉, '나환자는 ○○이다'라는 식의 스테레오타입으로 규정하여, 나환자도 비환자와 같이 다양한 생각과 행동의 주체가 되는 '같은 인간'이라는 인식을 소거하는 작업이었다고 할 수 있다. 그렇다면 구체적으로 요양소에서는 어떤 시스템으로 환자 관리가 이뤄졌던 것일까.

1940년 기준으로 환자들의 입소 절차를 살펴보면, 우선 요양소에서는 환자들이 입소하면 소지품을 소독하고 목욕하게 했다. 그리고 환자가 소지한 돈은 도주나 감염 확대 방지 명목으로 원내의 통용권으로 바꾸어 주었다. 숙소는 병증에 따라 지체가 부자유하거나 맹인이 된 환자들이 지내는 '부자유 환자 숙소', 신체가 불편하지 않아 자립이 가능한 '경증 환자 숙소', 18세 이전 젊은 이들이 생활하는 '아동 숙소'가 각각 남녀 구분되어 정해졌다. 이들 숙소는 대부분 약 20제곱미터의 방이 4개씩 연결된 식이었고, 숙소 양옆에는 공동 화장실과 세면실이 붙어 있었다. 한 방의 정원은 대략 8명이었다.[14]

환자들은 요양소에 입소하게 되면 수용 병동에서 1주일을 보내면서 몸을 청결하게 하고, 입소 관련 서류를 작성하고, 지급품과 함께 방을 배정받았다. 그리고 요양소 내에서 가명을 사용하였는데, 이는 처음에는 환자들 스스로 가족이나 지인이 부당한

---

14 青山陽子, 《病の共同体: ハンセン病療養所における患者文化の生成と変容》, 新曜社, 2014, pp. 15-16.

일을 겪지 않도록 하는 차원이었으나, 나중에는 입소와 동시에 고참 환자나 시설 직원이 가명을 쓰도록 안내할 정도로 하나의 문화로 정착되었다. 이는 일반 사회에서 자신이 쌓아 온 인생과의 결별을 의미하는 것이었다. 처음 입소한 환자들이 하게 되는 공동 목욕탕 입욕 체험은 병증이 심하게 진행된 고참 환자를 보고 겁을 먹게 됨과 동시에 환자로서 자신에게 다가올 미래를 가늠하는 한편, 일반 사회가 자신을 바라보는 눈을 기르는 절차로 작용했다.[15]

　한센병이 불치의 병이라고 여겼을 당시의 환자들은 이와 같은 입소 의례를 거치고 평생을 '요양소'라는 공간에서 '소장'의 관리하에서 살아야 하는 존재로서 생각과 행동을 통제·조정받았다. 그리고 환자들은 요양소 내 생활의 안정을 유지하기 위해 다른 환자를 돌보거나 노동을 통한 생산 활동을 하는 등 의무적인 작업을 해야만 했다. 집단에 대한 개인의 적응은 퇴소하지 않는 한 순응할 수밖에 없는 구조였다.

　이렇게 근대 시기 한센인을 격리하여 수용한 예는 일본에 국한된 사항은 아니지만, 강제격리와 요양소 내 강제노동, 반항하는 환자들에 대한 체벌이나 징역, 학살, 단종과 낙태를 강요한 나라는 일본이 유일하다.[16] 더 문제는 패전 후 일본의 태도였다. 근대

15　青山陽子,《病の共同体: ハンセン病療養所における患者文化の生成と変容》, pp. 37-41.

16　藤野豊,《ハンセン病と戦後民主主義》, p. 11.

한센정책에 대한 반성 없는 태도는 패전 후에도 한센정책에 국제정세를 반영하지 않은 채로 유지되었다. 1953년 마드리드에서 열린 제6회 국제나회의에서는 신약 요법의 진정에 따라 역학위원회가 각국의 현행 규칙 개정을 권고했고, 1954년 인도에서 열린 MTLMission to Lepers국제회의에서는 의학위원회 명의로 감염을 우려하여 한센병 환자를 먼 곳에 격리시키는 관념의 폐지를 명시했다. 1956년 로마에서 열린 '나환자구제 및 사회복귀 국제나회의'에서는 한센인도 결핵 환자와 마찬가지로 취급할 것을 결의했다.[17] 이러한 국제적 조류에도 불구하고, 일본은 패전 전과 크게 다를 바 없는 「나예방법」을 시행했다. 한센병요양소는 사립에서 공립, 공립에서 국립으로 이관되어 국가의 직접적인 관리 대상이 되었다. 권력의 주체들은 방송 미디어나 학술지, 신문, 대중잡지에 각종 기사를 쏟아 내어 환자들을 관리해야 할 존재로 다루었으며, 대부분의 비환자 대중도 마찬가지로 인식했다.

그렇다면 이러한 국가권력이나 일반 대중의 태도가 일본의 한센병 환자 사회에는 어떤 영향을 미쳤을까. 일본 내 한센병 환자는 병증의 정도는 물론이고 출신과 나이, 성별, 생활환경, 교육 수준, 심지어 민족적 배경까지 그 층위가 다양했다. 한센병요양소는 국가의 명령에 따라 합리적인 환자 관리 코드에 맞는 주체로 환자들을 동질화하여 환자들 스스로 격리수용을 받아들이게 했

---

17   らい文献目録編集委員会編,《国際らい会議録》, 長寿会, 1957, pp. 309-329.

지만, 한센인들은 전쟁 시기에나 패전 후에도 지속적으로 자신들의 생을 표현하는 주체로 존재했다.[18] 패전 이후 1970년대 후반부터 1980년대에 걸쳐 '자치회사' 편찬 등 환자들 스스로 역사를 서술하는 작업이 각 요양소에서 진행되어 환자들의 목소리가 세상 밖으로 드러났다.[19] 환자들의 활동을 파악할 수 있는 '자치회'[20]는 세상과 격리된 삶을 살아가면서도 환자 간의 인격적인 관계를 구축하고, 삶의 문화를 만들어 내는 동력이 되었다.

이러한 자치회는 시대에 따라 변화를 보이며, 환자의 생활조직

18　패전 전에도 요양소 내에 구성된 환자 자치회를 통해 인습적 차별 관념 타파, 대우 개선, 편지나 소포의 개봉 반대, 작업 임금인상, 노동시간 단축, 호적조사 폐지, 언론 집회 결사의 자유, 외출 자유 획득 등의 외침이 있었지만 국가권력의 통제와 편향적 언론 유포로 현실화되지 못했다. 오히려 환자들의 자주적 권리 획득 투쟁이 이어지자 환자를 감금하는 중감옥重監獄(1938)이 설치되었다(田中等, 《ハンセン病の社会史》, pp. 83-92).

19　예를 들어, 다마젠쇼엔 환자자치회多磨全生園患者自治会의 《구회일처倶会一処—患者が綴る全生園の七十年》(一光社, 1979), 구리우라쿠센엔 자치회栗生楽泉園患者自治会의 《풍설의 문양風雪の紋—栗生楽泉園患者五〇年史》(동회출판, 1982), 나가시마아이세이엔 입원자자치회長島愛生園入園者自治会編의 《격절의 이정隔絶の里程-長島愛生園入園者五十年史》(日本文教出版, 1982), 오쿠코묘엔 입원자자치회邑久光明園入園者自治会의 《바람과 바다 가운데風と海のなか—邑久光明 園入園者八十年の歩み》(동회출판, 1989) 등이 있다.

20　환자 중에는 집에서 돈을 보내오는 사람도 있었지만, 그렇지 못한 사람은 요양소에서 탈출하여 돈을 구해 와 요양소 내 생활비를 마련하기도 했고, 그것마저 어려운 사람들은 작업 노동 등으로 얻은 수입으로 생활에 필요한 것을 구입했다. 이러한 상황에서 패전 이전부터 환자 사회 내 차별을 없애자는 취지에서 '자치회'가 마련되었다. 자치회 수입으로 돈이 없는 환자들을 도와 일정 부분 차별을 해소하고 도망자 수를 줄이는 방편으로 삼았다(猪飼隆明, 《近代日本におけるハンセン病策の成立と病者たち》, p. 19). 이러한 자치회는 관리 운영조직의 보조나 말단 기능으로 존재한 것이 아니라 관리 운영조직을 대신하여 요양소를 실질적으로 운영한 조직임과 동시에 각자의 책임 범위 내에서 생활을 영위해 가는 자치 조직이기도 했다(青山陽子, 《病の共同体: ハンセン病療養所における患者文化の生成と変容》, p. 74).

으로 매우 중요한 역할을 했다. 우선, 중증 환자에서 경증 환자까지 증상이 다양한 환자들이 존재하는 요양소 안의 환자 관리뿐만 아니라, 요양소 안에서 삶의 질을 좌우하는 경제적인 격차 해소에도 관여했다. 또한 간병付添작업[21]의 관리 운영도 맡았는데, 자치회 후생厚生부 담당자는 경증 환자를 찾아가 부탁하는 형식으로 중증 환자 도우미를 구했다. 자치회 인사부는 원내 환자의 이동을 담당했는데, 숙소의 분배나 변경 등에 관여했다. 더 나아가, 환자의 불만을 접수하여 환자 집단이 요양시설 관리자 측과 교섭하는 역할도 담당했다. 이뿐 아니라 환자 대표끼리의 다툼, 시설 사무장의 횡포, 간병작업에 대한 불만 사항 발생 시 완충 및 조정 역할을 하는 등 원내 질서유지에도 깊이 관여했다.[22]

자치회는 교육 및 여가 활동을 주관하기도 했다. 예를 들어, 기쿠치게이후엔菊池恵楓園 내에 학교가 만들어진 것은 1921년으로, 학교는 가족사舍, 오락실, 설교소와 번갈아 가며 교실을 바꾸어 수신, 독서, 습자를 배우게 했다.[23] 이러한 교육의 효과는 환자로 하여금 가족이나 지인과 편지 왕래를 할 수 있게 했으며, 문장을 쓸 줄 알게 되면서 문예지를 만드는 등 다양한 표현의 자유를 획

---

21 간병작업은 비교적 경증 환자가 중증 환자의 식사 준비와 식사 시 도움을 주고, 식사 후 정리하고, 목욕을 도우며, 이들의 숙소와 화장실을 청소하고, 외국에 동반하는 등 아침부터 저녁까지 중증 환자 옆에 붙어서 일상을 돕는 쉽지 않은 일이었다.

22 青山陽子, 《病の共同体: ハンセン病療養所における患者文化の生成と変容》, pp. 62-73.

23 国立癩療養所菊池恵楓園入所者自治会, 《壁をこえて: 自治会八十年の軌跡》, 国立癩療養所菊池恵楓園入所者自治会, 2006, p. 148.

득하는 중요한 통로가 되었다.[24] 하이쿠俳句나 단가短歌와 같은 시 문학은 이들의 삶을 위로해 주는 수단이 되었을 뿐만 아니라, 환자들의 글이 세상에 소개되어 절망에 빠져 있던 사람들을 위로하는 역할을 하기도 했다.

패전 후 자치회는 적극적으로 요양소 밖의 사회와 소통하고 투쟁하며 환자로서의 권리를 획득해 갔다. 가장 먼저 드러난 것은 한센병 치료제 프로민을 얻기 위한 운동이었다. 1941년 미국에서 프로민에 의한 항한센병 치료가 개시된 후, 일본에서는 패전 후 1947년부터 프로민 치료가 검토되기 시작했다. 이에 다마젠쇼엔多磨全生園에서 이 약물을 이용한 적극적인 치료 운동을 요양소 환자와 정당 의원들이 연대하여 추진하였다.[25] 이 운동이 기반이 되어 1951년에는 각 요양소의 환자 자치회가 결속하였고, 전국국립나요양소환자협의회全国国立癩療養所患者協議会(전환협全患協)가 발족하여 환자 권리 회복에 앞장섰다.[26] 1953년 9월 25~29일 전환협은 구리우라쿠센엔栗生楽泉園에서 제2회 지부장 회의를 개최하고 차기 통상 국회를 목표로 「나 예방법」 재개정 운동을 벌이기로 결

---

24 기쿠치게이후엔 자치회의 경우, 부모와 떨어져 요양소에 들어온 아이들을 교육하기 위해 1931년 도서실 겸 히노키소학교檜小学校를 세우고, 아동들을 보호하기 위해 소년·소녀 숙사 건설을 요청하고, 1933년 5월 각 숙사의 감독을 추천하여 호조회互助会에서 매월 돈을 지급하여 아이들이 마음 놓고 공부할 수 있는 여건을 마련하기도 했다(猪飼隆明, 《近代日本におけるハンセン病策の成立と病者たち》, pp. 345-347).

25 多磨全生園患者自治会, 《俱会一処: 患者が綴る全生園の七十年》, 一光社, 1979, pp. 173-177.

26 青山陽子, 《病の共同体: ハンセン病療養所における患者文化の生成と変容》, p. 12.

정하고, 1954년 1월 7일 전환협 의장 스에키 헤이주로末木平重郎가 각 지부장에게 〈나 예방법 개정 조항에 대한 의견 및 운동방침의 요청에 대하여〉를 통지했다. 전환협 본부는 개정 조항의 초안을 내고 각 지부의 의견을 구했다. 이 초안에는 '나癩'라는 호칭을 '한센씨병'으로 고치는 것에서부터 강제 검진과 강제수용 규정 삭제 및 수정, 외출 제한 완화, 징계 규정 삭제, 벌칙 규정 삭제 등 다양한 분야에 걸친 개정과 수정이 제시되었다.[27] 환자들은 자신들의 의견을 모아 각 지방 행정 단체에 진정하기도 하고, 국회 앞에서 농성을 벌이기도 하며 법 개정을 적극적으로 요구했다. 그 결과, 1953년 개정된 「나예방법」에서 구법에 의한 격리수용 방침과 질서유지를 위한 계고戒告, 근신 규정은 여전히 남았지만, 퇴소자에 대한 갱생 복지제도나 환자 가족에 대한 생활보호법과는 별도의 원호援護 제도 도입 등의 요구가 반영되는 성과를 얻었다.[28]

이와 같이 요양소 내 한센인들의 삶은 균일한 것도 국가의 명령을 그대로 따른 것도 아니었다. 특히 1950~60년대는 한센인에게 요양소 외부와의 교섭을 시도한 격동의 시기로, 일본이 패전 전부터 시행해 온 「나예방법」의 틀을 환자들이 직접 해체해 간 과정이었다. 이 과정에서 또 다른 층위를 만들어 낸 존재가 있었으니, 바로 재일조선 한센인들이었다. 이들은 일본의 한센정책사

에서는 잘 드러나지 않지만, 일본 요양소 내에서 또 다른 환자 역사를 만들어 간 사람들이었다.

재일조선
한센인의 삶

일제 강점 이후 한국(조선)인의 도일渡日은, '좀 더 나은 삶'을 위해 자발적으로 이주했거나 전쟁 시기 강제연행으로 이뤄진 것이었다. 잘 알려져 있듯이, 소수의 유학생을 제외한 재일조선인들은 경제적 기반이 없는 상태에서 교육 기회도 주어지지 않아 현상 유지조차 어려운 하급 노동자의 삶을 이어 갔다. 불결하고 열악한 노동환경 속에서 일하던 재일조선인은 한센병이 발병하면 당시의 격리정책에 따라 요양소에 수용되거나 한국(조선)으로 강제송환되기도 했다. 이러한 재일조선 한센인 문제는 일본 식민지 지배의 소산이다. 1945년 시점에서 전쟁은 끝났고 식민지도 사라졌지만, 그와 동시에 모든 문제가 해결된 것은 아니었다. 식민지기를 거친 '인간'은 그 이후에도 생존하고, 식민지 시기의 '영향'을 계속 받으며 살아갈 수밖에 없기 때문이다. 재일조선인 문제는 패전 후에도 지속되었다. 더구나 음지에 있었던 재일조선 한센인은 그 존재조차 잊혀 갔다.

일본의 재일조선 한센인 입소자는 1922년 젠쇼병원(1909년 개설)의 연보를 통해 알 수 있다. 그 외 소토시마보양원外島保養院(현 邑久光明園), 다이욘쿠요양소第四区療養所(현 大島青松園), 규슈나요양소九州癩療養所(현 菊池恵楓園)에도 1923~1926년 한국(조선)인 입소 기록이 존재한다.[29] 일본 요양소의 한국(조선)인 입소자 비율은 1971년까지 6퍼센트 전후로, 일본 사회의 재일조선인 비율보다 높다.[30] 재일조선 한센인은 일제강점기부터 앞서 살펴본 대로 일본 요양소 관리체계 속에서 삶을 영위했다. 그리고 일본은 패전을 맞이했다. 일본의 패전은 한반도는 물론이고 일본에 살던 한국(조선)인에게도 자유와 희망의 소식이었다.

그러나 요양소 내 재일조선 한센인들은 새로운 상황을 맞이할 수밖에 없었다. 한국(조선)인이 '피식민자'에서 '외국인'으로 전환되면서 추방의 대상이 되었기 때문이다. 해방되고 얼마 지나지 않아 「외국인등록령」이 요양소에도 적용되어 재일조선 한센인들도 모두 등록해야만 했다. 요양소 내 환자 조사는 범죄자 조사와 동시에 행해졌을 뿐만 아니라, 요양소 측이 외국인등록증을 일괄 관리했다는 점에서 차별적 관리와 치안을 위한 조치로 사용했다는 것을 알 수 있다.[31] 그리고 1951년 10월, 「출입국관리령」에 의해 〈나환자 강제송환〉 대상이 되었다. 환자들의 청원[32]으로 간

---

29 金貴粉, 《在日朝鮮人とハンセン病》, p. 8.

30 金貴粉, 《在日朝鮮人とハンセン病》, p. 10.

31 金貴粉, 《在日朝鮮人とハンセン病》, p. 70.

32 다마젠쇼엔多摩全生園의 김철원 외 77인이 후생성을 비롯해 일본 각 기관에 보낸 탄원서

신히 추방은 면할 수 있었지만, 이후 '복지 격차'라는 문제가 환자들을 옥죄었다.[33] 요양소 내 환자들은 병증의 정도, 개인사, 민족 등 다양한 차이가 있었지만, 이들을 하나의 공동체로 묶는 이념은 '상호부조'였다. 이들이 비슷한 수준의 경제활동을 통해 서로를 지탱하였던 것을 감안할 때 일본인에게만 제공되는 '연금'은 재일조선 한센인들에게 상대적인 박탈감을 안겨 주었고, 나아가 생을 위한 투쟁을 벌이는 요인이 되었다. 오쿠코묘엔邑久光明園 한국인 호조회互助会에서 발행한 《고독孤独》을 보면, 한센인으로서 요양소에서 근현대를 살아간 재일조선인의 삶을 파악할 수 있다. 여기에서 패전 이후 신약 보급과 연금제도 실시로 달라진 요양소 내의 분위기를 다음과 같이 전한다.

"각자 성장해 온 생활환경이나 성격, 거기에 연령이나 경제력이 다른 사람들 대여섯 명이 하루 종일 얼굴을 맞대고 있기에, 자칫하면 균형이 깨지는 것이 당연하지요. 그렇게 되면 바로 공동생활체의 파멸로 이어지기 때문에 조금도 방심할 수가 없습니다. 표면상

는 재일 환자들에 대한 인류애를 호소한다. 1952년 참의원 외무위원회는 한센인 강제퇴거 규정을 심의하여, 특별한 죄가 있지 않는 한 한센인인 것만으로 강제퇴거 대상이 되지 않는다고 결정했다(金貴粉編, 《在日朝鮮人とハンセン病資料》, p. 8).

33 1959년 1급 장애 한센인에 대한 복지연금이 월 1,500엔으로 정해졌다. 일본인 장애인이 2,250엔(위안금 500엔, 부자유자 위안금 250엔, 장애 복지연금 1,500엔)인 것에 비해 한국인은 750엔(위안금 500엔, 부자유자위안금 250엔)을 받게 되어 공동생활에서 큰 소외를 느끼게 되었다. 그리하여 재일조선인한국인한센씨병환자 동맹은 이 문제 해결에 적극적으로 나서게 되었다(金貴粉編, 《在日朝鮮人とハンセン病資料》, p. 10).

으로는 평온하지만 마음속에서는 갈등과 증오가 끊임없이 격렬한 싸움을 반복하고 있습니다. … 프로민 신치료제가 생길 때까지는 일정한 코스가 있었습니다. 입원, 경증 숙사에서 시작하여 부자유자 숙사로 이어지는 과정은 극히 일부만 제외하고는 피할 수 없었기 때문입니다. 아무리 부정하려 해도 다른 방도가 없었습니다. 하지만 프로민 신약의 출현은 이 노선을 완전히 소멸시켰습니다. 입원-경증 치료-퇴원이 더 이상 꿈과 같은 일이 아니게 되었습니다. 게다가 퇴원까지는 아니어도 평생 경증 숙사에서 사는 것이 가능해졌습니다. 오랜 기간에 걸쳐 요양소를 지탱해 온 윤리, 호조상애 互助相愛는 프로민 신약의 출현에 의해 붕괴해 버렸습니다. … 호조상애의 윤리 붕괴를 대신하여 찾아온 것은, 경증 환자는 퇴소, 부자유한 환자에게는 삶을 보장해 주는 것(연금)이었습니다. 그러나 한국인의 부자유자 숙사 환자는 이 새로운 보장제도의 적용을 받을 수 없었습니다. 일본 국민이 아니라는 이유로 국민연금의 적용을 제외하고 있는 것입니다."[34]

요양소의 한민족 단체(〈표 1〉 참고)는 연금 문제가 불거지기 이전에는, "요양소 내에서 서로 돕고 격려해 가는"[35] 차원의 친목회

---

34 崔南龍編, 《孤独: 在日韓国朝鮮人ハンセン病療養者生活記録》, 解放出版社, 2007, pp. 51-52.

35 河村寿夫, 〈谷間の声一在日朝鮮ハンセン氏病患者同盟の活動と年金問題〉, 《楓》 28(8), 1960, p. 38.

〈표 1〉 각 요양소에 설립된 한국(조선)인 단체(1962년 기준, 金貴粉, 2019: 81 참고)

요양소명	한국인 단체명
松丘保養園(青森県)	互愛会
東北新生園(宮城県)	朝友会
栗生楽泉園 (群馬県)	協親会
多磨全生園(東京都)	朝鮮人互助会
駿河療養所(静岡県)	親睦会
長島愛生園(岡山県)	親和会
邑久光明園(岡山県)	朝鮮人同郷会
大島青松園(香川県)	友興会
菊池恵楓園(熊本県)	友愛会
星塚敬愛園(鹿児島県)	同友会

형태로 존재했으나, 국민연금이 불러온 생활격차로 인해 이에 대한 시정 운동을 전개하는 방향으로 전환되어 갔다. 그것이 1959년 12월 전환협全患協 아래에서 전국 조직으로 결성된 재일조선인한국인한센씨병환자동맹(현 '재일한국·조선인한센병 환자동맹')이었다.[36] 재일조선 한센인 단체는 같은 병을 가진 동포 간의 친목과 스스로의 생활과 복지 향상을 위해 결속하고 운동을 추진해 갔다.[37]

---

36 金貴粉編,《在日朝鮮人とハンセン病資料》, p. 2.

37 全国ハンセン氏病患者協議会,《全患協運動史: ハンセン氏病患者のたたかいの記録》,
    一光社, 2002, p. 144.

1960년 5월 12일 스루가요양소駿河療養所에서 제1회 지부장회가 열리고 그 후 참가자 대표들이 민단중앙본부, 총련중앙본부, 국회의원, 후생성厚生省, 대장성大蔵省에 진정하는 것으로 한국(조선)인 입소자 투쟁이 시작되었다.[38] 이 투쟁에 대해 일본인 환자 측에서는 외국인으로서 과분한 주장이라고 비판하는 목소리도 있었다.《고독》은 이러한 분위기를 다음과 같이 소개한다.

"조선인 환자 동맹이 결성되어 그 동맹으로부터 서명부 작성의 의뢰가 자치회 사무소에서 이뤄졌다. 호조회에서도 많은 일을 했지만, 일본인 환자 중에 서명을 거부하는 사람이 많이 나왔다. 한국(조선) 환자에 대한 일본인 환자의 생각이 마침내 표면으로 드러난 것이다. 일상생활에서 벌어진 약간의 감정의 균열, 그런 사소한 것이 의외로 뿌리 깊게 남아 있는 것을 나는 분명히 자각할 수 있었다."[39]

이는 요양소 내에서의 집단생활 유지를 위해 겉으로 표출하지 못했던 양 민족 간의 균열을 확인할 수 있는 대목이다. 하지만 시각장애 일본인 환자들은 재일조선 한센인의 처우 개선에 적극적으로 동조해 주었다. 전국한센씨병맹인연합협의회全国ハンセン氏病

---

38   金貴粉,《在日朝鮮人とハンセン病》, pp. 83-84.

39   崔南龍編,《孤独: 在日韓国朝鮮人ハンセン病療養者生活記録》, p. 85.

盲人連合協議会는 원내 외국인에 대해 연금에 해당하는 처우를 요구했고,[40] 이것은 그 후 전환협의 연금운동 노선에 그대로 이어졌다.[41] 많은 일본인 환자들이 요양소에서 같은 병을 앓고 있는 한국(조선) 환자들에 대해 민족을 불문하고 인도적 입장에서 처우해 달라고 동조했던 것이다.

이러한 운동의 결과, 1962년부터 '외국인특별위안금' 500엔이 지급되게 되었다. 하지만 일본 환자의 연금도 증액되었기에 연금 수급자와의 차이는 더 벌어졌다. 환자들은 1964년부터 1971년에 걸쳐 입소자들에게 일률적인 생활비 지급을 요구하는 시위를 후생성 앞에서 벌였고, 각 원내에서도 데모를 했다.[42] 그리고 마침내 1972년부터 모든 입소자에게 생활비에 해당하는 금액으로 장애인 연금 1급 상당의 금액이 지급되게 되었다.

한편, 1960년대 일본인 입소자들이 고향을 방문하는 사업을 벌였는데,[43] 이러한 분위기는 모국 방문이 오랜 소망이었던 재일조

40 金貴粉,《在日朝鮮人とハンセン病》, p. 84.

41 1959년 8월 나가시마 아이세이엔에서 개최된 전환협 제4회 지부장 회의에서는, 전 지부의 대표가 연금 문제의 심의 가운데 인도적 입장에서 외국인 1급 장애인의 원호 조치를 강하게 요구하고 연금 준용 요구를 결정했다. 다음 해 11월 마쓰오카 호요우엔에서 개최된 제5회 지부장 회의에서도 생활보호법이나 예방법의 가족 원호 적용과 외국인의 일본 정부에 대한 세금 납입, 인도적·국제적 친선 등의 요구 근거를 밝히면서 외국인 환자에게 연금 적용을 요구했다(金貴粉,《在日朝鮮人とハンセン病》, p. 86).

42 金貴粉,《在日朝鮮人とハンセン病》, p. 94.

43 森田竹次,〈私たちはやっぱり生きていた―福岡県人会里がえりの記〉,《愛生》 23(3), 1969, pp. 40-41.

선 한센인에게도 한국 방문을 추진하는 배경이 되었다. 구리우라쿠셍엔 입소자였던 김하일金夏日은 한국 기독교구라회의 초대로 1974년 3월 8일 한국을 처음으로 방문했다.[44] 그리고 1975년 10월 13~28일 오쿠코묘엔 지부의 9명이 한국을 방문했고, 같은 해 12월 15일 발행《동맹지부보同盟支部報》(158호)에는 한국 한센병환자 회복자 단체인 한성협동회韓星協同會를 통해 조국 방문 희망자 모집 기사가 게재되었다.[45]

또한, 1960년대 초반 재일조선 한센인들은 자신들의 삶의 궤적을 기록하여 세상에 알리고 세상 밖과 소통했다. 환자들은 한국(조선) 및 일본에서 지내 온 개인사와 요양소에서의 고된 노동, 종교적 생활, 해방 이후 일본 사회의 다양한 변화 속에서 치료와 복지의 대상이 되기 위한 분투 등을 자신의 한글 이름과 함께 세상에 내놓았다.[46] 김하일 등은 좀 더 적극적으로 자기표현을 하는데, 요양소 내 단가短歌회에 들어가 잡지 등에 시를 게재하며 한센

---

44 金貴粉,《在日朝鮮人とハンセン病》, pp. 236-237.

45 그 신청 요강은 다음과 같다. ① 한 그룹의 인원은 4명 이내로 한다. ② 한 그룹의 구성원은 같은 도 출신자 또는 인접도 출신자로 조직할 것. ③ 숙박은 원칙적으로 서울 시내는 여관, 그 외 지역은 농장(정착촌)에 민박으로 한다. ④ 서울 주변 견학에 대해서는 희망이 있으면 협동회 사무소원이 안내한다. ⑤ 서울 주변 이외의 견학 안내인에 대해서는, 각 농장(정착촌)과 개별적으로 절충한다. ⑥ 교통비, 여관 민박의 숙식비, 안내인에 대한 사례 등 체재 중의 제반 경비 일체는 방문자가 부담한다(金貴粉,《在日朝鮮人とハンセン病》, pp. 244-245).

46 崔南龍編,《孤独: 在日韓国朝鮮人ハンセン病療養者生活記録》, pp. 1-252.

인으로서의 삶을 문학으로 드러냈다.[47]

재일조선 한센인의 삶은 일본 한센정책에 맞서 투쟁하는 일본 환자들의 삶의 방식을 따라가는 형태이지만, 다른 한편으로 한민족으로서 자신들만의 단체를 구성하고 민족적 자긍심을 키우는 것과 함께 외부적으로는 일본인 환자 집단, 요양소 관리집단, 나아가 전쟁의 주체였던 일본이라는 국가를 향해 적극적으로 자기 생의 권리를 주장해 갔던 것을 알 수 있다. 다음에서 재일조선 한센인 단체의 기록을 통해 그 구체적인 활동상을 살펴본다.

우애회를 통해 본
재일조선 한센인

우애회의 출발 과정

일본 요양소라는 공간에서 한국(조선) 환자들은 자신의 정체성을 어떻게 드러내며 삶을 지탱했을까. 기쿠치게이후엔菊池恵楓園의 한국(조선) 한센인 자치단체인 우애회友愛会는 창립 20주년

---

47 김하일은 1946년 9월 25일 구리우라쿠엔에 입소하여 1953년 점자를 읽기 시작했고, 1955년에는 한글 점자를 배웠다. 1960년에는 요양소 내에 한글학교가 열려 한글 교육이 이뤄지기도 했다. 그는 가집을 여러 편 출판했는데, 1971년 제1 가집 〈무궁화無窮花〉, 1986년 제2 가집 〈황토黃土〉, 1987년 구리우라쿠엔의 한국(조선)인 합동문집 《도라지의 시トラジの詩》, 편집위원회 편 〈도라지의 시〉 등을 출판하였다(金夏日, 《点字とともに》, 皓星社, 1990, pp. 1-254).

을 맞아《우애회 20년사友愛会二十年史》[48]를 일본어로 발간했다. 우애회는 기쿠치게이후엔에 재원하고 있는 재일조선 한센인이 '조선인회朝鮮人会(1948)'로 시작하여 명칭을 '우애회'로 바꾼 후, 환자들의 생을 위해 활동한 단체이다. 이 책의 발간사는 다음과 같다.

〈그림 1〉《우애회 20년사》표지

　"지난날, 우리는 불행하게도 일본 제국주의 정책 아래에서 국가와 자신을 약탈당하고, 가혹한 정치에 신음하는 망국의 민족으로, 36년간 비탄의 눈물을 흘리면서 사는 운명에 처해 있었다. 그러나 대동아전쟁에서 일본이 패배하여, 그 모든 상황에서 해방되어 조선 민족으로서 당당히 자기를 주장할 권리를 갖고 나서, 이제 23년의 세월이 흘렀다. 일본의 패배에도 하늘은 우리에게 아군이 되지 않아, 미·소 양대 강국의 자기 독점적인 사상 간섭에 의해 국가와 민족이 두 개로 나눠지는

48　이 책은 1968년 우애회에서 발간했다. 이《우애회 20년사》는 후지노 유타카가 편찬한《근현대일본한센병문제 자료집성 보권13(近現代日本ハンセン病問題資料集成 補券13)》(不二出版, 2007, pp. 192-226)에 수록되어 있는데, 원문이 그대로 실려 있기에 韓石峯編,《友愛会二十年史》(友愛会, 1968, pp. 1-126)에 준하는 원문 페이지를 인용한다.

가장 불행하고 슬픈 사태에 몰리게 되었다.

이런 냉엄한 현실 속에서 한센병을 온몸에 무겁게 지고, 이국에서, 게다가 사회로부터 격리 단절된 요양소 안에서 동포 간의 친목과 협동, 화합을 목적으로 우애회 조직을 결성하고 살아가려는 우리에게는 국운이 없는 것을 슬퍼하기 전에 국가와 민족을 이런 도탄의 고통과 불행으로 이끄는 지도자들에 대해 울분을 토할 길이 없다. …

20년 세월이 지난 오늘 역시 생각나는 것은 우애회를 조직하고 누구보다도 열정을 기울여 온 선배 여러분의 얼굴이다. 이렇게 선배 여러분의 노고와 계속된 노력의 결실이 20주년을 맞이함과 동시에 그 증거로서 〈우애회 20년사〉가 발간되는 것을, 매우 기쁘게 생각하는 바이다."[49]

발간사는 한반도 전체에 활짝 피어난 무궁화를 그린 표지(〈그림 1〉)와 같이, 일제 강점이라는 역사적 현실 속에서 발생한 고통, 해방 후에도 이어진 민족 분단의 고통, 외국인으로서 민족적 설움을 겪은 한국(조선) 환자들이 하나가 되어 자신들의 생을 잘 지탱해 나가고자 하는 의지를 담고 있다.

이러한 한국(조선)인 단체가 탄생할 조짐을 보이던 시기는 일본 패전 후인 1946년 5월경이다. 재일한국·조선인 사회는 동경

---

49 韓石峯編,《友愛会二十年史》, 友愛会, 1968, pp. 1-2.

의 '재일조선인대책위원회'를 시작으로 자치적 성격의 단체를 결성하기 시작했고, 이는 전국적 단위인 '재일조선인연맹' 조직에 이르렀다. 처음 환자 사회는 이러한 분위기에 무관심했다. 그중 병증도 가볍고 비교적 건강하며 의식이 분명한 환자는 짐을 싸서 무허가로 요양소를 탈출하여 귀국하기도 했다. 요양소에 남은 사람들은 사회적 분위기와 무관했던 자신들의 삶을 다음과 같이 표현했다.

"마음속으로는 여러 생각이 있어도 그것을 표면화하는 기운으로는 발전하지 못했다. 그 근원은 역시 육지에서 외로이 떨어진 섬처럼 여겨지는 요양소라는 별세계의, 암흑과 같은 골짜기 속에서 어느 틈엔가 정신 그 자체도 일본인화되어, 갑자기 해방되었다고 해도 스스로 아무것도 할 수가 없는 그저 우왕좌왕할 수밖에 없는 존재였고, 어두운 동굴 속 바위틈에 들러붙은 박쥐로 변해 버렸기 때문이었다고 할 수 있다."[50]

이처럼 시대와 사회가 변했어도 이런 변화를 받아들이기에는 병증의 정도도, 한반도 내의 가족도, 경제적 상황도 따라 주지 못하여 요양소에 적응해 버린 환자들의 자포자기 심정을 엿볼 수 있다. 이런 상황에서 한석봉韓石峯이 용무가 있어 요양소에서 나

---

50 韓石峯編,《友愛会二十年史》, p. 35.

가 시내에 갔을 때 사회적 분위기를 감지하게 되었고, '재일조선인연맹(구마모토현 본부)'으로부터 요양소 내 동포 상황 조사를 요청받아 요양소의 김우갑金又甲 등과 함께 명부를 만들게 되는데, 이것이 재일조선 한센인 단체가 뜻을 모은 시발점이 되었다. 당시 1939년 창씨개명 이후 요양소 내 한국(조선)인들의 이름이 일본식으로 바뀌어 한국(조선)인 식별 작업이 쉽지 않았다. 그리고 환자 쪽에서 스스로 한국(조선)인이라고 밝히는 사람이 많지 않아서 한석봉 일행이 용모나 말투 등으로 추측하여 '한국(조선)인이 아니냐'고 물어보는 식으로 조사를 진행했다.[51] 이런 과정을 거치며 요양소 내의 한국(조선)인들을 파악하고 명단을 제출하여 요양소 밖 한국(조선)인 조직과 연계되는 듯했으나, 특별히 요양소에 변화가 찾아오지는 않았다. 재일조선인 사회에서도 소외의 대상이었던 것이다. 이에 1947년 김우갑은 초대도 받지 않은 채로 구마모토현 재일조선인연맹에 참가했다가 한센병 환자의 예기치 못한 참석에 당황한 본부의 분노를 샀다. 이후 기쿠치菊池 지부에서 몇 차례 요양소를 방문하여 위문 행사를 개최해 주었다.

기쿠치게이후엔 우애회의 전신인 '조선인회'의 정식 발족일은 1948년 8월 20일이었다. 당시 기쿠치게이후엔은 입원자 수가 늘어 처음 1천여 명이었던 환자는 1,200여 명이 되고 한국(조선)인

---

51 韓石峯編,《友愛会二十年史》, p. 36.

도 28명 정도에서 70명으로 늘어났다.[52] 새로 유입된 한국(조선)인 중에는 배움이 있고 의식이 높은 사람들도 있었다. 이런 상황에서 김우갑은 대표직에서 사퇴하고 문길수文吉秀가 다음 회장이되었다. 문길수는 조선인 환자 단체 구성 초기의 모습을 다음과같이 전한다.

"1948년경의 기쿠치게이후엔 재원 동포는 약 70명 정도였다. 당시 조선 동포의 명부를 보관하고 있던 김우갑은 조선인회가 구성되자 대표직을 사퇴하고 문길수와 강순수姜順受가 정·부회장으로선출되었다. 이로써 원내의 조직이 명확하게 갖춰지고 수박과 과자를 사서 신체 부자유자나 입원자를 찾는 등, 이 모임도 마침내궤도에 진입했을 무렵, 불법 소주 제작 횡행 시대를 맞아 소주를만드는 자가 생기고, 도박, 싸움이 일어나거나 하여 (일본인)자치회 보안부도 몹시 곤란해하고 있었다. 이러한 혼란 속에서 후에 조선인회는 '우애회'로 개정되었고, 우애회에서는 이대로 회원의 비행을 방임하는 것은 회의 체면뿐 아니라 민족의 수치라 여겨 회원의 질 개선에 나섰다."[53]

이처럼 일본 패전 후 혼란기에 한센병을 안고 요양소에 입소한

---

52 韓石峯編,《友愛会二十年史》, p. 40.

53 韓石峯編,《友愛会二十年史》, p. 16.

한국(조선)인들은 자포자기의 심정으로 도박이나 싸움 등의 악행을 저지르는 일이 빈번했다. 요양소 내 한국(조선)인들은 이 문제에 대해 심각하게 고민한 끝에, "회원의 상호 친목과 자립적 우애 정신에 충만한 민족성의 자각을 높여 동포의 이익을 지키고 동맹 본부를 발전시켜 보다 건전한 요양 생활에 근거한 문화향상을 꾀한다."[54]는 취지로, 민족성 자각과 환자 삶의 질 개선을 표방하며 우애회를 결성했던 것이다. 우애회는 방종을 일삼는 회원 규제의 역할 등을 통해 요양소 일본인 자치회의 신뢰를 얻었다. 또한, 외국인등록증 관련 문제나 재일조선 한센인 관련 문제 발생 시 적극적으로 해결해 가는 등 자정自淨 운동의 주체, 단체교섭의 주체가 되었다.

요양소 밖과의 교섭 및 투쟁

재일조선 한센인의 요양소 밖과의 교섭 및 투쟁은 「외국인등록령」, 「국민연금법」이라는 두 가지 국가적 조처를 둘러싸고 전개되었다.

일본에서는 1952년 4월 28일 「외국인등록법」을 공포·시행하였는데, 이 과정에서 요양소에서 한국(조선)인들의 무단 외출을 막는다는 명목으로 외국인등록증을 한꺼번에 보관하기 시작했다. 이에 대해 우애회 환자들은 '등록증을 개인이 언제나 휴대해

54 韓石峯編,《友愛会二十年史》, p. 4.

야 한다'는 법적 근거를 내세워 개개인이 등록증을 받아 냈다.[55]
환자로서의 개인적 권리를 주장하기 시작한 것이다. 그리고 「출입국관리령」에 근거해 한센인들이 외국인 강제송환에 포함되는 것을 막고자 〈한국인 나환자 강제송환에 관한 건〉이라는 탄원서도 제출하였는데, 그 내용은 다음과 같다.

"우리는 조국에서 수천 리 떨어진 이국 일본에서 불행하게도 병에 걸리고, 현재 일반 사회와도 분리된 처지의 몸이 되어, 삶과 죽음을 일본 정부에 맡기고 있습니다. 일본 정부가 지금까지 병에 국경이 없다는 인도주의 입장에 입각해 아무런 차별 없이 일본인 환우와 동등하게 대우하여 우리 한국인 환자 일동은 늘 깊은 감사의 마음을 가지고 있습니다.

그런데, 1951년 10월 4일자 관보에 기재된 정부 명령 제319호, 「출입국관리령」 제24조에 의하면, 외국인 강제송환에 관한 내용이 우리 한국(조선)인 환자에게도 해당하는 것이 분명하고, 이 명령은 일본으로부터 우리 한국인을 한 명도 남김없이 국외로 추방하려고 하는 악령이기에, 이 명령을 폐지해 주셨으면 합니다.

우리는 일본 정부에 백해무익한 자임을 충분히 인지하고 있습니다만, 그렇다고 해서 정령을 입안해 강제송환하는 것은 인도주의를 표방하고 문화국가라고 불리는 일본 정부가 취할 정책이 아

55 韓石峯編,《友愛会二十年史》, pp. 43-44.

니라고 믿는 바입니다.

과거 우리가 도항해 온 데에는 어쩔 수 없는 사정이 있고 또 일본 군국주의의 정책에 근거한 징병, 징용 등으로 도항한 것은 명백한 사실이며, 생각지도 못한 불행한 병에 걸린 자를 강제송환한다는 것은 너무 무자비한 처치입니다. 게다가 현재 내란이 극심한 조국으로 우리 한국인을 강제적으로 퇴거시키는 정령을 입안하는 것에 참으로 매우 유감스럽게 생각하지 않을 수 없습니다.

현재 요양소에서 치료받고 있는 한국인 환자의 대다수는 건강 면에서도 매우 약한 사람이 많고 장거리 여행은 도저히 불가능한 상황입니다. 모쪼록 조국이 통일되어 평화롭게 되고 우리에 대한 수용 태세가 완비될 때까지 기다려 주시면 그때는 우리 스스로 귀국을 희망할 것입니다. 아무쪼록 이상의 사정 등을 잘 살펴주셔서, 그러한 정령이 시행되지 않도록, 우리 한국인 환자 일동 날인하여 항의 탄원하는 바입니다."[56]

이 '항의탄원서抗議嘆願書'는 한국인이 고국에 돌아가는 것이 맞지만, 당시 한국의 상황에서 질병을 가진 자신들이 설 자리가 없다는 것을 솔직하고도 분명하게 전하고 있다. 이 사건은 전국의 환자들이 통일된 의견을 모으는 계기가 되었다.

또 한 가지, 우애회에서 벌인 대외적 교섭을 위한 생의 투쟁은

---

56 韓石峯 編,《友愛会二十年史》, p. 47.

1959년 제정된 「국민연금법」과 관련이 있었다. 이는 규모가 작은 재일조선 한센인 단체만으로는 감당하기 어려운 거대 문제였다. 기쿠치게이후엔에서는 국민복지연금법에서 제외되는 외국인에게도 적절한 원호 예산 조처를 요구하는 다음과 같은 내용의 진정서를 제출했다.

"우리 전국 한센병요양소에 입소 중인 조선인 환자는 모든 일에 차별 대우를 받지 않고, 현재까지 요양 생활을 보낼 수 있는 것은 늘 선생님의 배려요 은사임에 감사하고 있습니다.

이번 연금법이 성립하여 우리 환자에게도 복지연금이 적용되게 된 것은 요양소에 일대 광명을 준 느낌이 듭니다.

그러나 연금법을 외국인에게는 적용하지 않아 같은 요양 생활을 하는 우리 조선인 환자에게는 큰 충격이자 앞으로의 요양 생활에 불안을 느끼게 되었습니다.

우리는 외국인이기는 하지만 대부분이 제2차 대전 중 강제징용이나 병역 등으로 오게 되어 일본 건설에 협력한 이른바 일본의 조선 통치가 낳은 피해자임과 동시에 현재도 일본의 법률에 따라 요양 생활을 강요당하고 있는 바입니다.

이러한 의미에서 우리는 한일회담에서 모든 일이 해결되리라고 생각하지만, 그 이전에 요양소 내의 사정을 잘 살펴보신 후 연금이라는 명목은 다른 것으로 바꿔도 이것에 필적하는 원호 방책을 세워 주시길 부탁드립니다.

선생님께서는 여러모로 바쁘실 것으로 알지만, 저희가 꼭 실현하고 싶은 절실한 소원을 담아, 선생님께서 헤량하여 주시길 진심으로 진정하는 바입니다."[57]

우애회를 비롯한 환자 단체에서는 지속적으로 연금 준용화 등에 관련된 진정서를 후생대신, 각 요양소 과장, 그 외 관계 당국에 제출하고 한국 언론사에도 서신을 보냈다. 이러한 운동에는 앞서 언급한 바와 같이 일본인 환자 단체, 재일조선인 단체, 비환자 일본인 등도 가세하여 추진에 큰 동력을 제공했다. 1960년 5월 12일 스루가 요양소에서 제1회 지부장 회의 개최를 계기로 일반 사회 민족단체의 반향을 일으켰다. 비로소 재일조선인 사회가 한센인 문제에 관심을 가지기 시작한 것이다. 민단 기관지《민주신문》8월 17일 자에 일본 각지에 있는 재일조선 한센인들이 국민연금으로 인한 차별을 겪고 있다는 기사가 실렸다. 민단에서는 이 문제에 대해 일본 당국과 적극적 교섭을 진행했을 뿐 아니라 한국 정부에도 이러한 재일조선 한센인의 목소리를 전했고, 국제 영자 신문에도 기사가 보도될 정도로[58] 요양소 외부로 영향력을 확대해 갔다.

---

57 韓石峯編,《友愛会二十年史》, pp. 71-72.
58 韓石峯編,《友愛会二十年史》, p. 76.

요양소 내 한국(조선)인의 삶

겉으로는 평화롭게 보였지만 우애회 내부에는 갈등이 빈번했다. 우선 같은 민족으로 하나가 되어 힘을 모아야 할 민족 간의 '사상의 분단'이 심각했다. 우애회는 '사상을 논하지 않고 남북 중립을 견지한다'는 입장을 취했음에도 불구하고, 회원 사이의 사상적 대립 현상이 끊이지 않았다.[59] 남과 북으로 나뉘어 시비론을 전개해 가다가 사상적인 감정이 폭발하여 환자 간의 싸움이 빈번해졌고 상해 사건까지 일어났다. 싸움은 개인 대 개인에서 집단 대 집단으로 번졌다. 기쿠치게이후엔의 일본인 자치회는 이 상황을 심각하게 받아들이고 우애회에 관련 문제 해결을 일임했다.[60]

그러나 남북 간의 이념대립은 지속되었다. 1959년 8월 북한 귀국 희망자 문제로 의견이 엇갈려 7명이 우애회에 탈회 신고를 하고 임원의 검토하에 수리되었다.[61] 사태는 오히려 악화되어 7명이 회에서 제명된 것에 불만을 품은 환자 22명이 회를 탈퇴하여 '귀국희망자촉진회'를 새로이 만들었다. 그리고 이런 상황을 우려하여 또다시 환자들의 통일을 꾀한다는 명목으로 9명이 '통일알선위원회'를 만들면서 요양소 한국(조선)인 환자 조직이 3개가 되는 일이 벌어졌다.[62] 별다른 성과 없이 사라진 이 조직의 분열에 대

---

59 韓石峯編,《友愛会二十年史》, p. 17.

60 韓石峯編,《友愛会二十年史》, p. 42.

61 韓石峯編,《友愛会二十年史》, p. 72.

62 韓石峯編,《友愛会二十年史》, p. 77.

해,《우애회 20년사》에는 '이 사건은 한국(조선)인의 수치를 일본인 환자들 앞에서 드러낸 것'이라고 언급되어 있다. 그러면서 다시금 다음과 같은 우애회의 입장을 밝혔다.

"우리 우애회는 정치단체가 아니라 환자자치회와 마찬가지로 우리의 인간성을 발전 향상시키고, 공통의 복리를 지키고, 일본 환우들과도 친선 우호를 깊이 다지는 것이 그 주된 목적입니다. 동시에 회원 개개인이 어떠한 사상, 신앙의 소유자이든 모임에서는 그것을 문제시하지 않습니다. 현재 우애회에서는 어쩔 수 없이, 조국이 통일하여 국가명이 하나가 될 때까지는 재일조선·한국인한센병동맹 본부의 기본적 노선과 방침에 근거하여 건전한 회로서 발전시키는 것을 목적으로 하고 있습니다. 그러기 위해서는 동포 개개인이 민족정신을 투철히 하고 자긍심을 갖고 자치회와 모든 환우에게 폐를 끼치지 않는 것이 중요하다고 생각됩니다."[63]

우애회에서는 과거 식민 주체였던 일본에서 요양 중인 한국(조선) 환자 간의 분열이 자신들에게 매우 불리하게 작용할 것으로 여겼다. 하지만 사상적 대립으로 인한 '조선인회(북조선귀국집단)'와 '우애회'의 갈등은 끊이질 않았다. 우애회에서는 이 양회의 통일을 위해 '한센병 기쿠치지부ハ氏病菊池支部'라는 명칭 변경을 시

도했지만, 우애회 쪽에 반대자가 있어 변경이 쉽지 않다.[64] 결국 2년간의 분열 소동 끝에, 1961년 5월 18일 양측의 임원이 회의를 거쳐 명칭은 '우애회'로 유지하고, 회칙 조직 조문에 '한국·조선'을 넣는 것으로 결론이 났다.[65]

비록 이념적 갈등은 있었지만, 우애회는 요양소 한국인의 통합과 삶의 질 향상을 위해 노력했다. 재일조선 한센인들은 발병 이전에도 가난한 환경에서 배움의 기회를 얻지 못했고, 발병 후에는 눈이 어두워지거나 손가락 신경 마비 등으로 글을 읽고 쓸 수 없는 상황에 놓인 사람이 많았다. 따라서 이들에게 있어 '소리'는 매우 중요한 역할을 했다. 우애회는 녹음기를 구입해 회원들의 음성(회원들의 고생담)을 녹음하여 각자의 삶을 기록하는 작업을 진행했다.[66] 이는 일반 사회와 가족들에게조차 잊힌 사람들이 아닌 역사의 한 부분으로 남겨진다는 것을 의미했다. 환자들의 녹음 내용은 전국 다른 요양소의 한국(조선) 환자와 교류하는 수단으로도 사용되었다.[67] 이러한 녹음기 외에도 환자들은 한국 전통 악기를 구입하기 위해 수년간 원내 작업을 하여 모은 돈을 내놓기도 했는데, 당시 회장이었던 강순수는 이것을 '민족정신'과 '동

---

64 韓石峯編,《友愛会二十年史》, p. 82.

65 韓石峯編,《友愛会二十年史》, p. 83.

66 韓石峯編,《友愛会二十年史》, pp. 12-14.

67 韓石峯編,《友愛会二十年史》, p. 1.

포애'의 결과라고 평가했다.[68]

그리고 우애회는 위안 행사 등 한민족이 함께 공감하고 향유할 수 있는 환자문화 행사를 주관했다. 이러한 행사는 환자들에게 '사막의 오아시스'[69]와 같았다고 한다. 행사에서 환자들은 함께 술잔을 기울이고, 조국의 노래를 부르고, 조국에 대해 이야기하고, 서로의 처지를 위로했다. 우애회의 목표는 "설령 한센병 환자로 이국의 요양소에 있는 쓸모없는 사람일지라도, 한민족으로서 부끄럽지 않은 태도로 일본인 환우들과 친선을 다지며 정신적인 측면에서도 민족의 긍지를 견지하여, 지속적으로 회를 지키고 발전시켜 갈 것을 지향"[70]하는 것이었다. 우애회는 민족 간의 사상적 대립을 통합·조정하고, 환자 복지를 위해 원 내외로 활동하며 요양소 내 한국(조선)인의 입지를 다져 갔던 것을 알 수 있다.

이와 같이 일본 요양소의 재일조선 한센인들은 일본의 한센정책 속에서도 한국(조선)인으로서의 민족성을 지키고, 일본 식민주의 정책의 소산인 자신들의 입장을 표시하며, 스스로의 환경을 개선하고자 활동했던 것을 확인할 수 있다. 이들은 식민지 시기

---

68 우애회는 같은 환자들 중 의료형무소와 같은 곳에 있거나 증상이 악화되어 병상에 누워 있는 환자들의 위로했다. 기쿠치게이후엔 재일조선 한센인들은 1958년 7월 방송부 주임의 협력으로 조선 민요와 지인에게 보내는 목소리를 테이프에 수록하여 각 원에 보냈다. 우애회 10주년 행사 때에는 재일조선인 중앙예술단이 와서 성대한 행사가 열렸다(韓石峯編, 《友愛会二十年史》, pp. 65-67).

69 韓石峯編, 《友愛会二十年史》, p. 20.

70 韓石峯編, 《友愛会二十年史》, p. 119.

와 패전 후 격동의 사회적 분위기를 고스란히 느끼며 같은 민족 그리고 같은 환자 공동체와 연대하며 자기 생의 권리를 획득해 갔다.

◆ ◆ ◆

한센인들의 생을 위한 투쟁은 세월을 거치며 그 목적을 달성해 갔다. 패전 후 1953년 「나예방법」이 개정되었지만, 삶의 환경이 크게 달라지지는 않는 상황에서 일본 요양소의 환자들은 각자의 입장을 표명하는 단체 결성과 활동을 통해 인간으로서의 권리 회복을 위한 궤적을 만들어 냈다. 환자들이 결성한 자치회는 요양소 관리 운영의 보조적인 역할을 넘어, 요양소 내 환자들의 복지를 증진하기 위해 다른 환자 단체와 교류하고, 관리 운영하며, 요양소의 운영자나 상위 국가기관과도 교섭하는 역할까지 담당하며 환자로서의 입장을 확고히 해 갔다.

변화하는 일본 한센정책의 활동 주체이기도 했던 재일조선 한센인들은 일본 내에서 '피식민자로서의 환자' '외국인 환자'라는 변화를 거치며 생을 위한 민족적 투쟁을 전개해 나갔다. 이들은 요양소 내에서는 일본인 자치회와 협조·연대했고, 요양소 밖에서는 재일조선인 일반 사회에 대한 요구와 호소를 비롯하여 일본 국가의 각 지방 및 국가 단체를 상대로 교섭을 이루어 냈다. 이러한 노력 끝에, 1996년 「나예방법」 폐지 이후 1998년 요양소 환자들이 나서서 「나예방법」 위헌 국가배상 청구소송을 요구하여, 2001년 5월 11일 구마모토熊本지방재판소에서 마침내 원고 승소가 결정되었다. 이는 국적과 상관없이 구제하는 방침이어서 한국(조선)인 입소자에게도 희소식이 되었다.

재일조선 한센인들은 모국, 심지어 자기 가족에게도 잊힌 사람들이다. 하지만 이국의 강제적인 의료 시스템에 종속되어 있으면서도 한민족 정체성을 담은 문화를 창조하고, 요양소 밖 사회나 국가를 상대로 목소리를 내어 삶의 변화점을 만들어 갔던 존재들이었다. 이들이 형성한 민족문화적 유대, 상호부조하의 동고동락, 교육과 문학을 통한 자기 발신 등은 동아시아 근현대 역사의 소용돌이가 남긴 한민족 역사의 일부인 것이다.

진정한 문화자원으로

개항 이후 서양 의료 선교사들의 활동을 통해 근대 의학을 접하기 시작한 한국은 서양의학과 식민지 통치를 위한 일본식 근대 의학의 길항拮抗 속에서, 의료 분야에서 다양한 모습이 공존하는 공간이었다. 일본 근대 의학은 식민지 통치와 직결되어 있었기 때문에 한반도에서 다양한 맥락에서 정치적으로 이용되었다. 이 과정에서 발생한 식민지의학은 근대적 의료 행위의 시혜자/수혜자라는 수직적이고 이분법적인 인식하에 이해되기 쉽지만, 실제로는 소수의 시혜자와 다수의 수혜자 집단 사이에서 이루어졌다. 식민 통치라는 이질적인 상황은 다수의 수혜자 집단을 관리하기 위해 단시간에 인위적인 시스템을 마련할 수밖에 없었고, 이러한 자연스럽지 못한 관리 체계는 여기에 다 수렴되지 못하는 다양한 현상을 낳을 수밖에 없었는데, 근대 한국에서의 한센사업에는 이러한 식민지 근대 의료를 설명할 수 있는 중요한 요소가 있었던 것이다. 여기에는 국가뿐만 아니라 당시 한반도에 거주하던, 병합 이전부터 한국에 건너온 일본인, 병합 이후 새로이 유입된 일본인, 한국 대중, 환자 등 다양한 인간들의 군상이 존재한다.

이 연구는 한국 근대 의학을 질병 치료 중심의 기술의학적인 측면이 아닌, 한센인을 통해 질병과 관련된 사회현상과 질병을 가진 주체들의 역할에 주목하여 전개하였다. 특히 서양의학 체제가 본격화된 일제강점기, 질병을 둘러싼 사회문화적 현상에 대한 작용 및 반작용에 착목하여, 국가 – 의료 종사자 – 환자 – 비환자 대중을 둘러싼 역학을 살펴봄으로써 한센병을 둘러싼 근현대 한국 의학의 제상에 대해 탐구했다. 또한, 식민지의학 실천은 국가가 일방적으로 진행할 수 없는 문제로, 의료 문제에 대한 한국 대중(비환자/환자)의 반응과 태도를 동시에 살펴봐야 할 필요성이 있다. 이에 따라 의료의 수혜자인 대중은 일본이 주도하는 서양의학 정책에 가담하여 식민지 의료관리 시스템을 강화하거나 균열을 주는 핵심적 존재였다는 점에 주목하였다. 여기에는 미디어가 중요한 기능을 하는데, 국가기관이 언론을 통해 조장한 사회적 분위기, 비환자 대중의 환자에 대한 태도, 비환자를 대표한 환자 공동체의 활동, 환자 집단의 생에 대한 주장을 미디어를 통해 파악할 수 있었다. 이를 바탕으로 근대 이전의 한센병에 대한 역사적 고찰, 근대 한센병을 둘러싼 식민지 의료, 다양한 형태로 생존의 권리를 주장했던 환자들, 한편으로는 동정하고 한편으로는 철저히 환자를 소외시켰던 대중의 문제, 자발적 혹은 비자발적으로 도일했던 한국인들의 한센병 발병과 일본 수용소에서의 삶을 고찰하여, 환자들이 어떻게 인간으로서 자신들을 확인해 갔는지를 알 수 있는 토대를 마련했다. 그리하여 환자의 인간적 가치를 외면하고 '질병=질병에 걸린 사람'으로 인식하여, 제거해야 되는 대상에 질병뿐만 아니라 사람의 인격까지 집어넣은 역사 속에서 질병을 가진 인간의 생의 권리에 대한 투쟁의 흔적들을 밝히고자 했다.

한국 한센인 문제는 일본의 한센정책과 깊이 맞물려 있기에 일본 패전 이후에도 연장선상에서 논의되었다. 일본에서는 「나예방법」(1907) 공포 이후 89년 만에 「나예방법 폐지에 관한 법률」(1996)을 제정하기에 이르렀지만, 일본 사회에서는 여전히 한센인 숙박 거부와 같은 민간 차원의 문제 제기가 지속되고 있었다. 이는 서양과 대등한 제국을 수립하고자 하는 열망 속에서 한센인을 차별했던 국가와 대중의 반성 없는 사고가 여전히 남아 있었다는 것이고, 더욱 다양해진 미디어를 통해 이에 동조하는 대중을 만들어 낸 결과라고 할 수 있다.[1]

그러나 한센인들은 지속적으로 자신들을 옥죄는 억압적 시선과 제도 속에서 생을 위한 투쟁을 이어 갔다. 그 결과, 일본에서 진행된 〈나예방법 위헌 국가배상 청구 소송〉에서, 2001년 구마모토재판소에서 「나예방법」이 헌법위반이라는 판결이 도출되었다. 일본 정부와 국회의 법적 책임, 즉 격리정책을 계속 추진했던 국가의 법적 책임, 그리고 국회의원이 「나예방법」을 제정한 입법 행위, 그리고 이것을 1996년까지 개폐改廢하지 않았던 입법 부작위를 단죄한 것이다. 이를 통해 비로소 한센인들은 인권 회복의 길을 열 수 있었다.[2] 그리고 2001년 6월 22일, 「한센병요양소입소자 등에 대한 보상금의 지급 등에 관한 법률」이 시행되어 입소자뿐 아니라 퇴소자나 비입소자, 더 나아가 일본 식민지기에 개설

---

[1] 열등하다고 여겨지는 존재들에 대한 '낙인'은 패전 후에도 일본에서는 「국민우생법」 「우생보호법」(1948), 「화류병예방법」 「성병예방법」(1948), 「나예방법」(1953) 등으로 정부 차원에서 유지되었다(藤野豊, 《厚生省の誕生》, かもがわ出版, 2003, p. 16).

[2] 猪飼隆明, 《近代日本におけるハンセン病策の成立と病者たち》, p. 11.

된 해외 요양소 입소자에 대한 보상금까지 지급되게 되어 한국 소록도나 타이완 낙생원 입소자들도 그 대상이 되었다.[3]

이제 한국에서는 한센병 환자가 새로이 발생하지 않게 되었고, 관리 대상자도 급감하는 추이가 보인다. 전라남도 고흥군에 있는 소록도는 2009년 3월 육지와 연결된 다리가 개통되었고, 2016년에는 국립소록도병원이 개원 100주년을 맞아 한센병박물관 Sorokdo National Hospital Hansen's Disease Museum도 개관했다. 이에 따라 한센 시설의 대안적 사용 방안이나 유네스코 세계문화유산 등재와 관련하여 역사문화적 가치를 재조명하는 등의 사업으로 변화되고 있다. 이런 흐름의 의미는, 이제 한센병은 환자가 질병으로 인해 차별받아 마땅한 대상이 아니라 동등하고 존중받아야 할 존재라는 기본적인 권리를 획득하기 위해 투쟁해 온 역사를 표상하는 문화자원으로 변화되었음을 알려 주는 것이라고 할 수 있다. 즉, 한국의 한센사업은 더 이상 질병 관리 차원의 문제가 아니며, 이제는 한센인의 삶의 역사를 어떻게 의미 있게 다루고 현재 사회에 적용할 것인지가 중요하다는 것을 나타낸다.

---

3   金貴粉 編,《在日朝鮮人とハンセン病資料》, 緑陰書房, 2020, pp. 11-12.

| 글이 처음 실린 곳 |

※ 출판연도순

"A Modern History of 'Imperial Medicine' Surrounding Hansen's Disease:
Strategies to Manage Public Opinion in Modern Japanese Media,"
Korean journal of medical history 26(3), 2017, pp. 417-454.

"The formation of policy on Hansen's disease in Korea, and the history of
patients' self-expression," *INTER-ASIA CULTURAL STUDIES* 23(1),
2022, pp. 45-67.

〈일제강점기 미디어를 통해 본 한센정책과 소록도갱생원〉,《일본문화연구》82,
2022, 129~151쪽.

〈일제강점기 '방법'으로서의 기독교와 소록도갱생원〉,《일어일문학》97, 2023a,
238~257쪽.

〈일제강점기 한센정책의 주체와 객체로서의 한센인〉,《日本語文學》96, 2023b,
173~198쪽.

〈잊혀진 사람들: 일본 한센병요양소와 재일조선 한센인의 삶〉,《日本語文學》
100, 2024, 327~359쪽.

| 그림 출처 |

한센병을 둘러싼 식민지의학의 대중관리 전략
〈그림 1〉〈미쓰다 겐스케(1956년)〉 https://ja.wikipedia.org/wiki/光田健輔
〈그림 2〉《文化朝鮮》4(3) 표지〉 국립중앙도서관 디지털 자료실
〈그림 3〉《文化朝鮮》4(3) 〈소록도특집〉 목차〉 국립중앙도서관 디지털 자료실
〈그림 4〉〈소록도갱상원 조감도〉《소록도갱생원연보》, 조선총독부, 1940

감정통치 기반의 문화적 자원으로서 한센사업
〈그림 1〉〈소록도가 표기된 조선지도《観光朝鮮》2(2)〉 국립중앙도서관 디지털
　　자료실
〈그림 2〉《観光朝鮮》2(2) 속표지〉 국립중앙도서관 디지털 자료실
〈그림 3〉〈소록도의 봄《観光朝鮮》2(2)〉 국립중앙도서관 디지털 자료실
〈그림 4〉〈소록도 지도《文化朝鮮》4(3)〉 국립중앙도서관 디지털 자료실

한센정책의 방법으로서 기독교
〈그림 1〉〈소록도갱생원 연도별 수용인수〉厚生省原版監修,《雜誌記事索引集
　　成 專門書誌編38 らい文獻目録 社會編》, 皓星社, 1999, p. 107.
〈그림 2〉〈미쓰이가 미야카와에게 쓴 편지〉滝尾英二,《植民地下朝鮮における
　　ハンセン病資料集成〈第6巻〉》, 2002c, p. 202.
〈그림 3〉〈1936년 7월 미야카와 하카루 소록도 방문 후 남기 글 일부〉滝尾英
　　二,《植民地下朝鮮におけるハンセン病資料集成〈第6巻〉》, p. 252.
〈그림 4〉《聖書朝鮮》99호 목차〉 광주 호남신학교 방문 사진 촬영
〈그림 5〉〈통속 나의학강좌〉,〈소록도에서〉《日本MTL》(26), 1933, pp. 5-6.
〈그림 6〉《文化朝鮮》4(3) 소록도특집호 게재 사진〉 국립중앙도서관 디지털자
　　료실
〈그림 7〉《단풍그늘楓の蔭》로 잡지명을 바꾼 일본MTL의 1942년 7월호》《日
　　本MTL》135, 1942, p. 1.

한센인의 '소리'와 함께한 비환자 대표

〈그림 1〉〈최흥종 수감관련 기록카드〉 국사편찬위원회 한국사 데이터베이스 〈일제감시대상 기록카드〉

〈그림 2〉《조선일보》와 《朝鮮通信》에 실린 〈나환자구제 문제〉 기사, 《朝鮮通信》 1931. 9. 25., 《조선일보》, 1931. 9. 25.

〈그림 3〉〈조선나환자구제 지서〉, 《동아일보》, 1931. 10. 21.

〈그림 4〉〈최흥종〉 광주 오방 최흥종 기념관 방문 촬영

〈그림 5〉〈해방 후 떠도는 한센인〉 유준 · 정민, 〈한국 나병의 역학적 연구(1)〉, 《종합의학》 2, 1957a, 98쪽.

〈그림 6〉〈유준〉 의사신문(http://www.doctorstimes.com)

〈그림 7〉〈유준과 결의하는 한센인〉 Joon Lew, "Leposy in Korea, Past and Present-A Model for the Healing of Leprosy in Korea," Lew Lnstitute for Biomedical Research Seoul, Korea. 1991, 37쪽.

〈그림 8〉〈한센인 부락의 신조〉 Joon Lew, "Leposy in Korea, Past and Present-A Model for the Healing of Leprosy in Korea," 39쪽.

〈그림 9〉〈잡지 《새빛》과 한센병 관련 팸플릿〉 Joon Lew, "Leposy in Korea, Past and Present-A Model for the Healing of Leprosy in Korea," 43쪽.

일본 한센병요양소와 재일조선 한센인의 삶

〈그림 1〉《《우애회 20년사》 표지》 오사카 부립도서관 방문 복사

| 참고문헌 |

신문자료

《동아일보》《조선일보》《매일신보》《중앙일보》《조선중앙일보》《朝鮮朝日》《朝鮮通信》《京城日報》《朝鮮每日》

광주YMCA역사편찬위원회,《화광동진의 삶》, 사단법인 오방기념사업회, 2000.

국가인권위원회,《한센인 인권 실태조사》, 2005년 인권상황실태조사 용역보고서, 2005.

국립소록도병원,《국립 소록도 100년의 기억》, 생각쉼표 휴먼컬쳐 아리랑, 2005.

국사편찬위원회, 면담 편집 정근식,《한센병 고통의 기억과 질병정책》, 국사편찬위원회, 2004.

金教臣, 〈聖書朝鮮의 傳하는 福音〉,《聖書朝鮮》76, 聖書朝鮮社, 1935, 2쪽.

金教臣主筆, 〈發刊辭〉,《聖書朝鮮》1, 聖書朝鮮社, 1927, 1쪽.

金教臣主筆, 〈城西通信〉,《聖書朝鮮》77, 聖書朝鮮社, 1935, 17쪽.

金教臣主筆, 〈社告〉,《聖書朝鮮》78, 聖書朝鮮社, 1935, 뒤표지 社告.

金桂花, 〈城西通信〉,《聖書朝鮮》82, 聖書朝鮮社, 1935, 1~2쪽.

김두종,《한국의학사(전)》, 탐구당, 1966.

金文吉, 〈日帝統治下における朝鮮無教会の様相考察〉,《日本文化學報》28, 2006, 395~412쪽.

김미정, 〈나환자에 대한 일반대중의 인식과 조선총독부의 나병정책: 1930~40년대 소록도갱생원을 중심으로〉,《지방사와 지방문화》15(1), 역사문화학회, 429~466쪽.

김영수, 〈식민지 조선의 방역대책과 중국인 노동자의 관리〉,《의사학》23(3), 2014, 401~427쪽.

김재형, 〈식민지기 한센병 환자를 둘러싼 죽음과 생존〉,《의사학》28(2), 2019, 469~508쪽.

김호, 〈2003년도 동서양 학술명저 번역지원 결과보고서, 朝鮮醫學史及疾病史〉, 한국연구재단.

김호, 〈醫史學者 三木榮의 생애와 朝鮮醫學史及疾病史〉, 《의사학》 14(2), 2005, 101~122쪽.

미미 셸러, 최영석 옮김, 《모빌리티 정의》, 앨피, 2019.

배우성, 〈1920년대 피병원 건립 캠페인과 경성 조선인사회〉, 《사회학연구》 56, 2014.

서기재, 〈식민지 문화 전시의 장으로서 《관광조선》〉, 《일본어문학》 62, 2013, 411~430쪽.

世駿會, 《유준교수 회갑기념 논문집》, 연세대학교 의과대학 미생물학교실, 1977.

신규환, 〈지방병 연구와 식민지배: 1927년 영흥 및 해남지역 에메틴 중독사건을 중심으로〉, 《의사학》 18(2), 2009, 173~188쪽.

신규환, 〈제1·2차 만주 폐페스트의 유행과 일제의 방역행정(1910-1921)〉, 《의사학》 21(3), 2012, 449~476쪽.

신동원, 《한국근대보건의료사》, 한울아카데미, 1997.

신동원, 〈세균설과 식민지 근대성 비판〉, 《역사비평》 58, 2002a, 341~363쪽.

신동원, 〈1910년대 일제의 보건의료 정책〉, 《한국문화》 30, 2002b, 333~370쪽.

신동원, 〈미키사카에의 한국의학사연구-성취와 문제점〉, 《역사문화연구》, 2005, 75~92쪽.

신동원, 〈라이벌: 김두종(金斗鍾)과 미키 사카에(三木榮)〉, 《애산학보》 38, 2012, 83~113쪽.

신영전, 〈《우생(優生)》에 나타난 1930년대 우리나라 우생운동의 특징〉, 《의사학》 15(2), 2006, 133~155쪽.

오방선생기념사업위원회, 《영원한 이방인》, 광주YMCA, 1976.

오은정·김현·박옥, 〈2016 세계 한센 포럼〉, 《주간 건강과 질병》 10(4), 질병관리본부(KCDC), 2017, 79~80쪽.

유준·정민, 〈한국 나병의 역학적 연구(1)〉, 《종합의학》 2, 1957a, 45쪽.

유준·정민, 〈한국 나병의 역학적 연구(2)〉, 《종합의학》 2, 1957b, 13쪽.

유준 편집 및 발행, 《새빛》 4(2), 새빛사, 1966, 25쪽.

유준 편집 및 발행, 〈《특집》 社會復歸 그후-定着村 代表들의 座談會〉, 《새빛》

4(12), 새빛사, 1966(12), 8~10쪽.

유준 편집 및 발행, 《새빛》5(1), 새빛사, 1967(1 · 2). 목차에 실린 표지 설명.

유준 편집 및 발행, 《새빛The Vision》5(3), 새빛사, 1967(4), 24쪽. 사업보고란.

유준, 〈汎國民的 救癩運動을 呼訴함〉, 《새빛》5(1), 새빛사, 1967(1 · 2), 7쪽.

유준, 〈未感兒童이 就學못할 理由 없다〉, 《새빛The Vision》4(3), 1966(3), 3쪽.

유준, 〈未感兒도 就學할 수 있다〉, 《새빛The Vision》4(10), 1966(10), 3~5쪽.

유준, 〈〈특집 좌담회〉未感兒는 保護되어야 한다〉, 《새빛The Vision》5(4), 새빛사, 1967(5), 8쪽.

유준, 《한국 나병의 치유》, 류준의과학연구소, 1991.

尹一心, 〈小鹿島의 걱정〉, 《聖書朝鮮》89, 1936, 20쪽.

이병례, 《소록도 한센병환자의 강제노역에 관한 조사》, 일제강점하강제동원피해진상규명위원회, 2006.

정준영, 〈식민지의학교육과 헤게모니 경쟁〉, 《사회와 역사》85, 2010, 197~237쪽.

정준영, 〈피의 인종주의와 식민지의학〉, 《의사학》21(3), 2012, 513~550쪽.

정근식, 〈일제하 서구 의료 체계의 헤게모니 형성과 동서의학논쟁〉, 《사회와 역사》50, 1996, 270~327쪽.

정근식, 〈식민지적 근대와 신체의 정치-일제하 나요양원을 중심으로〉, 《사회와 역사》51, 1997a, 211~266쪽.

정근식, 〈한국에서의 근대적 나 구료의 형성〉, 《보건과 사회과학》1, 1997b, 1~30쪽.

정근식, 〈동아시아 한센병사 연구를 위하여〉, 《보건과 사회과학》12, 2002, 5~41쪽.

정근식, 〈일제말기의 소록도갱생원과 이춘상 사건〉, 《역비논단》72, 2005, 330~359쪽.

조형근, 〈식민지 체제와 의료적 규율화〉, 김진균 정근식 편저, 《근대 주체와 식민지 규율 권력》, 문화과학사, 1997.

최규진, 〈후지타 쓰구아키라의 생애를 통해 본 식민지 조선의 의학/의료/위생〉, 《의사학》25(1), 2016, 41~76쪽.

한순미, 〈위생, 안보, 복지:1970년대 나병 계몽 운동의 변곡점 – 잡지 〈새빛〉 수록 나병 계몽 운동 자료 검토(1970-1979)〉, 《지방사와 지방문화》23(2), 2020, 93~118쪽.

한순미,《격리-낙인-추방의 문화사 한센병 계몽잡지《새빛The Vision》과 한국문학》, 전남대학교출판문화원, 2022.

Gijae SEO, "The History of Korea-Japan Medical Relations: Through Miki Sakae's Research and Life," *KOREAN JOURNAL OF MEDICAL HISTORY* 29(3), 2020, pp. 1065-1100.

Joon Lew, "Leposy in Korea, Past and Present-A Model for the Healing of Leprosy in Korea," Lew Lnstitute for Biomedical Research Seoul, Korea, 1991, pp. 29-30.

青山陽子,《病の共同体: ハンセン病療養所における患者文化の生成と変容》, 新曜社, 2014.

莇昭三,《戦争と醫療──醫師たちの十五年戦争》, かもがわ出版, 2000.

麻生将,〈近代日本におけるキリスト教と国家神道〉,《立命館文學》666, 2020, pp. 1372-1390.

荒井英子,《ハンセン病とキリスト教》, 岩波書店, 1996.

荒井裕樹,《隔離の文学》, 書肆アルス, 2011.

猪飼隆明,《近代日本におけるハンセン病策の成立と病者たち》, 校倉書房, 2016.

池田清,〈朝鮮癩豫防協會 第1會 評議員會開催: 池田理事長の事業報告〉,《朝鮮公論》, 朝鮮公論社, 1933, p. 35, p. 36.

池田光穂,〈帝國醫療の予感, その修辭上の戦略〉,《九州人類學會報》30, 九州人類學研究會, 2003, pp.119-122.

今井田清徳,〈朝鮮小鹿島更生園落成〉,《日本MTL》57, 1935, p. 6.

今井よね,〈道は未だ遠い乎-釜山癩病院長より聞いて〉,《日本MTL》22, 1933, p. 3.

岩下壯一,〈祖国の血を浄化せよ〉,《関西MTL》8月号, 1935, pp. 1-2, 4.

內田守,《光田健輔》, 吉川弘文館, 1971.

オ-, アル, エヴィソン,〈朝鮮に於ける傳導開始以来の基督教の影響〉,《朝鮮》, 1921(6), pp. 29-30.

小河滋次郎,〈方面委員制度の過去, 現在, 未来〉,《大阪府方面委員民生委員制度五十年史》, 大阪府民生部民生總務課, 1956, p. 55.

小串政治,〈癩患者收容に関する件〉,《朝鮮衛生行政法要覽》, 咸鏡南道, 1921,

pp. 250-253.

奥野克已,《帝國醫療と人類學》,春風社, 2006.

楓十字会,《日本MTL》117, 1941, p. 6.

楓十字会,〈周防更生園長を悼んで特殊療養所急設を望む〉,《楓の蔭》135,
　　1942a, p.1.

楓十字会,〈周防小鹿島更生園長の殉職〉,《楓の蔭》136, 1942b, p. 3.

梶一,〈周防更生園長を語る〉,《文化朝鮮》4(3), 1942, pp. 36-37.

學習院大學東洋文化研究所,《友邦協會・中央日韓協會文庫資料目録》,學習院,
　　1985.

川上武,《現代日本病人史ー病人処遇の変遷》,頸草書房, 1982.

川染義信,〈朝鮮癩療養所 小鹿島更生園を訪ふ記〉,《日本MTL》68, 1936, pp.
　　3-4.

河村寿夫,〈谷間の声ー在日朝鮮ハンセン氏病患者同盟の活動と年金問題〉,
　　《楓》28(8), 1960, p. 38.

木村巧,《病の言語表象》,和泉書院, 2016.

金貴粉,〈解放後における出入国管理体制と在日朝鮮人ハンセン病患者〉,《学術
　　論文集》27, 2009, p. 70.

金貴粉,〈在日朝鮮人女性とハンセン病ー邑久光明園を中心に〉,《地に舟をこげ》
　　5, 2010, pp. 130-146.

金貴粉,〈在日朝鮮人韓国人ハンセン氏病患者同盟結成と年金問題〉,《ハンセン
　　病市民学会年報: らい予防法廃止20年・ハンセン病国賠訴訟勝訴15年を
　　迎えて》,ハンセン病市民学会編, 2016, pp. 114-120.

金貴粉,〈ハンセン病療養所における在日朝鮮人と年金問題〉,《アジア太平洋研
　　究センター年報 2016-2017》14, 大阪経済法科大学アジア太平洋研究セ
　　ンター, 2017, pp. 16-23.

金貴粉,《在日朝鮮人とハンセン病》,クレイン, 2019.

金貴粉編,《在日朝鮮人とハンセン病資料》,緑陰書房, 2020.

金福漢,〈韓国におけるハンセン病回復者〈定着村〉の〈未感染児〉に対する共学
　　拒否事件〉,清水寛,《ハンセン病児問題史研究》,新日本出版社, 2016.

金永子,〈ハンセン病療養所における在日朝鮮人の闘い〈互助会〉(多磨全生園)の
　　活動を中心に〉,《四国学院大学論集》111,112, 2003, pp. 107-138.

金夏日,《点字とともに》, 皓星社, 1990.

久保井規夫,《圖説 病の文化史》, 柘植書房新社, 2006.

G.O.,〈癩病院を訪ふ〉,《朝鮮》77, 1921, pp. 208-209.

小出生,〈癩患者のために慰問伝導をなしつつある小出氏の小鹿島訪問記〉,《警察彙報》1月号, 1927, p. 85.

厚生省原版監修,《雑誌記事索引集成 専門書誌編38 らい文獻目録 社會編》, 皓星社, 1999.

国立癩療養所菊池恵楓園入所者自治会,《壁をこえて: 自治会八十年の軌跡》, 国立癩療養所菊池恵楓園入所者自治会, 2006.

下村海南,〈朝鮮の癩から内地を一小鹿島物語(1)〉,《日本MTL》79, 1937a, p. 2.

下村海南,〈朝鮮の癩から内地を一小鹿島物語(完)〉,《日本MTL》80, 1937b, p. 2.

社団法人日本キリスト教救癩協会編,《韓国救癩十年の歩み》, 社団法人日本キリスト教救癩協会, 1983.

白井順,〈三字經と醫學--三木榮遺稿(1)〉,《醫譚》89, 2009, pp. 5734-5742.

白井順,〈三木文庫調査報告〉,《杏雨》14, 2011, pp. 495-528.

白戸八郎,〈小鹿島更生園を訪ふ〉,《日本MTL》101, 1939, p. 7.

慎英弘,《近代朝鮮社会事業史研究》, 緑陰書房, 1984.

慎蒼健,〈植民地衛生学に包摂されない朝鮮人〉,《帝国の視覚と死角》, 青弓社, 2010.

新村拓,《在宅死の時代》法政大学出版局, 2012.

杉村春三,《癩と社会福祉 復刻版》, 嶋田, 1986.

全国ハンセン氏病患者協議会,《全患協運動史: ハンセン氏病患者のたたかいの記録》, 一光社, 2002.

善生永助,〈朝鮮に於ける貧富考察〉,《朝鮮》, 朝鮮總督府, 1928.

高野六郎,〈小鹿島見聞記〉,《愛生》, 長島愛生園, 1936.

滝尾英二,《小鹿島〈癩〉療養所と周防正季》, 広島青丘文庫, 1996.

滝尾英二,《朝鮮ハンセン病史—日本植民地下の小鹿島》, 未来社, 2001a.

滝尾英二,《植民地下朝鮮におけるハンセン病資料集成(第1巻)》, 不二出版, 2001b.

滝尾英二,《植民地下朝鮮におけるハンセン病資料集成(第3巻)》, 不二出版, 2001c.

滝尾英二,《植民地下朝鮮におけるハンセン病資料集成〈第4巻〉》, 不二出版, 2002a.

滝尾英二,《植民地下朝鮮におけるハンセン病資料集成〈第5巻〉》, 不二出版, 2002b.

滝尾英二,《植民地下朝鮮におけるハンセン病資料集成〈第6巻〉》, 不二出版, 2002c.

滝尾英二,《植民地下朝鮮におけるハンセン病資料集成〈第7巻〉》, 不二出版, 2003.

滝尾英二,《植民地下朝鮮におけるハンセン病資料集成〈第8巻〉》, 不二出版, 2004.

竹内一,《朝鮮社会事業》, 朝鮮社会事業研究会, 1932, p. 3.

田尻敢,〈朝鮮癩療養所の印象〉,《日本MTL》58, 1935, pp. 2-3.

田中等,《ハンセン病の社会史》, 彩流社, 2017.

多磨全生園患者自治会,《倶会一処: 患者が綴る全生園の七十年》, 一光社, 1979.

崔南龍編,《孤独: 在日韓国朝鮮人ハンセン病療養者生活記録》, 解放出版社, 2007.

朝鮮總督府內務局社會科,《朝鮮社会事業要覽》, 朝鮮總督府內務局社會, 1924.

朝鮮總督府,《朝鮮衛生行政法要覽》, 朝鮮總督府, 1921.

朝鮮總督府,《朝鮮總督府施政年報(大正十一年度)》朝鮮總督府, 1924.

朝鮮總督府,《朝鮮總督府施政年報(大正十二年度)》朝鮮總督府, 1925.

朝鮮總督府,〈特種診療 事業〉,《朝鮮の社会事業》, 朝鮮總督府学務局社会課, 1933.

朝鮮總督府,《昭和六年小鹿島慈惠醫院年報》9, 朝鮮總督府, 1932.

朝鮮總督府,〈癩豫防下賜金と寄附狀況〉,《朝鮮》, 朝鮮總督府, 1933.

朝鮮總督府,〈醫療施設 衛生施設 最近ノ施設〉,《朝鮮總督府施政年報 1933》, 朝鮮總督府, 1935.

朝鮮總督府,《施政 二十五年史》, 朝鮮總督府, 1935, p. 933.

朝鮮總督府,《施政 二十五年史》, 朝鮮總督府, 1935.

朝鮮總督府,《朝鮮社會事業要覽》, 朝鮮總督府學務局社會課, 1936.

朝鮮總督府,〈醫療施設 衛生施設 最近ノ施設-地方病及慢性傳染病-癩〉,《朝鮮總督府施政年報 1934》, 朝鮮總督府, 1936.

朝鮮総督府,《施政 三十年史》, 朝鮮総督府, 1940.

朝鮮警察協会,《警務彙報》380, 朝鮮警察協会, 1935, pp. 122-127.

朝鮮癩予防協會,《朝鮮癩予防協會要覽》, 朝鮮癩予防協會, 1933.

朝鮮癩予防協會,《朝鮮癩予防協會事業概要》, 朝鮮癩予防協會, 1935.

朝鮮奬學會編,《学術論文集》25, 朝鮮奬學會, 2005, pp. 9-29.

東亜旅行社朝鮮支部,《文化朝鮮》4(3), 朝鮮総督府鉄道局, 1942, p. 40, p. 42,
　　p. 45, p. 50, p. 51, p. 57.

中川活三,〈更生園の生態〉,《文化朝鮮》4(3), 1942, pp. 44-47.

長門谷洋治,〈三木先生をお訪ねして〉,《日本醫史學雑誌》39(2), 1993, pp. 246,
　　245-250.

永嶺重敏,《雑誌と讀者の近代》, 日本エディタースクール出版部, 1997.

西川義方,〈朝鮮小鹿島更生園を通して観たる朝鮮救癩事業〉, 個人出版, 1940.

西龜三圭編,《朝鮮療豫防協會 事業概要》, 朝鮮癩豫防協會, 1935.

西龜三圭,《鮮満之衛生》, 朝鮮総督府警務局, 1938.

西龜三圭,〈小鹿島更生園近況〉,《愛生》4月号, 1943, 페이지 미상.

日本MTL,〈会則〉,《日本MTL》1, 1926, pp. 6-7.

日本MTL,〈提唱されたる一万人案〉,《日本MTL》60, 1936, p. 1.

日本MTL,〈小鹿島更生園長周防園長の壽像健つ!〉,《日本MTL》112, 1940, p. 5.

日本旅行協會朝鮮支部,《観光朝鮮》1(1), 朝鮮総督府鉄道局, 1939, 속표지 그림.

日本旅行協会朝鮮支部,《観光朝鮮》2(2), 日本旅行協会朝鮮支部, 1940, pp. 42-
　　44, 48.

萩原彦三,《朝鮮に救癩事業と小鹿島更生園》, 財團法人友邦協會, 1967.

林文雄,〈サラン〉《日本MTL》3月号, 1931, p. 7.

林文雄,〈忘れ得ぬ兄弟〉,《日本MTL》20, 1932, p. 3.

韓石峯編,《友愛会二十年史》, 友愛会, 1968.

日野春吉,《同胞愛》9月号, 朝鮮社会事業研究会, 1936, p. 21.

廣川和花,《近代日本のハンセン病問題と地域社会》, 大阪大学出版会, 2011.

藤野豊編,《歴史のなかの〈癩者〉》, ゆみる出版, 1996.

藤野豊編,《近現代日本ハンセン病問題資料集成 補券13》, 不二出版, 2007.

藤野豊編,《編集復刻版 近現代日本ハンセン病問題資料集成(戦前編)3卷》, 不二
　　出版, 2002.

藤野豊, 《日本ファシズムと醫療—ハンセン病をめぐる実証的研究》, 岩波書店, 1993.

藤野豊, 《日本ファシズムと優生思想》, かもがわ出版, 1998.

藤野豊, 《強制された健康》, 吉川弘文館, 2000.

藤野豊, 《いのちの近代史》, かもがわ出版, 2001.

藤野豊, 《厚生省の誕生》, かもがわ出版, 2003.

藤野豊, 《近現代日本ハンセン病問題資料集成》, 不二出版, 2004.

藤野豊, 《ハンセン病と戦後民主主義》, 岩波書店, 2006.

藤野豊, 《反省なき國家》, かもがわ出版, 2008.

藤野豊, 《戦争とハンセン病》, 吉川弘文館, 2010.

釜山商業會議所, 〈基督教会ほか〉, 《釜山要覽》12月号, 1912, p. 73.

松岡秀明, 〈〈〈潔め〉, キリスト教, 公衆衛生:日本MTLの'救癩'について〉, 《宗教研究》95(2), 2021, pp. 99-120.

MY生, 〈小鹿島より〉, 《日本MTL》26, 1933, p. 6.

見市雅俊他編, 《疾病・開発・帝國醫療》, 東京大學出版會, 2001.

三浦生, 〈方面委員制度に就て〉, 《朝鮮社会事業》, 朝鮮総督府学務局社会課, 1933, 卷頭言.

三木榮, 〈朝鮮傳染病史〉, 《中外醫事新報》1275, 1940a, pp. 20-34.

三木榮, 〈朝鮮傳染病史-朝鮮傳染病史年表(三國・新羅・高麗~日韓併合)〉(10回分), 《中外醫事新報》1276-1285(1940b-k), pp. 76-86; 111-121; 142-151; 177-187; 225-232; 258-287; 319-327; 360-365; 397-404; 435-447.

三木榮, 〈朝鮮疾病史〉, 《日本醫史學雜誌》5(1), 1954a, pp. 51-56.

三木榮, 〈朝鮮疾病史(2)〉, 《日本醫史學雜誌》5(2), 1954b, pp. 47-53.

三木榮, 〈朝鮮疾病史(3)〉, 《日本醫史學雜誌》5(3), 1955, pp. 25-35.

三木榮, 〈朝鮮醫學史及疾病史の刊行について〉, 《朝鮮學報》10, 1956, pp. 149-161.

三木榮, 〈日鮮麻疹流行伝播史 流行周期則〉, 《朝鮮學報》49, 1968, pp. 349-359.

三木榮, 〈朝鮮醫學史〉, 《補訂 朝鮮醫學史及疾病史》, 思文閣出版, 1991a.

三木榮, 〈朝鮮疾病史〉, 《補訂 朝鮮醫學史及疾病史》, 思文閣出版, 1991b.

三木冠者, 〈レプラ島を訪問して〉, 《朝鮮司法協會雜誌》7月号, 1928, pp. 87-93.

三井輝一, 〈小鹿島更生園だより〉, 《日本MTL》45, 1934, p. 10.

光田健輔, 〈癩豫防撲減の話〉, 《社會事業》10(4), 中央社會事業協會, 1926, pp.

41-51.

光田健輔,〈内鮮新興二国立療養所の開園を祝福す〉,《愛生》50, 1935, p. 2.

光田健輔,〈小鹿島更生園參觀〉,《愛生》, 1940.

光田健輔,〈新體制下に於ける無癩県運動〉,《愛生》, 1942, pp. 1-2.

光田健輔,〈大東亞癩滅絶に関する意見書〉,《レプラ》14(4), 1943, pp. 370-372.

光田健輔,《癩に関する論文 第三輯》, 長壽會, 1950.

光田健輔,〈殿山 山根正次先生を追う〉,《光田健輔と日本らい予防事業》, 藤楓協會, 1958.

宮川量,〈二つの手紙〉,《日本MTL》49, 1935, p. 8.

宮川量,《飛驒に生まれて》, 名和千嘉, 1977.

武田徹,《〈隔離〉という病い》, 講談社, 1997.

村田正太,〈朝鮮における救癩問題〉,《日本及日本人》822, 政教社, 1921, pp. 33-34.

森田竹次,〈私たちはやっぱり生きていた－福岡県人会里がえりの記〉,《愛生》23(3), 1969, pp. 40-41.

矢澤俊一郎,〈朝鮮の癩問題〉,《日本MTL》10, 1932.

安井誠一郎,〈社會事業と方面委員〉,《朝鮮社会事業》, 朝鮮総督府学務局社会課, 1933, p. 15, 16.

柳橋演男・鶴崎澄則,《國際らい會議録》, 長壽會, 1957.

山本俊一,《日本らい史》, 東京大学出版会, 1993.

遊佐敏彦,〈朝鮮を旅して〉,《日本MTL》116, 1940, p. 4.

吉田久一,〈社会事業の近代化〉, 籠山京編,《社会保証の近代化》, 勁草書房, 1967.

らい文献目録編集委員会編,《国際らい会議録》, 長寿会, 1957.

立教大学史学科山田ゼミナール,《生きぬいた証に: ハンセン病尾療養所 多磨全生園朝鮮人・韓国人の記録》, 緑蔭書房, 1989.

공익재단법인 일본 올림픽 조사위원회 공식 웹페이지 http://www.joc.or.jp/〈올림픽 역사〉 부분 참고. (검색일: 2017년 11월 20일)

ハンセン病制圧活動サイト(Leprosy History of Medical Treatment) Leprosy.jp [https://leprosy.jp/about/cure/] (검색일: 2023년 12월 3일)

〈오방 최흥종 기념관〉 http://www.obangmuseum.or.kr/

국사편찬위원회 한국사 데이터베이스〈일제감시대상 기록카드〉http://db.histor

y.go.kr/item/level.do?levelId=ia_5749_4454

National Institute of Korean History

〈Sorokdo National Hospital〉 http://www.sorokdo.go.kr/

https://leprosy.jp/about/cure/

잊힌 사람들

이동과 정주 사이의 한센인

2025년 3월 30일   초판 1쇄 발행

지은이 | 서기재
펴낸이 | 노경인 · 김주영

펴낸곳 | 도서출판 앨피   출판등록 | 2004년 11월 23일
주소 | (01545) 경기도 고양시 덕양구 향동로 218(향동동, 현대테라타워DMC) B동 942호
전화 | 02-710-5526   팩스 | 0505-115-0525   블로그 | blog.naver.com/lpbook12
전자우편 | lpbook12@naver.com

ISBN 979-11-92647-63-0